中外价值观教育
前沿论丛

顾　问 杨晓慧
总主编 高　地

美国社会科课程中的价值观教育研究

李潇君 著

商务印书馆
创于1897 The Commercial Press

目 录

总 序

一

当今世界正处于百年未有之大变局。这既是一场发生在经济与政治领域的深刻变局，也是一次人类价值秩序的深度变革。一方面，随着中国的和平稳步崛起，我国的国际地位和世界影响力显著提升，推动构建人类命运共同体、共建“一带一路”倡议得到了国际社会积极响应，赢得了世界人民的广泛认同，中国价值正在全世界显示出前所未有的影响力和感召力。而与之相对的，是老牌发达资本主义国家经济增长乏力，政治与社会风险加剧，长期以来构成西方主导意识形态的自由主义价值秩序面临着越来越严重的深层困境。恰如习近平总书记所言，“我国处于近代以来最好的发展时期，世界处于百年未有之大变局，两者同步交织，相互激荡”。

价值秩序变革必然伴随着激烈的价值冲突。全球化时代，原本植根于不同经济基础、文化样态和制度模式的各类价值观逐渐相互激荡、彼此碰撞，包括现代价值与传统价值的碰撞、世俗价值与宗教价值的碰撞、社会主义价值与资本主义价值的碰撞等。尤其在保护主义、孤立主义与民粹主义大行其道的当下，文明间的交流互鉴与相互理解显得格外重要。习近平总书记指出，“文明是多彩的。人类文明因多样才有交流互鉴的价值。文明是平等的，人类文明因平等才有交流互鉴的前提。文明是包容的，人类文明因包容才有交流互鉴的动力”。以更加开放包容的精神，积极吸收和借鉴人类文明的有益成果，同世界各国一道携手构筑“和平、发展、公平、正义、民主、自由”的全人类共同价值，为社会发展进步提供正确的精神指引和强大的精神动力，是当代中国价值观建设的重要使命。

从价值秩序变革和价值冲突加剧的背景出发，教育的基础性、先导性地位愈发得到凸显。为了应对复杂的世界局势，确保未来的生存权和发展权，世界各国都日益注重通过教育树立主导价值，凝聚价值共识，为本国、本民族培养人才。可以说，价值观教育已经成为一个兼具民族性与世界性的人类课题。对于中国而言，中国价值的影响力和感召力既取决于中国价值观自身的科学性、真理性，同时也取决于能否开展行之有效的价值观教育与对外价值传播。党的十八大以来，我国高度重视通过价值观教育承载马克思主义理论研究和实践传播，广泛开展培育和践行社会主义核心价值观、大中小学思想政治理论课建设、深化创新爱国主义教育等实践活动，为全社会的有序运行、良性发展提供了明确的价值准则和价值引领，在各种利益矛盾与思想差异之上最广泛地形成了价值共识和团结奋斗的强大精神力量。与此同时，我们大力推动中国文化走出去，尽力讲好中国故事、阐述中国理念、展示中国魅力，使世界人民更加理解和认同中国价值观，有效提升了中国价值的影响力与感召力。

从价值秩序变革和价值冲突加剧的背景出发，还需要深刻把握世界价值观教育发展的重大课题，既包括如何进一步创新发展、不断提升科学性和有效性的长期性课题，也包括在多元文化交融交锋背景下如何“保持本色”和“引领世界”的时代性课题。对此，我们要统筹把握中华民族伟大复兴战略全局与世界百年未有之大变局，立足以文明交流互鉴推动构建人类命运共同体的战略高度，秉持“以我为主、为我所用”的原则，以全面建设社会主义现代化国家的重大战略需求为引领，不断加强中外价值观教育的交流合作与对话沟通，系统研究世界各国价值观教育的理论创新与实践范式，深入把握价值观教育的普遍规律与特殊现象，科学考察不同历史文化背景下大众传播的价值心理和接受惯习，全面认识中外价值理念的差异性和相通性，为“对内凝聚价值共识”和“对外讲好中国故事”提供价值遵循，使当代中国形象更加闪亮起来，使人类命运共同体理念更加深入人心，使人类和平发展事业更加行稳致远。这是新时代加强国际价值观教育比较研究的本质意涵与根源所在。

二

放眼世界，价值观教育是人类社会一项具有普遍性的实践活动，广泛被各国政府、政党、集团、社会团体等用来宣扬特定的价值观，以实现一定的教育和政治目的。虽然不同国家在意识形态、政治制度、价值立场、基本国情、社会现状等方面存在着显著差异，价值观教育的目标、内容和方略也不尽相同，但价值观教育在维护社会稳定、巩固主流意识形态、强化主导政治文化等方面的目的是一致的，这构成了中外价值观比较研究得以可能的现实基础。

国际价值观教育比较研究主要关注世界各国开展价值观教育的基本路径、特色做法和经验教训，旨在基于对国际价值观教育实施状况的全面把握，以总结特点、发掘规律，为我国价值观教育的创新发展提供有益启发，服务于筑牢国家意识形态安全与文化强国建设。虽然国内外在价值观教育的称谓上有所不同，例如道德教育、公民教育、政治教育、宗教教育、爱国主义教育等，但无论哪种称谓，其实质都是围绕“价值观”的教育。道德教育主要关注道德价值观的形成和发展，公民教育主要关注政治和社会价值观的培育和养成，宗教教育主要关注宗教价值观的宣扬和传播。也就是说，这些名称虽各有不同，但都有一个共同点，那就是体现了价值观在教育中的必要性与合法性，体现了国家、学校、社会在培育价值观方面的重要性。这种内在的共通性和一致性为我们把握价值观教育与其他德育活动之间的关联，以及处理好价值观教育的“名实之辩”问题提供了可能。

国际价值观教育比较研究一直都是我国比较思想政治教育学、比较教育学、哲学等学科的重点关注领域，基于不同学科视域开展的国际价值观教育研究也各有侧重。比较思想政治教育学注重将价值观教育国际比较放在国家主导意识形态与教育实践的互动关系之中加以审视，着重探究价值观教育如何发挥巩固政权和稳定社会的功能；比较教育学侧重于从教育实践活动本身出发开展研究，深入系统把握各国价值观教育在目标、内容与方法方面的理论动态和基本特点；哲学更加关注价值观教育折射出的特定国家与民族的思想意蕴和价值取向，从而把握其背后所蕴含的国家哲学与社会思潮动态。可以说，目前国内学界已经在价值观教育国际比较研究方面取得了较为突出的研究成果。但总体来看，目前这一领域还存在着较为广阔的拓展空间，还面临着如何从注重规模扩张的宏观勾勒转向注重质量提升的内涵式发展的问题，具体包括进一步夯实理论基础、丰富国别研究、加强微观透视、创新研究范式、服务中国需要等重大任务，这都构成了未来进一步丰富发展国际价值观教育比较研究的可能路径。近年来，学界已经开始了深化和扩展在这方面的努力尝试，在已有的丰硕成果基础上，专门围绕价值观教育国际比较的基础理论、国别样态、可借鉴性等问题形成了一批高质量研究成果，为进一步把握价值观教育的本质和规律、提升价值观教育的科学化水平做出了重要贡献。

在全面建设社会主义现代化国家新征程的时代方位下，我们需要从全面建设社会主义现代化国家、构建人类命运共同体的战略高度开展国际价值观教育比较研究，广泛深入调研世界典型国家价值观教育在指导理论、总体战略、制度设计、实施路径、教育成效上的基本状况，全面把握世界价值观教育的总体态势与发展特点，着力研究当代世界价值观教育前沿问题和发展趋势，系统总结当代世界各国价值观教育的典型经验与失败教训，进而为新时代新阶段我国培育践行社会主义核心价值观和对外传播中国价值、讲好中国故事、提升国际话语权提供有益借鉴和理论参考。

三

《中外价值观教育前沿论丛》（以下简称“论丛”）是东北师范大学思想政治教育研究中心（以下简称“中心”）推出的“比较思想政治教育研究”系列成果之一。论丛秉持“以我为主、批判借鉴、交流对话”的基本原则，对国外多个典型国家的价值观教育状况进行了深度透视与全面把握，意在拓展原有论域，进一步深化学术研究、强化学科建设、服务国家需要。

中心是国内学界较早关注该领域的研究团队之一，多年来一直将“价值观教育的国际比较”作为主要研究方向。先后获立多项国家社科重大项目和教育部重大攻关项目、获批“当代青少年德育研究学科创新引智基地”（“111”计划）、承担国家留学基金委“中外青少年德育比较研究创新型人才培养项目”、推出“高端研究成果外译计划”。在成果出版方面，正在规划推出“译丛”“论丛”和“教丛”系列“比较思想政治教育”研究成果。其中，《思想政治教育前沿译丛》已在人民出版社完成第一辑出版。《中外价值观教育前沿论丛》则集合了中心团队近年来在国际价值观教育领域的最新研究成果。未来还计划推出相应系列教材。

这套论丛在研究对象选取方面，以不同的政治制度类型、社会发展程度、民族文化传统和价值观教育典型性为遴选原则，以美国、俄罗斯、日本、加拿大、新加坡以及欧洲部分国家为研究对象，旨在综合把握不同国家价值观教育的一般样态与典型特质，并在时间向度上揭示民族国家价值观教育内容与形式的历时态变迁规律。

在研究点位选取方面，论丛主要针对国外价值观教育的三类典型主体——国家、学校和社会三个层面展开调查研究，分别就国家战略与制度设计、课程体系与实践方式及运行体系与实施载体等维度进行考察，重在分析多元主体在价值观教育中的职责使命、作用方式及其相互间的协同配合机制。其中，又着重关注考察国外价值观教育在学校教育层面的基本做法，包括课程建设、教材设计、教法实施等。

在理论视域方面，论丛基于我国价值观教育研究的学科立场和理论范式，不局限于“价值观教育”的概念称谓，而是广泛着眼于国际道德教育、品格教育、公民教育、历史教育、政治教育、宗教教育等多种德育活动，力图实现对国际价值观教育理论与实践的全景式把握。

在受众群体方面，论丛主要面向四大读者群：一是思想政治教育学、教育学、政治学、社会学等领域的理论工作者；二是教育主管部门决策者、中小学及高校一线教师、辅导员等思想政治工作者；三是思想政治教育、道德教育、比较教育等相关专业的本科生和研究生；四是对价值观教育问题拥有浓厚兴趣的读者朋友。

论丛在研究过程中特别重视价值取向与意识形态立场。但由于是涉及国外的研究，有些内容可能是对国外价值观教育的还原与呈现，请读者加以注意辨别，批判性地进行阅读和思考。

杨晓慧

2021 年 4 月于东北师范大学思想政治教育研究中心

第一章

美国价值观教育的“名”与“实”

世界各国因政治、经济、文化制度不同，在价值观的具体内容上存在差异，价值观教育也存在不同的表达称谓和实践方式。因而，对美国社会科课程价值观教育的研究及比较借鉴，首先要澄明前提、廓清领域，厘清价值观教育和美国价值观教育的基本内涵，理解和把握美国价值观教育的“名”与“实”之问题，明晰作为本书所探讨内容的美国价值观教育的边界和重点。

第一节　价值观教育的基本内涵

价值观教育的比较研究必须秉持“理论自觉”与“方法自觉”，以马克思主义立场、观点和方法为指导，立足于我国培育和践行社会主义核心价值观的战略需要进行比较借鉴，对价值、价值观和价值观教育作出具体性、历史性和阶级性的性质判定，以此为基础对其进行基本内涵的分析与阐释。

一、价值与价值观

（一）价值

从词源上考察价值一词的概念，“价值”（value）起源于古代梵文（围墙、护栏、掩盖、保护、加固）和拉丁文 valere（用堤护住，加固、保护），取其“对人有维护、保护作用”的含义深化而成，本意是“可宝贵、可珍贵、令人喜爱、值得重视”，意指“是好的”。它有以下三个层次的含义：第一层含义是“强壮、有力、健康”，指的是人的身体健康、生命力旺盛。

现代已经很少使用这层含义。第二层含义是“有意义、值得”。[①]第三层含义是“有能力、强大；有效、有用；促进、助长；扩大、展开”，指的是行为的意义和效用，今天我们经常使用价值在这个层面的含义。

从不同学科领域考察价值的内涵，经济学的“价值”所表达的是商品对于人的一种“效用”，是指凝结在商品中的无差别的人类劳动（即抽象劳动），交换价值是价值在这个维度的表现形式。近代以来，伴随着哲学家对“价值”的扩展性赋义和使用，“价值”的概念经历了一个语用学的变化，超越了经济学领域而指向人类全部生活活动的范围，即由商品的“使用价值”和“交换价值”的经济学术语引申至哲学范畴，成为用来表述人自身及其生活意义的普遍概念。从哲学视角理解，价值的产生必须有主体和客体两个方面，强调客体对主体的某种有用性，即客体的属性、结构对主体的需要所具有的积极意义。目前，哲学领域对价值的界定主要有三种观点：一是主体说，即外界事物有无价值的评判主要在于主体的感受和体会；二是客体说，价值主要是客观事物本身就有的一种属性，不会以评判者的主观意志为转移；三是关系说，也是最广受认同的一种观点。关系说认为事物有没有价值、价值的大小，既不取决于单独的事物本身，也不能只凭主体决定，价值只能在一定的主客体关系中进行确认。[②]哲学的“价值”是标志实践活动中的主客体关系的范畴，是从人与物之间的自然关系中产生的。从主客体关系角度理解价值，以物质实践思维理解价值的本质，价值关系本质上是主体与客体之间的一种特殊的利益关系。[③]“客体对于主体需要的满足”是价值内涵的重要部分，价值是人类特有的对象性活动中的普遍内容，是主体与客体相互联系、相互作用的特定形态及其产物，是客体属性、结构同主体需要之间以主体为尺度的一种统一，是客体属性与主体内在尺度的高度契合。当人们说某个事物有价值的时候，总是在对人有用、有好处、有意义的层面上使用，说明价值与主体的目的、意愿、需要相关，某个事物必须具有满足主体特定目的或需要的属性，才能成为价

① 谢大任：《拉丁语汉语词典》[Z]，商务印书馆1998年版，第118页。

② 郭凤志：“价值、价值观念、价值观概念辨析”[J]，《东北师范大学学报》2003年第6期。第41–46页。

③ 张建云：“马克思‘价值’范畴的深层解读”[J]，《马克思主义研究》2016年第9期。第43–51页。

值关系中的客体。单纯的客体和主体不能构成价值，只有当客体的某种属性能够满足主体的某种或某些需要的时候，价值关系才得以产生。因而，价值的实质就是客体属性对主体需要的不断满足的过程。[①]“价值”这个哲学范畴，是在实践的基础上的主客体关系的统一，是在主客体相互作用的过程中，主体按照自己的内在尺度，使客体趋向于主体、客体主体化，从而满足主体某种需要的关系范畴，[②]即客体的属性和主体的需求之间具有的一致性和适宜性，正如袁贵仁和李德顺对价值的界定：“客体对主体需要的满足、适合、接近或一致”；“价值的本质是主体本质力量对象化或主体性对象化。”[③]同时，价值作为主客体关系的统一体，不是永恒不变的，它随着实践的运动和发展而发展变化，具有一定的具体性、历史性和阶级性。

（二）价值观

价值观是一个具有广泛含义、可以从不同学科领域进行阐释的概念。心理学关注价值观形成和影响人们思想行为的内在心理机制，认为价值观与人的需要、态度、兴趣、理念等密切相关。在西方心理学领域，价值观的研究最早可追溯到20世纪30年代，[④]美国心理学家高尔顿·奥尔波特（Gordon W. Allport）和菲利普·弗农（Philip E. Vernon）采用德国哲学家、心理学家爱德华·斯普兰格（Edward Spranger）对人的六种分类（经济的、理论的、社会的、审美的、宗教的、权力的），制订了一份“价值观研究量表”，进行了具有开创性意义的价值观研究。20世纪50年代，克莱德·克拉克洪（Clyde Kluckhohn）等学者从操作层面对价值观的各种定义进行了整合，将价值观界定为一种外显或内隐的，有关什么是“值得的”的看法，它是个人或群体的特征，它影响人们对可能会以什么行为方式、手段和结果来过日子的选择。[⑤]这一关于价值观的定义确立了其在西方心理学界的支配地位。20世纪70年代，米尔顿·罗克奇（Milton Rokeach）把价值观阐释为一种信念，它具有动机功能，不仅是评价性的，还是规范性的

① 王学俭：“当代中国价值观建构应当处理好的四个关系”［J］，《人民论坛》2019年第S1期。第136–138页。

② 李德顺，马俊峰：《价值论原理》［M］，陕西人民出版社2002版，第44页。

③ 汝信，陈筠泉：《20世纪中国学术大典·哲学》［Z］，福建教育出版社2002版，第45页。

④ 岑国桢，顾海根，李伯黍：《品德心理研究新进展》［M］，学林出版社1999年版。

⑤ Kluehohu.C, Pooringa YH, et al., “Values and Value Orientation in Theory of Action” [J], In Berry JW, 1951.

和禁止性的，是行动和态度的指导，是个人的、也是社会的现象。更重要的是，他把价值观区分为终极价值观和工具价值观两个方面，开始了从维度而不仅仅是从内容上对价值观的分析和测量，使价值观的研究进一步深入。[①]20 世纪 80 年代以来，以谢洛姆・施瓦茨（Shalom H. Schwartz）为代表的价值观研究者从需要和动机出发来解释价值观的深层内涵，试图在此基础上构建一个具有普遍文化适应性的价值观的心理结构。[②]施瓦茨认为价值观是合乎需要的超越情境的目标，在一个人的生活中或其他社会存在中发挥着指导原则的作用。国内心理学研究者除引用西方的价值观定义之外，也会借鉴一些哲学上对价值观的界定。黄希庭从心理学视角对价值观的内涵、本质以及发生机制进行了系统研究，认为价值观是一种心理倾向系统，是人们区分好坏、美丑、益损、正确与错误，符合或违背自己意愿的观念系统，它通常是充满情感的，并为人的正当行为提供充分理由。[③]

哲学领域更多侧重对价值关系中主体和客体关系的关注，既然价值是在主体和客体的相互关系中产生的，人的活动就总会伴随价值问题，这就决定人们在反复的实践和认识过程中，必然会形成一定的价值观。价值观的核心问题是为什么人的问题，这一问题集中反映了一种价值观的主体和标准。为什么人，就以什么人为价值主体，以符合他们的利益作为客观的价值标准。价值观中其他方面的内容和取向都因主体和标准而决定。为什么人，以什么为主体和标准的问题，是世界上各种不同价值观相区别的根本之所在。[④]在《中国当代大学生价值观研究》中，杨德广教授指出："价值观是一定社会所共同具有的对于区分好与坏的根本看法，对于某事物是否具有价值以及具有何种价值的根本看法，是人所特有的应希望什么和应避免什么的规范性见解，表示主体对客体的一种态度"。

尽管对于价值观这一概念不同学科有着不同的研究视角，但在其基本概念方面仍具有共识性观点。价值观是人们在长期的社会实践中逐渐形成

---

① J. P. Robinson 等主编：《性格与社会心理测量总览》［M］，杨中芳总校订，远流出版事业股份有限公司 1998 年版。

② S. H. Schwartz，"人类价值观念的结构和内容的普遍性"［J］，林钟敏编译，外国高等教育资料 1998 年第 3 期。

③ 黄希庭等：《当代中国青年价值观与教育》［M］，四川教育出版社 1994 年版。

④ 毕志国："价值和价值观：主客体的深层关系及规定"［J］，《学习与探索》2000 年第 04 期。第 52–57 页。

的一种思想价值观念，是人们关于各种事物存在价值的总的观点、看法和态度，是世界观的重要组成部分。价值观作为一种准则和规范，又对人们在社会实践中的价值判断和价值选择有着指导作用。从不同的视角来看，价值观可以分为不同类型。从主体角度而言，可分为个体价值观、群体价值观与社会价值观；从价值关系的客体角度出发，即价值观所反映的价值关系来看，又可以分为精神价值观和物质价值观；从与时代的关系上看，可分为传统价值观与当代价值观；从价值观的外在表现与状态上看，可分为消极价值观与积极价值观，外显价值观与内隐价值观；从价值观构成体系来看，可分为一般价值观与核心价值观。根据价值观对于人类社会实践发挥作用的领域不同，又可将其分为经济价值观、政治价值观、人生价值观、文化价值观等。

就内容而言，理想、信仰、信念是价值观的集中表现形态。从宏观角度看，价值观是社会文化体系的灵魂，代表着社会对应该反对什么、倡导什么的价值判断；从微观角度看，价值观是人内心深处的信念系统，在人们的价值活动或社会行为中发挥着评价标准、情感激发与行为导向的功能。价值观的特点主要有社会历史性、相对稳定性、特定主体性与绝对倾向性等。[①] 价值观的特性决定它是人类在改造和创造世界的过程中形成的相对稳定的价值观念模式，这一观念一旦生成，就很难发生较大改变。显然，价值观是一种指导人们进行社会实践（包括价值实践）的根本观点，也是影响个人行为的主要因素。人类的生活正是有了价值观的指导才具有真正的意义，才使人类的生活与动物的生存区别开来。因此，加强价值观教育是社会发展与个人成长的需要。[②] 人们对于事物的不同选择出现不同的看法，进而导致人们在认识世界和改造世界的过程中出现不同的方法。这种力量通过作用于社会和个体，影响、制约和支配个人的思想取向、行为选择和社会发展，同时它也反映在一定的社会文化中，通过教化和传承进行传递。

对于是否存在一些超越阶级、国家、民族的，普遍适用、永恒存在的价值观即普世价值（universal value）这一问题的认识，近年来争论延续不

---

① 田海舰，邹卫：《社会主义核心价值观论纲》［M］，人民出版社 2009 年版，第 26 页。
② 刘济良：《价值观教育》［M］，教育科学出版社 2007 年版，第 1 页。

绝。实际上，这种“普世性”的价值无论理论上还是现实中都不可能存在。恩格斯在《反杜林论》中批判了杜林的“永恒道德论”，深刻地揭示了道德的阶级性和历史性，强调道德是社会经济关系的产物，没有适用于一切时代和一切民族的道德。[①]西方国家对与自己价值观不同的国家一贯实行价值观演变的政治原则和策略，其实质是推销西方的所谓“民主国家体系”和“自由体制”。美国学者塞缪尔·亨廷顿（Samuel P. Huntington）[②]曾坦言：“普世文明的概念有助于为西方对其他社会的文化统治和那些社会模仿西方的实践和体制的需要作辩护。普世主义是西方对付非西方社会的意识形态。”2015 年 9 月 28 日，习近平总书记在第七十届联合国大会一般性辩论时的演讲中提出了“和平、发展、公平、正义、民主、自由，是全人类的共同价值”的论断。“共同价值”是习近平站在“人类命运共同体”的立场上，在认同阶级、国家和民族存在现实差异的基础上，提出的全球化背景下具有兼顾、包容和共建特质的当代人类的共同利益。这对于解构“普世价值”和西方价值观霸权，构建发展中国家的价值观话语体系，提升中国在当今世界的话语权具有重要的现实价值与深远的历史意义。

二、价值观教育

价值观的概念内涵丰富，从多学科角度都有相关的阐释与分析。因而，价值观教育的内涵也可从多学科视角进行解读。在教育学视阈下，价值观教育是一种教化活动，“价值观教育的实现在于使人脱离人的自然存在的状态，而获得一种文化生命，价值观教育的本质是指向人的存在的文化与文明品格”[③]。价值观教育与社会、文化、精神、品德等概念相关，是教育者按照社会发展要求和人的自身发展需要，以价值观为内容，通过一定的教育手段，帮助、引导受教育者提高正面价值认知水平、形成正确价值观念、确立正确价值评价标准、提升价值判断能力、作出正确价值选择，进而使其树立坚定信念、拥有积极人生态度、学会做人做事的一种教育实践活动。价值观教育包括培养价值理性和进行价值引导两个方面。所谓培养价值理性，是指培养受教育者的价值理解能力和批判能力，使其能够运用理性对

① 马克思恩格斯选集（第 3 卷）[C]，人民出版社 2012 年版，第 471 页。
② 塞缪尔·亨廷顿：《文明的冲突与世界秩序的重建》[M]，新华出版社2010版，第45页。
③ 王葎：《价值观教育的合法性》[M]，北京师范大学出版社 2009 年版，第 7 页。

具有终极意义和普遍性的价值观念进行探究。进行价值引导，是指通过向受教育者传授特定的价值观，使受教育者对这一价值观产生认同并内化于心，在未来的实践行动中能够自觉地用其指导自己的思想和行为，用正确的价值标准来看待自身、他人以及整个社会，正确认识人生的意义以及社会的作用，正确理解生命的价值，树立坚定的理想信念，形成健全的人文精神和人文关怀。[①] 与教育学不同，人类学强调价值观教育是一种社会事实和社会现象，它从文化的视角出发认为文化的习得和认同也是个体价值观的内化和塑造。因而，价值观教育应该是一种对文化认同的教育。价值观教育的目的不是学术性地辨析或澄清各种价值观，不是或零星或系统地宣传与灌输某些价值观，也不是单纯地培养价值和道德反思的理性能力，而是创造一种文化环境，让学生能够参与到特定文化的“意义建构”过程之中。[②] 实现文化认同才是价值观教育的目的和手段，通过对主流价值观的领悟、接受和认可，进而使受教育者形成一个具有文化自信、结构完整的个体价值观体系，从而使个体成为一个具有文化意义的人。

作为一种伴随着人类价值观念产生、发展的教育活动，价值观教育不仅具有鲜明的意识形态性，还具有一定的普遍性。世界上任何一个国家、民族、政党都高度关注国民的价值观塑造，并将价值观教育作为学校教育的重要目标。各国立足于自身的社会文化背景实践各具特色的价值观教育活动。例如，英国在学校教育中提出了教学、精神、道德、社会、文化和个体的价值观，以及评价学校价值观教育有效性的基本方法。[③] 尽管法国价值观教育的合法性一直面临着学校教育“世俗性”的挑战与质疑，但法国青少年价值观教育仍然在不断推进，并形成了以“价值观教育”为主体，以“公民教育”和“道德教育”为双翼的“一体两翼”结构。[④] 德国也一直十分注重价值观教育的开展，并具有深厚的理论积淀和丰富的实践经验。

---

① 李欣怡，任成孝，高鑫：“国外学生核心价值观教育研究及其当代启示——基于马克思主义核心价值观的思考”［J］，《教育理论与实践》，2015 年第 13 期。第 42–45 页。

② 杨柳新：“大学的价值观教育与文化认同”［J］，《北京大学教育评论》2008 年第 04 期。第 107–124&190 页。

③ 莫尼卡・泰勒：“价值观教育与教育中的价值观（下）”［J］，《教育研究》2003 年第 07 期。第 58–66 页。

④ 上官莉娜：“多元文化、世俗性与价值观教育——法国中小学复设‘世俗道德教育’课程解析”［J］，《比较教育研究》2016 年第 02 期。第 101–105 页。

德意志联邦共和国从 20 世纪 50 年代就开始进行价值观教育研究，并已形成具有重要影响力的系统性研究成果——《学习价值观并在生活中体验和践行价值观——德国价值观教育理论与实践》(2016 年由贝塔斯曼基金会资助出版的论文集)，强调在当下德国社会经历变迁和多元化发展的背景下价值观教育的重要性所在。[①] 新加坡作为世界上第一个以国家白皮书形式提出共同价值观的国家，非常重视国民的道德教育和价值观教育。前内阁总理李光耀曾提到："如果我们不能让孩子清楚认识基本的价值观，知道什么是对是错，是好是坏，是应该做还是不应该做，我们就会受到处罚，将无法把孩子培养成人"。[②] 新加坡提出并实施共同价值观教育 20 余年来，以共同价值观为内核的道德教育取得了显著成效，公民道德素质得到大幅提升。作为典型的西方资本主义国家，澳大利亚近年来也以国家主导的方式推动全国中小学开展系统、深入、明确的核心价值观教育，2005 年颁布了指导价值观教育实践的纲领性文件《澳大利亚学校价值观教育国家框架》(*National Framework for Values Education in Australian Schools, 2005*)，并在文件中明确提出"关爱和同情，尽其所能，公平，自由，诚信，正直，尊重，责任，理解、忍耐、包容"九条核心价值观内容，出台了一系列价值观教育计划，扶植了大批价值观教育实践项目，并且提供巨额的资金支持。

美国作为一个移民国家，在多种族及多元文化并存的社会中，如何将统一的美利坚合众国的意志和精神转化为每一个公民的价值观念是历任政府的重要职责，其价值观教育古已有之且独具特色。有学者指出，在美国"实际上价值观教育并不是一个新近的课程现象，从殖民地时期开始，它就已经以这种或那种形式，成为美国正规学校教育的一部分"。[③] 美国虽然没有明确的"价值观教育"的概念，更不存在统一规定的价值观教育目标，但其价值观教育蕴含在宗教教育、道德教育、品格教育、公民教育、爱国主义教育等诸多内涵之中。

我国学者对价值观教育的阐发与探讨是伴随着改革开放和中国特色社

---

① 周海霞："试析德国核心价值观体系与价值观教育"[J],《比较教育研究》2017 年第 39 期。第 86 页。

② 吕元礼:《新加坡为什么能(下卷)》[M]，江西人民出版社 2007 年版，第 64 页。

③ [美]艾伦·洛克伍德:《人格教育之辨：一个发展性视角》[M]，孙彩平等译，教育科学出版社 2012 年版，第 4–7 页。

会主义市场经济的发展而逐步深入的。“在我国，价值观问题受到关注大致是从 1978 年上半年开始的，1978 年上海召开‘理论务虚会’，就有同志在会上专门论述了价值观问题，不过那时主要是从‘人生价值观’的角度来立论的。”① 此时，关于价值观教育的概念还未明确提出。直至 1986 年，《中共中央关于社会主义精神文明建设指导方针的决议》中指出“能不能适应这种要求，形成有利于社会主义现代化建设和全面改革的舆论力量、价值观念、文化条件和社会环境，有力地抵制资本主义和封建主义的腐朽思想”。在此，价值观念作为抵制资本主义腐朽思想、建设社会主义精神文明的重要方面，首次在国家重要文件中被提出。20 世纪 90 年代初，著名伦理学家罗国杰发表了讨论人生价值观教育问题的相关文章，我国关于价值观教育的学术研究正式开启。2000 年 2 月，江泽民在关于教育问题的谈话中强调：“尤其是要加强对青少年学生进行爱国主义、集体主义、社会主义的思想教育，帮助他们树立正确的世界观、人生观、价值观”。这是国家领导人在重要谈话中首次提出价值观及其教育问题，并把价值观放在世界观、人生观之后，将三观并列起来，可以被看作是我国价值观教育确立的标志。②2001 年 5 月，国务院颁布了《关于基础教育改革与发展的决定》，文件指出：“要使学生具有爱国主义、集体主义精神……逐步形成正确的世界观、人生观和价值观……成为有理想、有道德、有文化、有纪律的一代新人”“对中学生进行正确的世界观、人生观、价值观教育”。此后制定的基础教育各门学科课程标准中都将价值观确定在课程目标的高度，培养学生形成正确的世界观、人生观和价值观成为我国基础教育改革和发展的目标之一。2004 年，《关于进一步加强和改进未成年人思想道德建设的若干意见》中指出：“教育和引导未成年人树立中国特色社会主义的理想信念和正确的世界观、人生观、价值观，养成高尚的思想品质和良好的道德情操，努力培育有理想、有道德、有文化、有纪律的，德、智、体、美全面发展的中国特色社会主义事业建设者和接班人”，从加强和改进未成年人思想道德建设指导思想的层面论及价值观教育问题。中国共产党人历来高度重

① 教育部邓小平理论研究中心调研组：“关于价值观问题的调研报告”［J］，《高校理论战线》2002 年第 01 期。第 18–27 页。

② 蓝维，夏飞：“价值观教育的确立与发展——价值观教育 30 年的历史回顾”［J］，《中国德育》2008 年第 12 期。第 18–21 页。

视价值观问题，但在过去往往将价值观与世界观、人生观并列起来进行研究和讨论。近年来，尤其是社会主义核心价值观确立以来，价值观逐渐作为单独的内容被加以强调。2012 年，党的十八大首次将社会主义核心价值体系从国家层面、社会层面和公民个人层面凝练为“三个倡导”的社会主义核心价值观，即：富强、民主、文明、和谐；自由、平等、公正、法治；爱国、敬业、诚信、友善，体现了全体中国人民价值观的最大公约数。价值观问题属于意识形态问题，是中国共产党思想政治教育的重要内容，也是我国思想政治教育理论和实践的本质追求和重要关切，弘扬和培育社会主义核心价值观是当前我国主流意识形态建设的根本任务。

第二节　美国价值观教育之“名”的概念解析

价值观教育，顾名思义就是教育主体以价值观为内容对教育对象开展教育的实践活动。在比较研究的视域下，价值观教育多伴有阶级性色彩。“任何一个社会，总是企图利用教育来向青年一代传输、灌输一种特定的价值观念，以使其尔后真正成为该社会中的一份子。”① 从这个角度讲，价值观教育的目的是使社会主导价值观念在受教育群体中得到认同与内化，这种对价值观念的培育有其政治上的目的，“有时是时代的需要，有时是统治阶级的强制所为。”② 因此，所谓价值观教育之“实”就是一种“培养人”的实践活动，目的是塑造统治阶级需要的人。

在美国，由于宗教信仰和政治制度等因素，学校教育鲜有价值观教育的具体表述，但从目的与功能上看，道德教育（moral education）、公民教育（citizenship education）、品格教育（character education）等教学实践形式均行使着价值观教育的职能，在内涵和外延上符合价值观教育的概念所指。“美国资产阶级一直在抓政治教育，而且导向非常明确、旗帜非常鲜明、措施非常得力。”③ 美国就是以这些相关概念之“名”行使价值观教育

① 袁贵仁:《价值观教育的理论与实践——价值观若干问题的思考》[M]，北京师范大学出版社 2006 年版，第 132 页。

② 杨飞云:“美国学校价值观教育研究”[D]，河南大学教育学原理专业博士论文，2012年。

③ 陈立思:“关于美国思想政治教育的几个问题”[J]，《中国青年政治学院学报》1997年第1期。第 35–41 页。

之“实”，并使其服务于美国政治体制与社会秩序的再生产。因此，深入研究这些概念对于理解和把握美国价值观教育的实质至关重要。

一、道德教育

道德教育与价值观教育关系密切，二者在内涵上有诸多相同之处，因此在一段时间内出现了道德教育等同于价值观教育的说法，然而这种判断在事实上否定了道德价值观以外的一切价值观念，从这一维度上看，将二者等同的判断是不够准确和全面的。当社会多数民众公认的价值体系演变成为整个社会的意识形态，道德价值体系就是其中重要的内容，因此有学者认为道德价值观仅仅是价值观的组成部分，道德教育所囊括的内容应从属于价值观教育的范畴。诚然，“在所有文化价值形态中，道德价值观处于核心地位，其他任何文化价值都与道德的这个核心价值有着或多或少或强或弱的联系，其价值取向都以道德价值为基本参考系。”① 但孤立地将二者的关系归于从属和依附显然不够准确，二者既非完全等同或包含，又非毫无关联。

西方的主要道德教育理论可以追溯到古希腊和古罗马时期。柏拉图、亚里士多德、苏格拉底等著名哲学家曾在道德教育方面提出许多超越时代的论断。文艺复兴后，西方社会开始出现许多划时代的道德教育理论，其中理论影响较为深远的哲学家和教育家包括洛克、卢梭、康德、边沁、穆勒、赫尔巴特、斯宾塞、涂尔干、杜威等。卢梭在《爱弥儿》中首先提出了“性善论”，认为人生而为善是一切道德教育的出发点。同时卢梭认为情感重于理智是道德教育的典型特征，而遵从自然则是道德教育的基本原则。康德虽然早期是卢梭的狂热崇拜者，但在儿童本性的问题上与卢梭持相反的观点，认为人性先天具有善恶的两面性，在教育过程中不能忽视儿童本性恶的一面，由此引申出其对于儿童接受教育过程的理解，即管束、教化礼貌与智慧、道德陶冶三个阶段。同时代的赫尔巴特同样是享誉世界的道德教育理论家，其最著名的论断是“五种教育观念”，即：内心自由的观念、完善的观念、仁慈的观念、正义的观念、公平的观念。这一理论对西方道德教育产生了深远的影响。19 世纪上半叶英国教育家边沁、穆

---

① 竹立家:《道德价值论》［M］，中国人民大学出版社 1998 年版，第 216 页。

勒所倡导的功利主义道德观受到了欧美主要资本主义国家的青睐，被认为是调节人际关系的最佳理论。这种道德教育理论强调个人价值取向，其中“最大多数人的最大幸福”等论断也对欧美社会的道德教育产生了深远影响。斯宾塞的“自然后果原则”、涂尔干的教育社会学、杜威的实用主义哲学均为西方现代道德教育奠定了基础。

在美国，道德教育的历史可以追溯到殖民地时期，这一时期道德教育的主要形式是宗教教育。美国的殖民地时期长达一百五十多年，在漫长的历史进程中美国殖民地经历了政治、经济、文化从无到有的发展历程，道德教育在这一历程中成为统治阶级维护政治统治、文明教化的重要武器。这一时期道德教育的基础和主要内容是宗教美德和绅士礼仪，宗教的教派主张对道德教育的目标选择具有决定性作用，因而不同地区道德教育的模式具有显著差异；这一时期道德教育的实施主体是家庭，学校是家庭教育的延续；道德教育的目标基本归于对宗教的虔诚，对于宗教品性的培养和塑造，方法较为简单粗暴，通常以严明的纪律和严苛的体罚等规范手段为主。在殖民地后期，世俗化的基督教美德逐步得到推崇，“勤奋、努力、诚实、自立、进取、宽容等开始成为个人道德修养的指南。”[①] 独立战争以后，为了提高公民的道德与学识，美国的建国者们策划了公共教育制度，在道德教育领域则“将宗教和国家一并确立为道德权威，将教育重点从个人救赎转向对国家意识的培养。”[②] 这一价值取向延续到了19世纪，为了弥合多重宗教在道德上的分野，无教派的宗教道德教育开始成为道德教育的主流。19世纪30年代以后，美国社会进入到工业化发展的快速阶段，以宗教教育为主的传统学校道德教育逐渐式微，进而逐步被世俗化的道德教育替代。

工业社会带来了巨大的生产力，经济的发展催生了社会对于专业人才的需要，个人成功不再取决于道德品质，道德教育在学校教育中的合法性面临前所未有的置疑。这种现象催生了进步主义道德教育的兴起，进步主义反对向学生灌输传统的道德观念，具体来说是倡导“情境性品格”（situational character）的培养，主张引导青少年培育道德自我认知能力。与

---

① 高星，丁振国：“美国殖民地时期学校道德教育发展综述”［J］，《理论月刊》2014年第3期。第186–188页。

② 任志锋：“权威与自治：美国学校道德教育的价值取向及其发展”［J］，《教学与研究》2019年第12期。第68–76页。

其相对应的是同期出现的人文主义倾向的道德教育，主张学习西方传统文化，倡导对应的价值观念。进步主义和人文主义两种教育主张共同掀起了美国道德教育的第一次浪潮，对美国现代道德体系的构建产生了深刻影响。

20 世纪 60 年代中叶，价值澄清、认知发展、女性主义三种理论共同催生了美国现代道德教育的第二次浪潮。其中价值澄清无疑是这一阶段最具影响力的理论，其内含的价值相对主义倾向否定了普遍价值观的存在，因而否定了历史性的道德传统。价值澄清理论反对直接的道德灌输，提倡学生在思考中解决道德难题，通过个人的主观体验形成特定的道德观念和道德行为。认知发展学派同样主张尊重学生的认知发展规律，通过道德推理和道德判断等方式逐步提升学生的道德水准，尤其注重对于心理实验等科学方法的使用。女性主义的视角则更倾向于传递道德情感，在理性主义的基础上增添情感主义的元素。三种理论形成了经验主义、理性主义和情感主义的三条道德教育进路。

由于过分强调个人的主观体验，否定共同价值和社会责任的存在，价值相对主义道德教育理论培养下的青年人呈现出道德失范的现象。20 世纪 80、90 年代，美国的犯罪率居高不下，失业率屡创新高，这些现象被归咎于道德教育的缺位，对所谓“美德”的重新思考让传统的道德教育重新回归人们的视野，价值澄清和认知发展等理论遭到了全面清算，新品格教育成为当今美国学校道德教育的主流。这种教育理念实质上是呼唤传统道德教育的回归，其目的是规范青少年的价值行为，使其形成社会期待的价值观念和道德品质。自 20 世纪 90 年代以来，新品格教育已经逐步占据了美国道德教育的主导地位，在实践中，美国学校更加注重对于社会共同价值观的培养。

纵观美国道德教育的历史流变，整个过程充斥着传统与现代、宗教与世俗、自由与保守、一元与多元的博弈与纷争，但从总体上看，决定美国道德教育走势的仍旧是特定历史条件下的现实需要。美国道德教育解决的根本问题是受教育者应该持有何种道德品质，以适应特定历史时期国家和社会的现实需要，就这一点而言，美国的道德教育带有十分厚重的阶级烙印。

二、公民教育

“公民”一词最早出现于古希腊的城邦政治结构之中，公民是一种政治身份。公民教育强调的是对政治身份的认同。公民教育的根本旨趣在于培养确立公民身份、参与民主社会、具备公民德性的社会人。“所谓公民教育就是在政治、经济和文化等方面促进学生认识、情感和行为技能的发展，使之成为积极参与民主社会的公民。”① 因而，公民教育具有鲜明的政治性和社会性。“公民教育从本质上看是政治性的，侧重于公共事务，而不是直接关注个人社会活动。其目的是支持和改善民主政治社会，人民不仅致力于正义、平等、正当程序、多元化、公共福利、人权和尊严，而且还致力于基于相互协议的政治程序的参与。”② 从目的上看，进行公民教育的目的是培养理想公民。有学者指出，公民教育主要涉及公共与私人价值间的关系，其中重要的是，从政治和教育两方面界定我们可以认可的公共价值有哪些，而同时又必须阐明其与私人价值之间的区别。③

20 世纪，相对主义（relativism）学说蔓延，支持者认为世界上没有永恒的价值体系，道德原则不再是社会秩序运转的基本手段，道德人不再等于好公民。“好公民”和“好人”，是依照两种不同的价值标准进行评判的，公民身份是一种政治身份，重在考察人的民主知识与能力以及推动国家政治民主化发展的能力和贡献程度，具有很强的政治性，而后者关注人的道德水平的高低、道德修养的好坏，具有较强的伦理性，二者虽有重叠，但各自强调的核心领域却是不同的。正如杜威在其经典著作《民主主义与教育》所说，“一个人光做好人还不够，他还必须做一个有用的好人。所谓做一个有用的好人，就是他能生活得像一个社会成员，在和别人的共同生活中，他对社会的贡献和他所得到的好处能保持平衡。”④ 因而，公民的身份构成不仅是道德人，还是政治人、社会人、经济人。所谓“好公民”应具

① 唐克军：《比较公民教育》[M]，中国社会科学出版社 2008 年版，第 34 页。

② 史振鼎：《公民教育之问题与对策》[M]，台湾翰林同业有限公司 1985 年版，第 186–187 页。

③ 付轶男：《美国现代化进程中的公民教育与道德教育关系》[D]，东北师范大学比较教育学专业博士论文，2010 年。

④ [美] 约翰·杜威：《民主主义与教育》[M]，王承绪译，人民教育出版社 2001 年版，第 175 页。

备对国家的忠诚感，具有尊重、可靠、公正、责任等美国社会主流价值观念，同时在民主理念和民主行为方面较为成熟，能够以自觉的态度参与到社会生活和公民生活之中。公民教育不同于道德教育培养“好人”的目标，担负着培养积极参与的“好公民”的职责。

美国在殖民地时期采用的是以宗教教育为主的直接道德教育方式，当时社会倡导的是让人们成为好人而不是好公民，而美国建国以后，开始了以爱国主义教育为核心的公民教育，主张个人要融入社会经济发展与政治发展中，为凝聚共同体而贡献自己的力量。虽然国家对公民教育的重视程度此消彼长，但是其犹如贯穿国家建设与发展的一条生命线，始终存在于其中并潜移默化地影响社会发展。此外，公民教育的产生以主权在民意识的觉醒为重要标志，这是因为公民教育是以处理权利与义务关系为核心的教育。只强调义务与责任，忽视甚至无视权利或者将权利全部转移到政府管理机构的教育只能称为“臣民教育”，公民教育是民权意识觉醒并逐步增强的必然产物，是国家迈向现代化发展的必然产物。西方国家的历史上多次发生权利价值取向与义务价值取向公民教育的冲突，这恰好印证了新时期公民教育就是关于如何正确处理权利与义务关系的教育。1927 年，美国所有州都通过了要求学校进行公民教育的法规，公民教育陆续在一些纲领性文件中成为重要的教育目标。美国学校也越来越多地强调法律、规则、程序、个人的权利义务，而较少强调成为一个‘好人’”。

对于美国的公民教育历史发展，学界存在不同的划分形式和标准。雪莉·L. 菲尔德（Sherry L. Field）在《新世界秩序下的公民：美国公民教育的历史透视》（*Citizens for a New World Order: A Historical Perspective of Citizenship Education in the United States*）一文中着眼于教育目标、课程与方法的变化对美国公民教育历史进行了梳理总结，将美国公民教育的历史分为五个阶段：

表 1.1 美国公民教育的五个历史阶段

	18、19 世纪	20 世纪初	“二战”期间	20 世纪 60 年代	20 世纪 90 年代
教育内容	作为道德任务的公民教育。	塑造学生品格。	坚定的公民教育方针。	传授批判思维和问题解决策略。	颁布公民科和政府课程的国家标准。

国内也有学者基于社会背景对教育内容的影响，将美国公民教育划分为建国时期、统一时期、扩张时期、起伏时期、当前现状五个具体的历史时期：

表 1.2 美国公民教育的五个历史时期[①]

时期	建国时期的公民教育（1776–1826）	统一时期的公民教育（1826–1876）	扩张时期的公民教育（1876–1926）	起伏时期的公民教育（1926–1976）	公民教育的现状（1976–现在）
社会背景	教育已经进入由教会管理逐渐转变到国家管理的过渡阶段，社会对教育的需求迅速增加。	各州允许黑人进入公立学校的说法也如“纸上谈兵”，仍为白人和黑人单独设立学校进行教育。	移民的到来必定对美国主流文化产生威胁。	社会改革和进步主义教育运动；热战和冷战等。	“过山车”式经济生活；人口、家庭、健康状况、教育和犯罪问题的一系列变化改变了美国社会的生活状态。
内容	自由、民主、公众认同、共同利益的维护。	加强了对政治价值观的教学。	加强“美国历史的学习”；社会科不但包括历史、公民学和政府等课程，而且还包括社会学和经济学等方面的知识。	品格教育的推崇、爱国主义的教学和象征性仪式、社区活动的保证、民主规则的理解等；“二战”后，主要强调忍让和做世界性公民；培养有批判性思维和解决问题能力的公民。	政府及其职能，政治体制的基础，民主在政府中的体现，美国与世界的关系，公民在政治体制中的地位等。

无论按照何种分类方法，美国的公民教育都是弥合多元文化的价值分歧、凝塑社会共同体意识的重要手段。实现公民对于国家的政治认同、民族认同、身份认同和情感认同是美国公民教育解决的重要问题。尽管美国公民教育在不同阶段侧重点有所不同，爱国主义和民族主义始终是不变的主题。例如，建国初期对国家制度、优越性的宣扬；热战、冷战时期狂热的爱国主义和其中夹杂的歇斯底里的意识形态斗争；“9・11”之后，爱国主义中包含了反对恐怖主义的成分。美国爱国主义教育总是与历史事实的

① 于海静：“美国公民教育的历史沿革、现状与发展趋势”［J］,《外国教育研究》2004年第03期。第10–13页。

发展紧密相连，为实现国家发展战略服务，而非孤立地存在。与此同时，爱国主义教育在其自身的发展中，从早期的狂热民族主义，到引导公民谨慎地服从，评判性地确立，这一过程也呈现出纵向深化的特点。

三、品格教育

品格教育最初可以追溯到古希腊时期，一般认为，品格教育起源于亚里士多德倡导的“体育训练式”的直接道德教育方法，亚里士多德将儿童视为任性的、未开化的、需要纪律训诫的人，将道德教育比喻为体育训练。品格教育源于亚里士多德的伦理理论、犹太基督教信仰以及与实践相关的传统直接道德教育方法。正如我们通过力量和技能的训练而变得强壮和熟练，他认为我们同样需要“善的训练”（practicing goodness）来成为“善良的人”（become good），他所理解的道德教育（ethical education）是进行情感控制和纪律行为的训练，他认为正确行为习惯的形成优先于对为什么要成为善良的人的理解和欣赏，最早实现社会化的儿童是通过反复教授礼仪习惯及使用适当的处罚和奖励来对其进行规诫的，因此他们能够做到举止得体，最终，他们才理解成为“道德的人”的理由和优势。[①] 品格教育可以追溯至 19 世纪 20 年代，其主要目的是应对美国工业化进程带来的对传统道德教育的冲击。20 世纪 70 年代，为回应价值澄清和认知发展等道德相对主义教育理论引发的严重的道德危机，美国政府和学界大力倡导传统的品格教育的回归。品格教育的复兴又被称为新品格教育运动，这一运动的核心是强调社会共同价值观的主导作用，注重凝聚道德共识，运用综合性的方法与途径，整合包括学校，家庭，社区等社会力量，以此为基础培养具备合格品质的社会公民。我们目前所说的品格教育即是指 21 世纪以来美国道德教育领域占主导地位的新品格教育，已成为当前美国教育理论、政策、实践的主流。

品格教育在世界范围内已经成为道德教育的主流形式，而美国的品格教育在世界各国的比较中可以说是相对成功的典范。品格教育是以美德伦理学为基础，以教师为教育主体，以直接灌输和明确的价值传授为主要教

① ［美］威廉·戴蒙主编:《品格教育新纪元》［M］，刘晨，康秀云译，人民出版社2015年版，第 40 页。

学手段，以美德传授为主要内容的实践活动。范畴上看，有学者认为美国的品格教育可以分为智慧、勇气、人性关爱、公平正义、节制、超越性品质 6 个范畴。①

“品格教育之父”托马斯·里可纳（Thomas Lickona）曾提出“有效品格教育的十一条原则”，其具体内容包括：

1. 品格教育使“核心伦理价值”成为优良品格的基础。

2.“品格”必须包括认知、情感和行为。

3. 有效的品格教育要求采取一种有意识的、积极的、广泛的态度，从而对学校生活的各个阶段的核心价值产生促进作用。

4. 学校必须是一个关心人的社区。

5. 学生需要通过表现道德行为来促进品格发展。

6. 有效的品格教育包括一门有意义的、具有挑战性的学术课程。这门课程要尊重所有的学生，并帮助他们成功。

7. 品格教育应当努力去探究学生固有的内在动机的形成过程。

8. 学校全体员工必须是有学识的、有道德的群体，人人有责从事品格教育，努力奉行指导学生品格教育的相同的核心价值观念。

9. 品格教育需要全体教职员工和学生的双重道德领导。

10. 学校必须吸收学生家长和社区成员全面参与品格培养活动。

11. 评价品格教育应当评价学校的品格、学校职员工作为品格教育工作者的作用，以及学生优良品格的展现程度。

2019 年，作为指导美国品格教育理论和实践领域最具影响力的专业团体，品格教育伙伴组织（Character Education Partnership，简称 CEP）颁布了《品格和社会情感发展典范标准》（*Model Standards for Character and Social-Emotional Development*）②，旨在促进 K–12 阶段学生品格和社会情感发展。品格方面，明确及阐释在道德、行为、知识、公民四个维度中不同的品格优势；社会情感发展方面，明确及阐释了五方面的社会情感发展，即自我意识、自我管理、社会意识、人际关系技能、负责任并有道德的决断。该标准是美国品格教育伙伴组织继“品格教育十一条原则”后发布的

---

① 谢狂飞．美国品格教育研究［D］，复旦大学思想政治教育专业博士论文，2012 年。

② *Character and Social-Emotional Developmen K-12 model standards* [EB/OL], https://www.character.org/model-standard.

指导全美品格教育研究及实践的最新标准，具有很强的权威性和前沿性。

第三节 美国价值观教育之“实”的内涵阐释

由于历史文化传统和政治制度等多重原因，美国鲜有价值观教育这一提法，但在具体的教育实践中，美国的价值观教育以道德教育、公民教育、品格教育、宗教教育、爱国主义教育等形式为载体，集中体现为以“美国中心”为核心、融合多元文化的国家价值观教育和以个人主义为基点、强调公民身份的个体价值观教育的辩证统一。

一、以“美国中心”为核心、融合多元文化的国家价值观教育

任何一个国家和民族都有属于其自身的文化，都有社会成员所共同认可和遵守的价值观。这不仅是社会存在和发展的基本前提，也是国家政权存在的必要根基。任何国家和政党对学生进行的价值观教育，都是国家意志的集中体现，反映了国家的主流意识形态，具有鲜明的意识形态性。美国价值观教育以培养努力为国家服务的“好公民”为核心目标，致力于通过一系列教育途径和手段向美国学生传授国家政治理念和主流价值观念，引导学生树立以“美国中心”为核心，融合多元文化的国家价值观，从而坚定美国信条和美国精神，凝聚美国共识，实现创建美国“山巅之城”的荣誉使命。

（一）价值观教育的意识形态属性

“任何一个时代的统治思想始终都不过是统治阶级的思想。”[①] 美国高度强调国家意识形态的引导，依据美国多民族、多元文化的社会现实，注重对多元文化的“美国化”，“抹去”其他族群的种族特征，坚持对学生进行以美国为核心，积极融合多元文化的国家价值观教育。首先，价值观教育是美国社会存在与发展的必要前提，其本身就具有绝对的倾向性和鲜明的意识形态性，强调国家意识形态的引导。价值观这一概念本身就表述了人们思想和行为上的明显倾向性，价值观教育的过程便必然包含对事物的选择与评价，包含对事物是非黑白的评判，包含一定的倾向性。同时，价值

① 马克思恩格斯选集（第 1 卷）[C]，人民出版社 2012 年版，第 420 页。

观是社会存在与发展的根基，为社会的存在与发展服务，具有一定的意识形态性。“对人类来说，不管任何时代和任何社会，最重要的是具备稳固的、共同的价值观、政治信仰与秩序意识。”[①]任何社会都需要其成员间形成共同的价值观念和价值信仰，都要为其成员提供大多数人所认同和接受的信仰体系和政治信念，这样社会才能正常运行；否则必将导致社会价值观紊乱、信仰缺失和精神危机。美国的价值观本质上是其社会成员在其漫长的历史发展过程中所形成的共同的价值观念与信仰，是美国社会存在发展的价值根基，为社会的存在与发展服务，具有一定的意识形态性。安东尼奥·葛兰西（Antonio Gramsci）提出，意识形态是“一种在艺术、法律、经济行为中，以及在所有个体和集体生活中显露出来的世界观”[②]，蕴含在社会生活的方方面面。路易斯·阿尔都塞（Louis P. Althusser）则将意识形态视为国家机器，明确提出“国家意识形态机器”的概念，并将其作为国家政权持久稳定的必要根基，认为“在成熟的资本主义社会中，占统治地位的‘国家意识形态机器’是教育”[③]，而非政治。教育尤其是价值观教育，其本身就具有意识形态性，是统治阶级进行阶级统治的工具，传递着统治阶级的意志和观点。美国价值观教育过程中必然会传递国家利益和国家意识，对学生进行主流意识形态的渗透和价值选择上的引导，具有鲜明的意识形态性。美国学校教育认为教育的目的在于使学生拥有优异的行为品质，坚持以培养美国合格公民所应具备的价值观为目标，要求学生具备社会所需要的各种品德和品质，努力培养学生的公民意识和主人翁精神，从而为政权的稳固发展提供强大的精神支撑。美国建国之初便提出要不断对青年实施教育，逐步促使国民在原则、理念和礼仪上实现同质化，加强对学生国家意识的培养，并将这些作为学校教育的重要目标与内容。美国政府还通过法律手段对价值观教育进行规范，使其符合政治发展要求，不偏离政治发展方向。美国法律规定了大中小学校不同阶段公民课程的内容和标准，以此保障学校价值观教育相关课程的教学质量。美国前总统奥巴马在其就

① 刘济良:《价值观教育》[M]，教育科学出版社 2007 年版，第 2–3 页。

② Antonio Gramsci, *Selections from the Prison Notebooks* [M], London:Lawrence& Wishart, 1971, p.328.

③ 王凤才:“文化霸权与意识形态国家机器——葛兰西与阿尔都塞意识形态理论辨析”[J],《马克思主义与现实》2007 年第 3 期。第 34–42 页。

职演说中将价值观称为美国社会发展的精神力量，提出“我们面临的挑战可能前所未闻，我们迎接挑战的方式也可能前所未有。然而，那些我们一直以来赖以成功的价值观——诚实和勤劳，勇敢和公平，包容和好奇，忠诚和爱国。他们真实存在，是创造美国历史的无声力量。”[①] 美国学校虽然并未开设“思想政治教育”课对学生进行意识形态教育，但美国在公民教育、道德教育、法治教育中加入了大量实质性的意识形态教育，宣扬资本主义制度的优越性，灌输公民知识，培养公民技能，提升公民的国家认同感，矢志不渝地向学生传递“美国精神”和美国文化。由此可见，美国价值观教育作为社会发展的精神力量并非“价值中立”的教育场域，而是内含着国家意志和国家利益，有着国家在场的本质，受到国家意识形态的引导，潜移默化地按照国家和社会发展的需要进行价值塑造。

（二）以“美国中心”为核心的国家价值观教育

以“美国中心”为核心的国家价值观强调“一个美国”的原则，关注民众对美国国民身份、国民特性的认同。美国是一个典型的移民国家，从建国初期到 20 世纪末，短短 200 年的时间，美国人口增加了近乎一百倍，其中外来移民大约有 6035 万人。1990 年，美国有 51% 的人口来源于 1790 年以后的移民，49% 的人口为美国原定居民和黑人，移民人口高达 1.27 亿人。到 20 世纪末，“美国人口有一半来源于早期定居者和奴隶，另一半来源于那些加入到定居者所创建的社会的移民。”[②] 在此背景下，如何使来自不同文化背景下的移民形成共同的价值观念、凝聚价值共识成为美国必须解决的重大社会问题。美国高度重视多种族的融合，更是将拉丁文格言“合众为一”（E Pluribus Unum）印在国徽上。其中，“众”是美国多种族的历史现实，“一”是美国统一、实现“美国中心”的价值目标。美国还通过《效忠誓词》（*The Pledge of Allegiance*）宣誓来表达爱国之情，增强学生的民族认同感，使其自觉坚持一个美国的原则，积极捍卫美国精神和“美国信条”。1942 年 6 月 22 日，美国国会更是以法律形式确定了《效忠誓词》的合法性，几经修改，最终将内容确定为“我宣誓忠诚于美利坚合众国国旗，忠诚于它所代表的共和国，这一上帝庇佑下的一个国家，不容分

---

① Barack Hussein Obama, *Inaugural Address of Barack Obama* [N], Washington, 2009-1-20.

② ［美］塞缪尔·亨廷顿：《谁是美国人？美国国民性面临的挑战》［M］，程克雄译，新华出版社 2010 年版，第 40 页。

割，人人享有自由和正义。”[①]1954年，美国国会又通过了立法规定学生在宣誓时的行为要求，明确提出“每一个城镇、每一个乡村学校的教室里，数百万学童将会天天诵读我们对‘万能的上帝’的热爱。”[②]为了保证移民对美国的忠诚，美国每年都要举行移民入籍仪式，在美国国旗下集体宣誓效忠美国。由此，美国确定了公民维护国家统一与完整，忠诚于美国的政治信条与道德原则。同时，美国还高度重视公立学校的价值引导功能。美国通过公立学校所进行的价值观教育，向学生传递以“美国中心”为核心的国家价值观，帮助移民后代更好地融入美国社会，激发国民的爱国主义热情，塑造美国精神和“美国信条”。美国社会认为，历史是培养公民国家归属感和责任心的重要载体，美国政府通过法律规范的形式规定学校所应教授的美国历史课程，加强对美国屈辱史、成就史和苦难史的历史教育，向学生传递历史学科知识，培养学生对历史事件的分析和探究能力，使学生了解美国历史的发展进程，让学生形成强烈的国家认同感和民族自豪感，增强学生对“美国中心”的认同。

（三）融合多元文化的国家价值观教育

美国价值观教育始终坚持融合原则，努力回应美国多元文化共存的社会现实，在强调“美国中心”的同时，坚持融合多元文化的国家价值观。美国价值观教育的发展一直关注国家的发展需要，努力回应重大社会问题。美国作为一个多种族的社会，缺少单一的血统、单一的传统文化等民族的基本特征，在族裔多样性与民族统一性之间努力寻求平衡。美国价值观教育早期，面对本国移民人口众多这一现实问题，以“美国化”为目标，高度强调对美国移民文化的同化，致力于将本土文化与外来文化进行有机结合，旨在实现美国民族文化的统一，凝聚美国价值共识，塑造美国精神。对此，美国民主派哲学家拉尔夫·W.爱默生（Ralph Waldo Emerson）率先用“熔炉”来形容美国的多民族融合，提出“在这个万国生灵的避难所中，爱尔兰人、德国人、瑞典人、波兰人、哥萨克人和所有欧洲部族、非洲部族、和波利尼西亚部族人们的活力和能量，将炼造出一种新的种族，一种

① *The Pledge of Allegiance* [EB/OL], https://www.ushistory.org/documents/pledge.htm.

② *The Pledge of Allegiance* [EB/OL], https://www.ushistory.org/documents/pledge.htm.

新的宗教、一种新的国家、一种新的文学。”[①] 自此，“熔炉理论”开始用于表述美国的移民同化，以“盎格鲁－撒克逊”美国人的传统为基础，核心在于消除移民所带有的文化传统痕迹，使其接受美国思想、文化和信念，实现“美国化”。同时也有学者认为，美国并不是单一的“民族大熔炉”，而是一个“万花筒”或者“镶嵌图”。他们认为，美利坚民族本身就并非单一的民族所构成的，其包含了众多源自他国的族群文化，这些共同构筑了美国文化。各民族文化是美国文化的一部分，在丰富和发展了美国文化的同时，又保留着自己的文化特征。实际上，无论是“大熔炉”，还是“万花筒”，都是美国异质文化融合的结果，伴随着历史发展变迁，业已成为美国人民所接受的美国文化。美国将多元文化的文化现实积极融入到价值观教育过程中，确定了多元文化并存、兼收包容的价值理念。多元文化并存的价值观念在公民身份认同方面，主张在对美国绝对忠诚的基础上，尊重和保护不同族裔、不同种族的思想文化和价值信仰。为此，美国联邦政府设立了“马丁·路德·金日”，以官方的名义纪念黑人运动领袖。之后，随着民权运动的发展，美国黑人群体的利益受到越来越多的关注，政府出台一系列法案来保障黑人的教育平等以及一系列反对种族歧视和反贫困的法律条文，提高对黑人群体的接纳度。1967 年，美国联邦最高法院废除了种族通婚法案的禁令，允许婚姻自由，美国社会对黑人的认可、接纳程度日益提升。美国价值观教育遵循美国《独立宣言》的思想主张，提倡“人人生而平等，造物者赋予他们若干不可剥夺的权利，其中包括生命权、自由权和追求幸福的权利”，[②] 尊重各种族的思想、观点和文化，保护少数族裔免受多数人族群的文化同化和权利侵害，努力实现种族平等和社会正义。因此，美国价值观教育坚持多元文化价值观，努力在保持各种族文化差异的基础上，寻找共同的“普适价值”，增强美国的国家认同，凝聚社会共识，塑造“美国信条”。自 20 世纪 60 年代起，美国开始在维持各族裔群体差异性和社会边界的基础上，肯定民族认同和文化权利存在的基础，积极建构国家认同和国族认同之间的紧密联系，并通过教育等手段培植国家

---

① 黄兆群：“熔炉理论与美国的民族同化”［J］，《山东师大学报（社会科学版）》1990年第2期。第 24–30 页。

② *The Declaration of Independence* [EB/OL], https://www.archives.gov/founding-docs/declaration.

认同和国族认同。美国既对文化多样性表现出宽容的态度，又将其多样性加以整合，凝聚共识，用以构建美利坚国族共同体，始终保持“文化多元，政治一体”[①]的发展态势，在政治层面之外允许少数族裔合理地保留自己的文化身份；又通过强调公民对美利坚合众国的公民责任和义务，强化公民身份和国家意识，增强公民的国家认同感，使美国民众始终坚持把效忠美国而非效忠本族群放在首位。

由此可见，美国价值观教育具有强烈的政治色彩和意识形态属性。基于美国多种族、多文化的现实样态，价值观教育过程中注重对多元文化的认同和包容，并始终在坚持美国国家意识、坚持“美国中心”的基础上，积极融合多元文化，努力强化公民的国家归属感和认同感。

二、以个人主义为基点、强调公民身份的个体价值观教育

个人主义是美国文化的根基，受个人主义影响，美国价值观教育高度重视个人的情感和利益，关注公民个人的价值。埃利·哈勒维（Elie Haievy）曾说过，“在西方社会，个人主义是一种真正的哲学。个人主义是罗马法和基督教伦理的共同特征。正是因为个人主义，使得在其他方面大相径庭的卢梭、康德和边沁之间的哲学具有了相似性。”[②]实际上，不只是哲学，个人主义对欧洲和美国的影响遍及生活的方方面面，深远持久，是美国文化中极为重要的组成部分，深刻影响着美国的价值观教育。

（一）个人主义的文化根基

个人主义是美国文化的起点和归宿，是美国人的理想信念和价值追求，构成了美国文化的精髓。美国个人主义从其本质上看，产生于早期资本主义市场经济，承认天赋人权和人性本恶的主张。美国个人主义强调个人本位，认为个人是一切价值的基础，是所有一切的起点和目的，群体是世俗化、具体化的产物，群体与个体平等，并没有能够凌驾于个体之上的超然的绝对的权利。同时，个人主义认为人是自由的，个人潜能和创造力的释放是正常且光荣的，个人应该自由地表达自己的观点、发挥自己的才能，而规则秩序则是个人自由的保障，其目的就在于保障个人的自由。个人主

① 何良：“美国少数族裔的国家认同研究”［D］，北京外国语大学英语语言文学专业博士论文，2015 年。

② 陈奔：《美国个人主义的历史变迁》［M］，厦门大学出版社 2012 年版，第 1 页。

义还将人的经验视为个人知识获取的关键途径，将人的试错合理化，认为经验、试错的过程是知识获取过程中必不可少的环节，这就很容易滋生个人中心主义，造成个人片面追求个人的自由和利益，全然不顾群体的责任和义务，从而在一定程度上有碍他人和社会的健康发展。个人主义同自由主义、基督教精神共同构成美国文化的三大精神根基，而个人主义则代表了美国模式的基本特征，更加直接、真实地象征了美国的人文思想，是美国文化最生动的表现，个人主义已经成为美国人身份认同的重要价值标志。

（二）基于个人主义的个体价值观教育

在个人主义思想的影响下，美国的价值观教育具有明显的个人主义倾向与特征。美国人常常将美国的繁荣与发展归为个人主义精神激励的结果，认为个人主义所鼓吹的自力更生精神激励着一代代美国人努力奋斗，创造了美国当今的文明与繁荣。在美国，个人主义被视为美国文化的精髓，是美国人的价值追求，普遍为美国民众所接受。美国《独立宣言》就以个人主义为价值基点，强调天赋人权，关注人的自由与权力，明确提出“我们认为下面这些真理是不言而喻的：人人生而平等，造物者赋予他们若干不可剥夺的权利，包括生命权、自由权和追求自由的权利。”[①] 在此影响下，美国高度重视个人的自由与权利，崇尚个人主义，保障个人平等与利益。自此之后，“平等”“自由”“追求幸福”等价值观一直是美国人民所珍视、并矢志不渝地追求的价值目标，同时也构成了美国价值观的基石，是美国价值观教育中的重要组成部分。值得一提的是，以个人主义为价值哲学，美国人形成了推崇个人奋斗的价值追求，而“美国梦”则成为其中最具代表性的价值追求，蕴含着美国人人平等、机会均等的价值理念。如今，“美国梦”已经成为美国人民坚持个人奋斗的代名词，也已经成为美国人民的价值追求和文化认同，被美国人所普遍接受。现在“美国梦”强调人们的机会平等，主张每个人通过个人奋斗都能够获取成功，实现自己的理想与价值。1963 年，美国黑人运动领袖马丁·路德·金在华盛顿林肯纪念堂前发表了名为《我有一个梦想》（*I Have a Dream*）的主题演讲，以“美国梦”引起美国人民的情感共鸣，激励美国人民（尤其是黑人）奋起反抗，为实

---

① *The Declaration of Independence* [EB/OL], https://www.archives.gov/founding-docs/declaration.

现个人平等自由而努力奋斗。2008 年，奥巴马在总统大选中获胜，成为美国历史上第一位黑人总统。他的当选被认为是 21 世纪“美国梦”的杰出代表，他的成功重申了美国努力奋斗的价值追求，告诉美国人民机会均等，只要奋斗就能成功。这对美国的价值观教育内容产生了深远的影响。基于此，美国价值观教育倡导个体自由和自我实现，并注重通过制度建设保障个人自由和公平竞争，倡导理性奋斗，主张冒险、尝试等价值观，激励一代代美国人努力奋斗，实现“美国梦”。

（三）强调公民身份的个体价值观教育

美国价值观教育在注重个人价值和利益的同时，还强调个人的公民身份与责任。美国价值观教育的目标在于培养能够促进美国政治和社会发展的“好公民”。美国作为一个典型的移民国家，自成立之初便高度关注如何将统一的美利坚合众国的意志和精神转化为全社会的价值共识，实现个人对美国公民身份的认同。这是美国在多元文化并存的社会背景下进行价值观教育的重点，也是美国历任总统和政府的职责与追求。

美国建国初期，合众国的缔造者和教育改革者就认识到，良好社会的关键不在于政府机构或政治信仰，而是在于普通公民的知识、技能和品德状况。这意味着美国社会民主自由的实现必然依赖于民众。独立战争期间，教育——为社会发展培养有知识、有技能、有品德的公民——被视为共和国赖以生存和发展的价值根基。此时，美国人民文化水平偏低，国家意识尚未形成，教育的主要功能在于维护自由、民主和公共认同，教育的目标使命在于“培养新的共和国个体，培养具备德行、忠贞爱国、理性睿智、受过教育的公民。”① 。其中，公民教育作为凝聚国家认同、传递国家意识的最为有效的途径，其目标主要是帮助学生了解并认同美国的国家政治制度和国家政治理念，培养学生的爱国之情，引导学生努力成为负责任的好公民，从而维护国家的统治和安全。美国第一任总统乔治·华盛顿就曾强调“不论是出生或是选择住在这个共同的国家的公民，这个国家有权要求你们感情专注地爱它。美国人这一名称是属于你们的，你们都是国民。这个名称必须永远凝聚应有的爱国主义自豪感……你们在共同的事业中战斗在一

① L. A. Cremin, *American Education: The National Experience* [M], New York:Harper and Row, 1980, p.5.

起，胜利在一起。”[①] 自此，华盛顿总统一直重申美国的公民身份认同，强调国家要培养能够忠诚于美利坚合众国的、同质的、爱国的公民。而这正是教育——尤其是公民教育的目标。美国公民教育被视为确保公民具有较高的政治素质、维护国家利益的最为有效的手段，国家通过公民教育来对不同阶层和种族的儿童进行价值观的培养和教育，努力为国家培育具有美德的、负责任的、爱国的公民，从而为美国民主共和政体的持续健康发展提供思想保障。

20 世纪以来，美国价值观教育的发展深受国家传统、政治经济体制和文化教育思想等方面的影响，尤其表现在对重大历史事件做出回应，及时调整公民教育的目标。教育被赋予了培育“好公民”的历史使命与任务，具体体现为“促进知情的、负责的、人道的公民的发展，增强公民参与民主治理的能力，增进公民对民主价值与原则的认同。”[②] 在此期间，美国中小学设置了以历史、地理、公民学为主的社会科课程，作为公民教育和价值观教育的最主要课程载体，并规定各中小学举行升旗仪式和宣读忠诚誓词，培养学生公民身份认同感和爱国热情。

20 世纪后期，伴随着冷战结束和苏联解体，世界范围内的多元文化主义呈现抬头趋势，美国的“盎格鲁 – 新教”文化遭受动摇和威胁，国家认同面临挑战。塞缪尔・亨廷顿指出，美国能否重振国家特性，能否捍卫和保持“盎格鲁 – 新教”文化的核心地位，既关系到美国的存在，又关系到美国的国际地位的延续和维持。[③]“9・11”事件发生后，美国政府认识到公民教育对国家安全的重要性，开始进一步加强对公民品格、公民意识的培养，积极巩固以传统价值观为基础的国家认同以及公民身份认同。

综上所述，美国价值观教育深受个人主义思想的影响，坚持个人本位的原则，以人为起点和最终的归宿，在强调个人自由、个人价值的基础上，强调个人的政治责任，注重对公民身份认同教育，努力为美国民主共和政体培养有效的、积极参与的、负责任的好公民

---

① George Washington. *Farewell Address* [EB/OL], https://www.presidency.ucsb.edu/documents/farewell-address.

② 马文琴:《美国学校公民教育的转向》[M]，浙江教育出版社 2015 年版，第 38 页。

③ [美] 塞缪尔・亨廷顿:《谁是美国人？美国国民性面临的挑战》[M]，程克雄译，新华出版社 2010 年版，第 5 页。

第二章

美国社会科课程的内涵与历史发展

美国中小学价值观教育在长期的改革与实践中形成了以社会科课程为主要载体的学校教育模式，不仅契合了学生在 K–12 阶段个体价值观的培育和发展需要，也紧密结合了时代和国家对于公民的培养目标。本章立足于历史唯物主义和辩证唯物主义视角，力图深入揭示社会科课程的本质内涵与美国社会科课程的历史发展，加深对社会科课程发展脉络的纵向理解，从而正确把握其在现实场域下的意义指向和价值承载。

第一节　社会科课程的内涵与本质

对美国社会科课程的价值观教育进行研究及比较借鉴，需要厘清社会科课程的内涵性质与本质规定。社会科自诞生之日起就将培养合格公民、传递社会特有的价值观作为教育的核心目标，成为最能实现价值观教育目标的课程载体，这在世界范围内逐渐成为一种趋势。

一、社会科课程的内涵

“社会科”（social studies）一词的诞生可以追溯至百年前，但学界长期以来对其最根本的内涵并未达成共识，如社会科是由一系列课程整合而成，还是独立的学科？其核心科目是什么？与社会科学存在哪些共性和差异？对这些问题的不同理解，体现出政治、经济和文化上的多元性。

什么是社会科课程？许多学者对其内涵、本质、目标进行了探寻。斯坦利和尼尔森将社会科教育定义为：“对跨越时空的人类事业的学习”。美国社会科教育领域权威学者沃尔特·帕克（Walter C. Parker）认为，社会科是学校课程的核心，因为人们在社会科课程中学会理解和解释世界，包括人民、地点、文化、制度、问题、梦想和灾难，无论是当今还是过去。在社会科课堂上，人们不只体验世界，而且能够系统地理解、关照，深刻并批判性地思考这个世界。① 对于社会科的性质，首先它是一种“特殊的社会科学”，让学生运用社会科学的理念、技能和实施，掌握社会科学的概念、原理和规律。也有学者认为它是一种对社会生活的反思和重构。② 而关于社会科课程的目标，可以分为三个维度，一是说教性目标，旨在传授知识；二是反思性目标，支持者认为传递信息和数据本身是不够的，应当将这些信息应用到实际生活中；最后是情感目标，即关注民主社会中参与者的道德生活，包括他们的道德问题、情感以及价值观念。③ 尽管人们对于社会科的诸多方面难以达成共识，但至少都赞同其教育目的“是培养年轻人拥有积极参与社会生活所需要的知识、价值观和技能，传递公民的责任和义务，为积极参与社会生活做准备。”④ 由此可见，社会科课程一个重要目标即是“培养合格公民”，社会科课程也是学校进行公民教育和道德教育最直接、最明确的学科领域。学校社会科存在的价值和意义就是通过引导社会认知、体验社会生活、以及对社会生活经验的反思和创造促进学生社会性发展。⑤

社会科在不同国家表现出不同的课程形态，名称、课程形式、修业年限等也不尽相同（见表 2.1）。

表 2.1　不同国家的社会科形态

国　家	名　称
英　国	个人、社会和健康教育（PSHE） 精神、道德、社会和文化的发展教育（SMSC）
澳大利亚	人文与社会科学

① Walter C. Parker, *Social Studies Today: Research and Practice* [M], New York:Routledge, 2010, p.3.

② 严书宇:《寻求理解之路——社会科课程研究》[M], 上海教育出版社2016年版，第15页。

③ Jack Zevin, *Social Studies for the Twenty-first Century: Methods and Materials for Teaching in Middle and Secondary Schools (3rd edition)* [M], New York:Routledge, 2011, p.4.

④ H. G. Marker Mehlinger, “Social Studies”, in P. Jackson (ed.) *Handbook of Research on Curriculum* [C], New York:Macmillan, 1992, pp.830-851.

⑤ 朱小蔓:《当代德育新理论丛书》[M], 人民教育出版社 2003 年版，第 2 页。

续表

国　家	名　称
加拿大	社会科
意大利	社会科学
日　本	社会科、道德科
新西兰	社会科学
韩　国	社会科

在我国，社会科课程的设立可以追溯到20世纪20年代，1923年全国教育联合会颁布的新学制课程标准，将公民、历史、地理、卫生四门课程合并为社会科课程，成为建国前实施公民教育的主要课程模式。新中国成立后，受苏联教育思想和课程模式的影响，突出意识形态教育的分科课程“思想品德课”“政治课”取代了社会科课程。新世纪之交的基础教育课程改革后，小学阶段设置了“品德与生活”（1–2年级）“品德与社会”（3–6年级），初中阶段开设“思想品德”“历史与社会”，其中“历史与社会”也标志着综合社会科课程首次出现在课程体系之中。2016年，为贯彻党的十八届四中全会关于在中小学设立法治知识课程的要求，教育部颁布实施了《关于中小学教学用书有关事项的通知》，将义务教育小学“品德与生活”“品德与社会”“思想品德”教材名称统一更改为“道德与法治”，在高中阶段继续开设“思想政治”课，这也是目前我国中小学实施思想政治教育和价值观教育的课程体系。

对于社会科一词的翻译，国内学者还未达成统一，目前使用较为广泛的为“社会科”，也是本文采用的译法。除此之外，在现有的研究成果中，主要还有“社会研究”“社会学习”“社会课程”“社会学科”等译名。

二、社会科课程的本质

社会科课程是价值观教育最重要的课程载体，是价值观教育课程化的重要途径，它的本质与价值观教育的目标一致，承担着传播主流价值观和国家意志的重要使命。

（一）社会科课程是价值观教育课程化的重要途径

价值观教育作为学校教育最核心的目标，需要依托一定的课程体系使之具体化并具有可操作性。笔者初步考察世界各国价值观教育课程化的形式，主要有以下几种：

一是开设专门的价值观教育课程。即通过设置特定的教学科目和学时，系统地讲授有关道德、公民身份等方面的知识，传播国家和社会主流价值观。这类课程内容偏重教授政治知识，知识的概括性和抽象性程度很高，往往在高年级开设，如美国的《公民与政府学》，日本的《特别学科道德》等。这种课程形式的优点在于课程具有较强的系统性，学生可以集中学习相关内容，但教育内容容易狭窄化和枯燥化，脱离学生生活实际，难以充分利用和调动其他教育资源。

二是设立综合的价值观教育课程。这也是世界各国价值观教育最流行的课程组织形式，这种课程模式是用价值观教育统筹历史、地理、经济学、法律等相关社会科学分支学科，共同完成价值观教育的目标，包括美国在内的世界多数国家设立的社会科课程就属于这一种形式。综合的价值观教育课程既可以让学生系统地掌握公民知识，也能以跨学科的方式，培养学生以不同的视角看待同一问题的能力，同时强调学生的主动学习和探究，使学习过程与学生的经验紧密结合，容易激发学生的兴趣。这种课程模式的优点显而易见，而难度在于如何有效地统整各分支学科的内容。

三是进行渗透式的价值观教育。这种课程模式既不在学校课程中开设单独的教学科目来专门讲授价值观，也不将价值观教育作为某一门综合性课程的教学目标，而是贯穿于学校的整个课程体系，渗透在所有的课外活动之中，并以隐含的方式存在于学校的规章制度、文化环境、教师行为之中。这种价值观教育方式的优点在于能够最大限度调动一切教育资源，但实施起来难度较大，不利于教学活动的统筹安排，通常被作为学校价值观教育的一种辅助途径。

需要指出的是，以上三种分类方式在实践中并不相互排斥，而是可以互为补充，发挥各自优长。多数学者和教育者认为，只有把独立分科与综合学科、渗透式的价值观教育结合起来，才能保证学生既可以集中获得系统性的公民知识，又能充分利用学校的教育资源，这也是未来价值观教育课程模式的理想走向。

（二）社会科的本质与价值观教育目标相一致

从社会科发展的历程看，学者和教育者们基于对社会科目标、内容、方法的不同理解，对社会科教育的本质也产生了不同的解释框架。最具代表性的如引言中提到的罗伯特·巴尔（Robert Barr）等人的三分法和约翰·布鲁贝克（John S. Brubacher）等人的五分法。巴尔等认为社会科教育具有三个基本主题：一是公民身份或文化传承，旨在通过讲授关于西方思想和文化传统的具体的、事实性的知识，促进学生对国家或“民主”价值观的理解和掌握，培养未来积极参与政治和社会生活的理想公民。二是社会科学知识学习，社会科教育为学生提供社会科学相关学科知识内容、成为合格公民的程序以及理解并在一定的历史、社会、经济和文化环境中行事的能力。三是反思性探究——源于杜威的社会认知心理学和实用主义哲学，强调在特定的社会政治背景下解决问题和有意义地作决策，而非被动地接受预先设定的知识或价值观。在民主的社会政治体系中，极少存在唯一的、明显的或者是正确的问题解决方式，因而必须能够指出问题，搜集、评估并分析数据，最终做出合理的决定，这需要批判性思维的参与。[①] 布鲁贝克等在此基础上，增加了学生自我提升和社会政治参与两个维度。学生自我提升是指建立自信及文化自觉，社会科被看作是建立身份认同、加强自我心理感知的工具，用于建立良好的社会和家庭关系；社会政治参与即社会批判和政治行动主义，在这个意义上，进行社会科教育是为了推动政治行动，为社会正义、言论和集会自由、国际和平等目标努力奋斗。彼得·马尔托雷拉（Peter H. Martorella）也同样对巴尔等人的框架进行了相似的拓展，将合理的社会批判和个体发展两个维度纳入其中。合理的社会批判旨在为学生提供机会，审查、批评、回顾过去的传统、已有的社会实践和问题解决的模式个人发展是指社会科所进行的公民教育应当包括培养积极的自我概念和强烈的个人效能感。这也与20世纪进步主义教育运动一直倡导的“儿童中心”相一致。简而言之，这几种分类方式是从教导、反思及情感三个维度对社会科的本质进行剖析。教导的维度即对历史、社会科学等内容知识的讲授；反思的维度即反思性探究和批判性思维培养；情感的维度即培养道德价值观，社会批判、自我分析及对争议性问题的判断

① E. Wayne Ross, *The Social Studies Curriculum (4th Edition)* [M], Albany:State University of New York Press, 2014, pp.27-29.

能力。[①]

从上述分析可以看出，社会科课程的功能和目标与价值观教育的要求存在高度一致性。社会科是一种综合性的学习，契合了价值观教育对学生公民知识（knowledge）、技能（skill）、品性（disposition）等全方位培养的要求。在公民知识方面，社会科课程内容涉及历史、地理、经济、法律、心理等多方面的人文社会科学知识以及部分自然科学知识，每一学科都有其独特的内容框架和观点视角，为学生成长为合格公民奠定了良好的知识基础；在公民技能方面，社会科重视培养学生信息处理、批判反思、合理质疑、做出合理决策等技能，这些都是成为未来积极参与社会生活的公民所必备的能力，教师也运用相应的教学策略，如角色扮演、问题解决、探究学习等方式帮助学生掌握和发展这些技能；在公民品性方面，社会科培养学生作为公民应有的个体道德品质，如诚实、友爱、信任、自信、乐观、勇气等基本道德要求，以及全球意识、合作意识、多元意识、环保意识、责任意识、参与意识等所有公民都应当具备的公民意识。另外，从历史的角度看，美国社会科课程与价值观教育同步发展。本章第二节的分析表明，美国社会科课程近百年的变革与不同时期的社会政治、经济、文化发展紧密相关，无论在其发展历程中体现出何种表现形式，都是为了适应美国不同历史阶段对公民培养的不同要求，都是政府和统治阶级传递社会特定价值观、培养合格公民的有力途径。

（三）社会科课程是传播国家主流价值观的重要载体

受自由主义和社群主义政治哲学的影响，美国政府控制公共教育的合理权力得到肯定，公立学校教育的价值选择和价值定位不可避免地带有政治性和意识形态性。社会科作为美国 K–12 阶段的核心课程，必定会彰显一定的价值取向，成为传播国家主流价值观的重要载体。

对学校课程的价值取向的分析始于 20 世纪 60、70 年代。20 世纪 70 年代之前，学校课程的政治中立性在诸多文献资料中常是一种老生常谈的假定，然而，课程研究领域中的政治理论研究早已否定这种假定。马克思主义认为，经济基础决定上层建筑。尽管马克思没有关于教育问题的具体

① Jack Zevin, *Social Studies for the Twenty-first Century: Methods and Materials for Teaching in Middle and Secondary Schools (3rd Edition)* [M], Routledge:New Jersey, 2007, pp.6-7.

著述，但他的理论在更广泛的意义上说明人的意识和思想范畴的变化源于生产工具的变化和由此产生的社会关系的变化。资本主义教育制度在本质上体现了市场经济的原则，在经济上占统治地位的群体的利益与教育中所谓“良好”和“有价值”的主导观念之间存在必然联系，资本主义社会的教育是一种“统治阶级利益的工具”。其他一些马克思主义者的理论也对研究教育内容的价值取向提供了重要参照和依据。如意大利马克思主义者安东尼奥·葛兰西提出文化霸权理论，认为统治阶级借助其在智力和道德方面的领导权，对其同盟阶级进行政治控制。[①] 塞缪尔·鲍尔斯（Samuel Bowles）和赫伯特·金蒂斯（Herbert Gintis）则将经济学中的“社会再生产”运用到了教育领域，他们在《资本主义美国的学校》中把学校看成了上层建筑阶层——即一个由社会的经济基础所决定的社会阶层——中起作用的东西。通过学校结构与生产结构之间的一种对应，学校为学生进入当前的经济制度做好了准备。[②]

迈克尔·阿普尔（Michael Apple）是20世纪70年代首先主张把课程作为政治文本理解的学者。他的教育思想深受马克思、葛兰西、布迪厄、伯恩斯坦等思想家的影响，在其成名作《意识形态与课程》一书中，阿普尔认为课程问题不仅不是一个教育和技术问题，也不是一项中立的事业，它本质上是一个意识形态和政治的问题，是与阶级、种族、性别和宗教冲突等紧密相连的。[③] 在教育领域内，赫伯特·斯宾塞（Herbert Spencer）提出的“什么知识最有价值”一度是被广泛探讨的重要问题，然而，阿普尔提出了“谁的知识最有价值”，探讨了文化和政治、权力之间的关系，开启了探讨意识形态和课程关系的先河。他认为：“正规的学校教育在很大程度上是由政府来组织和控制的，这就意味着一个完整的学校的教育过程在本质上是政治性的。”，“一些被看作是合法的或‘官方的’知识总是在特定的机构中被传授，有它们自己的历史张力、政治经济学、等级制度和官

---

① 转引自［美］威廉·F.派纳等：《理解课程》［M］，张华等译，教育科学出版社2003年版，第245页。

② ［美］威廉·F.派纳等：《理解课程》［M］，张华等译，教育科学出版社2003年版，第239页。

③ ［美］迈克尔·W.阿普尔：《意识形态与课程》［M］，黄忠敬译，华东师范大学出版社2001年版，第4–9页。

僚的需要。”① 美国著名课程理论家、国际课程研究促进协会主席威廉·派纳（William Pinar）是研究课程政治性的又一权威学者，近年来，在其代表作《理解课程》中，他用整章的内容阐述如何将课程理解为一种政治文本，系统回顾了再生产理论、意识形态、表象体系、隐性课程等内容，以此说明课程是具有价值取向和政治性的。②

简而言之，以上学者从社会学角度对课程的分析充分体现了课程知识不仅作为一种认知领域的知识存在，也是一种能够体现国家意识形态的价值知识，一种符合特定历史时期、制度和特定社会团体和阶级利益的“合法”知识，完全价值中立和价值无涉的课程知识是不存在的。社会科课程作为一门旨在为未来社会培养“合格公民”的课程，必定会体现一个国家对于“合格公民”所应具备的公民责任和公民素养的内在要求，从而使学生养成适应国家和社会发展的道德观和价值观。

第二节　美国社会科课程的历史发展

美国是世界上最早开设社会科课程的国家，纵观美国社会科发展历程，虽然社会科的内涵和范式在不同历史时期有不同的表现形式，但其核心目标从未改变，社会科课程是美国 K–12 阶段学校价值观教育的主渠道。

一、前社会科课程

在社会科诞生之前，美国学校主要通过宗教教育和历史教育传播主流价值观。在殖民地时期和建国初期，各级学校的教育内容充满着浓厚的基督教色彩，宗教教育发挥主导作用。工业革命时期，历史教育成为公立学校向学生传递文化、爱国主义以及如何成为一个好公民的主要途径。

（一）殖民地时期和建国初期：宗教教育占主导

殖民地时期，宗教教育一度成为早期殖民者巩固清教传统和统治的重要工具。家庭也是基督教的第一个教育机构，宗教家庭的父母教导孩子学

---

① ［美］迈克尔·W.阿普尔：《国家与知识政治》［M］，黄忠敬译，华东师范大学出版社 2007 年版，第 1–7 页。

② ［美］威廉·F.派纳等：《理解课程》［M］，张华等译，教育科学出版社 2003 年版，第 237–322 页。

习教义、教会规则和利益，并进行初步的职业和纪律训练。当时，美国公共教育体系尚未建立，许多学校由教会开办，教会的神职人员成为教育的主要力量，一方面教授宗教价值观，一方面教授读写技能。各级学校的教育内容充满了浓厚的基督教色彩。对此，美国著名历史学家比尔德认为，各宗教教派的热情点燃了殖民地知识的明灯。[①] 最著名的识字课本《新英格兰初级读本》中除了文字发音、数字认知、阅读技巧外，主要内容还包括圣经故事、教义问答等。随着殖民地的发展，建立正规学校教育的呼声高涨，1635 年，“波士顿拉丁文法学校”成立，是美国第一所中等教育学校。随后，殖民地中诞生了哈佛学院、威廉·玛丽学院、耶鲁学院等高等学府。这些学校创立的最初宗旨都是培养教会的神职人员以及培养广大民众的宗教信念，宗教课成为所有学生的必修课程。如哈佛学院就将推进基督教作为一切知识和学识的基础，让学生了解作为永恒生命的上帝和耶稣基督，为教堂培育出色的牧师。

受启蒙思想宣扬的自由与民主思想的影响，殖民地时期政教合一的制度与欧洲移民们追求自由的愿望逐渐相矛盾，美国建国后，美国宪法把教育的管理权交予地方，第一修正案还规定“不得确立国教和不得干涉信教自由”，其确立的“政教分离”原则成为解决宗教和学校（尤其是公立学校）关系问题的法律基础，这也是而后美国公立学校去宗教化的重要原因。除宗教课程和古典传统课程外，各级学校还将自然科学、伦理学等新兴学科引入课堂教学，并开始注重社会教育，教育开始逐渐呈现世俗化倾向。

宗教教育和价值观教育的关系问题探讨可以追溯到殖民地时期，有人认为宗教原则是正规教育的根本，甚至可能是唯一目标。这种误解会让人们对宗教教育产生不切实际的定位。后来，杜威在全面表述其宗教观的《一种共同信仰》（*A Common Faith*）中将“宗教”（religion）和“宗教性”（religious）区分开来，认为“‘宗教’是指一套信念和惯例，它们具有某种建制性的组织形式，不管其紧密程度是松是紧。相反，‘宗教性’并不指任何单独存在的东西、或者能按一种特殊的、独特的方式组织起来的存在物，它指的是那些可以指向任何对象、任何所提出的目标或理想的态度。”

---

① 查尔斯·A. 比尔德，玛丽·R. 比尔德：《美国文明的兴起》（上卷）[M]，商务印书馆 1991 年版，第 154 页。

换句话说，形容词性的宗教“没有隶属于为履行信仰和践行以及为此附带产生的组织机构的团体，也没有作为系统的信念以及一个特殊目的的组织机构，不指向任何历史上的宗教或现存的教会，它也不指向任何那种能自存的东西或者能被组织到一个特殊的、与众不同的一种形式的存在中的任何东西。”①

时至今日，在占美国学校总数相当多的私立大中小学中，宗教教育仍旧占据重要地位。公共教育中的宗教问题也是美国政府、教会、学校、教育工作者、学术界共同关心并探讨的话题。其争论的核心在于利用特定的宗教理想和价值拯救日益衰落的社会道德与政教分离的宪法精神之间的冲突。近年来，为谋求维护公共秩序的道德共识，在宗教教育中发现权威、信仰和价值，美国公立学校中宗教教育也有逐渐复归的趋势。也有社会科研究者表示，社会科课程领域中传授宗教知识的潜力是无限的，如社会中的宗教、世界宗教比较、宗教哲学等。宗教教育并不是独立选修的课程，而是社会科课程中的分支单元。研究者利用 NCSS 提出的主题轴和环境扩展作为宗教课程的体系框架，为公立中小学各年级适当教授宗教知识提供了建议和指导。

（二）工业革命时期：历史教育占主导

美国内战后，南北实现统一，从以盎格鲁－撒克逊人为主的、以农业为基础的农村社会迅速过渡到多元化、城市化、工业化的社会。大量外国移民的涌入使得公立学校不断发展壮大，如何使移民“美国化”、抵制外来文化和价值观的冲击成为学校教育的重要目标。公立学校也成为树立公民核心价值观、普及知识和培养民主责任感的最佳场所。学校的历史课程则以意识形态为核心，向学生传递文化、爱国主义以及如何成为一个好公民。鲁斯·埃尔森（Ruth Elson）在《守卫传统》（*Guardians of Tradition*）中写道：“19 世纪的学校教科书对一些基本信仰持坚定的、一致的立场，这些价值判断包括爱国家、爱上帝、对父母的责任、节俭、诚实、勤奋等，这些是毋庸置疑的。”② 历史学家约翰·B. 麦克马斯特（John B. McMaster）指出，在移民美国化的过程中，我们必须让他们的头脑充满美国历史事实，

① John Dewey, *A Common Faith* [M], New Haven:Yale University Press, 1934, pp.9-10.

② Ruth Elson, *Guardians of Tradition: American Schoolbooks of the 19th Century (3rd Edition)* [M], Lincoln:University of Nebraska Press, 1964, p.338.

他们对这些事实可能不理解，但他们必须把这些事实当作良药。19 世纪末，美国学界对传统历史教育状况的不满情绪开始滋生，一些全国性的委员会开始着手对学校课程进行改革，其中最重要的即是学校的学科设置。美国全国教育协会（National Education Association，NEA）任命的“十人委员会”（Committee of Ten）召集全国性会议，后被称为麦迪逊会议，着重探讨高中和大学课程的开发以及衔接问题，并试图在个人和社会责任方面寻求妥协和让步。1893 年，哈特和“十人委员会”为历史教育提出的一系列基本的课程原则在学校课程中占有中心地位，集中体现在现代历史及相关主题上，要求以培养开明公民的知识能力和态度的方式进行教学，这与 25 年后全美社会科委员会提出的基本原则大致相同。更重要的是，这些原则也成为整个 20 世纪社会科教育的基本遵循。1896 年，在全国教育协会的号召下，全美历史学会（American Historical Association，AHA）任命了一个“七人委员会”（Committee of Seven），其发布的报告不是同类报告中的第一篇，但确是最彻底的、最精心设计的、影响最为广泛的，它更加强调历史教育的公民教育价值，宣称教育最大的目的是为了让受教育者培养义务感和责任感以及加强对社会义务的了解。“七人委员会”强调历史学习应该是持续的，它提出的四模块的教学方案，包括古代历史、中世纪和现代历史、英国历史、美国历史和公民政府。这一课程方案的应用一直延续到 20 世纪 60 年代。

总之，无论是“十人委员会”还是“七人委员会”，都主张传统的历史教育，即强调历史事实和文化遗产的掌握，以及以课本为中心的背诵和记忆的训练。在前社会科时期，历史成为当时学校教育的核心课程是多种因素共同作用的结果。首先，历史教育主要目标即是培养良好、爱国和顺从的公民。传统历史课程注重传授被美化的、以欧洲为中心的历史，在国家沙文主义的社会背景下，强迫新移民和土著人尽快“美国化”，服务于这一新兴国家的精英阶层。其次，推崇传统历史教学的历史学家发挥了重要作用，他们职业化和专业化程度较高，在大学中担任要职，并号召成立了多个影响学校课程实施的活跃的学术团体，其中最具代表性的如亨利・约翰逊（Henry Johnson）以及其他在大学任职的历史学家组织成立的全美历史学会。

二、社会科课程的诞生

1916年，社会科课程作为一门独立的学科的正式诞生，这是美国公立学校的不断发展壮大的客观要求，也是教育理论研究更新发展的必然结果。

（一）社会科课程的理论溯源

随着美国工业化程度的不断加深，以及进步主义哲学、人本主义、社会建构理论等理论不断更新发展，传统历史教育受到了广泛抨击。有学者指出，历史对现代课程的贡献只有在它对当下问题进行有力的阐释时才会发挥效用。1909年，威廉·斯隆（William Sloane）在全美历史学会成立25周年的演讲中指出，"我们现在学习历史不是一种消遣娱乐，而是需要贴近现实。"詹姆斯·H. 罗宾逊（James H. Robinson）也尖锐指出，历史学家有"责任"去研究过去那些与当今社会关注的问题有特殊关系的领域。[①]这也表明历史学习不能再是纯粹的知识学习和智力训练，需要一个更加综合、与社会联系更加紧密的新生学科。

20世纪初，进步主义教育哲学在美国逐渐盛行，其中最重要的代表人物是当时著名的教育学家约翰·杜威，他从实用主义视角出发，反对传统教育的形式主义和机械教条，以及传统历史教育对学生的兴趣和需求的忽视，对历史事实和当前社会生活的隔离，主张教育者应当发挥历史教育的现实功能。[②]大卫·斯奈登（David Snedden）也是传统历史课程的有力批评者，他认为教育的主要目标即对学生进行社会控制，使他们形成符合社会需要的社会行为模式。公民教育则旨在向学生灌输"社会美德"和"道德价值"。因而，相比较历史教育而言，他认为社会科学更具有直接的效用。[③]同时，进步主义教育哲学为社会科教学提供新的理论和实践方法支撑，如以儿童为中心的学生观，以生活为内容的课程观，以解决问题为方法的教学观，以淡化权威意识为理念的教师观等。此外，人本主义、社会建构理论、社会效能理论、社会改良理论等也发挥了重要和积极的作用。

---

① Wilson J. Warren, Ronald W. Evans, T*he Social Studies Wars: What Should We Teach the Children?* [M], New York:Teachers College, 2004, p.16.

② John Dewey, *Democracy and Education* [M], New York:Macmillan, 1916, p.251.

③ David Snedden, "Teaching of History in Secondary Schools" [J], *History Teacher's Magazine*, vol. 5, 1914, pp.277-282.

（二）社会科课程诞生的标志

1916年，美国全国教育协会下属的中等教育重组委员会（The Committee on Social Studies of the National Education Association’s Commission on the Recognition of Secondary Schools）发布题为《中等学校中的社会科》（*The Social Studies in Secondary Education*）的报告，正式在国家层面确立了社会科课程的形式，标志着社会科作为一门独立的学科的诞生。报告提出了一种新的社会科课程综合体，改变了全国历史教育学会一直倡导的过度强调和突出历史学科的社会科课程模式，特别强调社会科应当聚焦实事、社会问题、近代历史，尤其是学生的需要和兴趣；反对以教师为中心，以机械记忆为主导的讲授式教学，倡导以“问题为中心”“公民为中心”的新型教学模式。报告开篇就给出了社会科课程的定义：“那些与人类社会的组织和发展相关的、与社会群体成员相关的教学内容”，[①]所有学科教学都应当促进学生社会效能感的提升，个体的兴趣和需求应当服从于社会整体的需要。报告还特别强调社会科就是要培养学生形成“好公民”所需要的价值观，并对课程设置提出了具体意见，如开设“民主的问题”（Problems of Democracy）、“社区公民学”（Community Civics）等，由此可见，社会科从成立之初就将公民教育作为最主要的目标，旨在将个体培养成为合格的社会成员。1916年报告在社会科发展史上具有里程碑意义，从形式上确立了社会科课程在学校中的合法地位，但学者和教育者们仍在一些核心问题上存在分歧，如社会科课程内容的主要来源应当是历史学，还是社会科学的其他学科，还是社会问题及时事，抑或是它们的综合？如何进行跨学科的整合？如何平衡好学生学习兴趣和学习知识之间的关系？最好的教育方式是什么，是强调记忆还是注重解决问题？

为了建立这一领域的良好秩序，更好推动社会科的发展，以哥伦比亚大学教师学院厄尔·拉格（Earle Rugg）为首的一些学者在芝加哥组织了“社会科圆桌会议”，规划成立一个专门性机构，促进社会科领域的交流协作。第一次组委会会议于1921年3月3日在新泽西州大西洋城召开，会议将组织最初命名为“美国社会科教师委员会”（National Council of Teachers of the Social Studies），后更名为“全美社会科委员会”（National Council

① U.S. Bureau of Education, *The Social Studies in Secondary Education* [R], 1916, p.9.

for the Social Studies，NCSS），从 of 到 for 的改变，可以看出该组织不单是社会科教师的联合体，更是以提升社会科研究和教学为旨归，“包含历史、政府学、经济学、地理和社会学等多个学科”。从此，社会科在美国的发展开始走向成熟，成为学校教育中的重要课程领域。

建立之初，NCSS 共有 1600 名会员，经过百年发展壮大，目前成员已遍及美国 50 个州，覆盖世界 69 个国家，成为专门致力于社会科教育的、最大的专业性组织，总部设在马里兰州。在 NCSS 的官方网站上，明确指出该组织的使命是为社会科教育者提供指导、服务和帮助。这些社会科教育者包括中小学教师、大学教学人员、课程设计者和专家、社会科监管者以及组成社会科各门分支学科的领导者。同时，也对社会科的内涵进行了界定，“社会科是关于社会科学和人文学科的综合性学习，包括人类学、考古学、经济学、地理、历史、法律、哲学、政治学、心理学、宗教、社会学，以及自然科学的相关内容。”社会科最主要的目标是提升学生的公民能力，帮助他们在当今这个相互依存的世界中为多元文化和民主社会的公共利益作出明智、合理的决策。

三、新社会科课程运动

20 世纪 50 至 60 年代，美国教育领域兴起了一场影响广泛的课程改革运动。这场运动有着深层次的社会背景和政治原因。新社会科课程运动以杰罗姆 · 布鲁纳（Jerome Bruner）的结构主义教育理念为指导开展课程改革，虽然运动最终以失败告终，但其实践经验和教训一定时期内深刻影响了社会科课程的教学和学习。

（一）新社会科课程运动的背景和理念

1957 年，苏联成功发射了第一颗人造卫星，引起美国朝野上下的恐惧和不安，政府将导致美国科技落后的矛头直接指向教育领域的失败，开始重新关注教育过程，积极推进教育改革和反思，特别是数学和科学课程改革。社会科的改革随后也成为这场课程改革的一部分，新社会科运动迅速兴起。这场改革运动深受结构主义教育学家杰罗姆 · 布鲁纳的思想影响，因而也被称为结构主义课程改革。布鲁纳在其代表作《教育过程》（*The Process of Education*）一书中指出“学科结构”的重要意义，主张在任何学科的教学中都应当让学生理解基本的结构，而不是仅仅掌握事实和技巧。[①]布鲁纳主张课程的核心应该是学科的结构，对结构的关注是为了让学生看到事物之间的关系，促进理解、记忆和迁移。布鲁纳认为要教给学生各门学科最基本和最佳的知识结构，教材结构和组织要适应学生的年龄和认知基础，这一主张有力批驳了当时社会科教师过度依赖教科书而导致社会科教学毫无生气、故弄玄虚的现象。1963 年，NCSS 的会刊《社会教育》（*Social Education*）刊发特辑，该领域的一些领军学者都为“修正社会科”撰文立说。雪莉·H. 恩格尔（Shirley H. Engle）指出，社会科课程的结构应当强调总体概念和社会问题。拜伦·马希亚拉斯（Byron Massialas）敦促进行价值观冲突的学习，以及探索理解和解决问题的多种途径，认为所有学生都应该直接参与到探究、发明和哲学思考中，将学校作为社会重构的主要机构。劳伦斯·梅特卡夫（Lawrence Metcalf）则建议社会科的教学内容只有与当下问题相关、与学生自身的生活相关才有意义，历史和社会科学教学内容的选择和使用应当不断地验证假设以及澄清矛盾。[②]尽管学者们的观点各有侧重，但在以下两个方面形成共识：①提倡探究、反思和发现式学习及问题解决，以“学科结构”为基础，从事实材料中形成假设，并验证假设；②强调各分支学科之间的联系与整合，跨学科性成为课程改革的重点方向。

结构主义课程改革的一个重要方面即关于教育目标的改革。认知心理学家布鲁姆等人在 20 世纪 50 年代提出的教学目标分类理论中，将教学活动所要实现的目标分为认知目标、情感目标、动作技能三个领域。新社会科学者们根据这一理论，重新设计了教学目标，分为知识目标（intellectual）、能力和技能目标（abilities and skills）、情感目标（affective），指出社会科的教学不仅要让学生记忆事实和观点，还应运用恰当的技巧去解决现实中的问题，最为重要的是要发展能够促进民主生活方式和个人生活哲学形成的态度、理解和价值观。[③]

---

① Jerome Bruner, *The Process of Education* [M], Cambridge:Harvard University Press, 1960.

② Ronald W. Evans, *The Social Studies Wars: What Should We Teach the Children?* [M], New York:Teachers College, 2004, pp.131-132.

③ 韩雪：“美国社会科课程的历史嬗变”［J］,《首都师范大学学报（社会科学版）》2002年第 6 期。第 112–117 页。

学者恩格尔在“决策：社会科教学的核心”一文中详细阐述了该领域教学的主要目标，即培养公民面临重大问题时做决定的能力，这为改革运动确定了方向。为了实现这一目标，社会科的课堂应该转变为进行决策的机构，让学生和教师可以批判性地分析、看待历史教科书和报纸上的传统历史和当代事件，并基于每个班级成员收集的证据得出合理的决定，将其作为健全决策的基本要素。这种做决定的探究式方法将适用于学生的个人和社会问题。①

（二）新社会科课程运动的实践反思

新社会科运动得到了政府和民间组织的资金支持，1962 年，美国联邦教育部发起的“社会科计划”（Project Social Studies）就是旨在改进该领域的研究、教学、教师培训、信息宣传。第二年，就有 7 个课程中心，11 个研究项目和两项活动得到资助。到 1965 年，美国联邦教育部、美国自然科学基金会资助的项目数量超过 20 个。1967 年，运动达到顶点，受资助的全国性项目数量达到 50 个。然而，尽管政府投入了很大的财力和物力，这场运动对学校课程的影响并不明显，也受到了很多批判，最终，声势浩大新社会科课程戛然而止。从某种意义上说，这一运动从整体上是失败了，但改革者继续以公民教育而非结构主义为导向的思想，进一步影响着社会科课程的学习和教学。

新社会科运动在实践中的经验教训可以总结为以下几个方面。一是理论支撑方面，埃德温·芬顿（Edwin Fenton）指出，大多数改革者没有考虑到是否有一个研究基础来支持他们关于“什么是最好的社会科课程”的理论主张。没有这一理论研究过程，社会科课程的教学几乎完全依赖于教师个人的教学效果。布鲁纳的《教育过程》为改革提供了一定的教育理论。然而，它并没有提供系统的理论或研究来支持大多数改革者的理念主张。“知识结构”取向虽然一开始很吸引人，但却没有正确地强调学生和教师的个性。因此，当改革的光环效应随着时间的推移而消失时，学生和教师都无法认同这种组织学科的最佳传统结构。二是改革的主导者是历史学家、政治学家、经济学家等相关领域学者，这场运动是一场自上而下的改革设计，没有聚焦当时备受关注的社会问题，如民权运动、越战、校园动荡等，

① Engle, S. H, “Decision-making:The heart of social studies instruction” [J], *Social Education*, vol. 24, no 7 (1960), pp.301-304.

回避道德和社会问题，忽视学生的兴趣、情感和需求。约翰·哈斯（John Hass）指出其教育实践过程中的“傲慢”和“近视”。黑兹尔·W. 赫茨伯（Hazel W. Hertzberg）指责其忽视了社会科课程的历史。改革者一边沐浴着社会科课程改革的光芒，一边又行使着前所未有的权力，对教师和学生都居高临下。如“隐性课程”的课程形式被大多数改革者忽略。学生的性别、社会阶层、种族、宗教和语言背景在新课程制定和实施过程中几乎没有产生影响。相对于正规显性课程，隐性课程承担了学校 90% 的学习任务。所以，除非课程开发人员考虑到隐性课程，否则他们的新学习计划或改革注定会失败。[①] 三是没有充分调动社会科教师的主动性和积极性，降低了其应有的角色担当。在这场改革中，更多的社会科教师并没有改变传统的教学方式，仅仅把它看成是“一种流行风尚”[②]。实际上，仅仅依靠新社会科课程运动改革不能给学校和课程带来很大的变化，改革必须是彻底的、深入的、长期的，而不能是表面的、短期的。全社会（家长、公众、教师和学生）必须为智力和道德的发展承担起新的责任和义务，打破业已形成的观念，即教育是一种外在的、干预性的媒介，而不是作为生活的一个重要部分，学生有义务但不是有权利全身心地参与其中。因而，教育决策者应需审视 19 世纪以来对教师和学校教育的价值观。

四、“回归基础”运动中的社会科课程

受新保守主义思潮的影响，20 世纪 70 年代，美国教育领域开始倡导“回归传统”“回归基础”“回归主流价值”，致力于提升学生基础性技能。但在其实践过程中，存在忽视教育价值等问题，值得深入反思和经验借鉴。

（一）“回归基础”运动的背景和社会科课程理念

自 20 世纪 70 年代中期开始，新保守主义思潮开始影响美国的政治、文化和学校教育，回归传统、回归主流价值、回归基础一时成为全社会的需求。社会科再次成为批评和抨击的对象。一些学者认为“学生熟知本地、国家以及一些国际问题，却写不出几句连贯的陈述句”。以进步主义为主

① Massialas, Byron, “The inevitability of issue-centered discourse” [J], *The Social Studies*, vol. 80, no 5 (1989), pp.73-75.

② Ronald W. Evans, *The Social Studies Wars: What Should We Teach the Children?* [M], New York:Teachers College, 2004, pp.128-140.

导的、以问题为中心的社会科教育走向衰落。新保守派教育者和政治家们一致赞同应当改善教育标准，施加更多的课业压力，回归传统的课堂训练，提高教师水平，以及严格入学及毕业要求等，以此来加强对于读、写和算数等基础内容的教学，这场运动也被称之为“回归基础”运动（Back–to–Basics Movement）。回归基础运动中的“回归”实质上是“迈向”负责任和公平的全民教育。基础教育委员会的执行主任 A. 格雷厄姆·唐恩（A. Graham Down）将“基础知识”的含义不仅仅概括为“阅读、写作、算术”，认为除了严重智力障碍的学生，所有学生都应该接受基础学科的学习，特别是英语、数学、历史、地理、政府、科学、外语和艺术。

全美社会科委员会联合其他相关教育组织，支持教育应当关注基础，在其题为“社会科的基础”的声明中阐述了保守主义对课程的重构，将学科作为优先发展的核心，主张取消课程中的“花哨”内容，采用 19 世纪 90 年代教授历史的方法，加强基本事实、概念和原理等内容的讲授，注重道德教育，培养学生的民主价值观念。《社会教育》也出版两刊特辑，回应“回归基础”这一主题。此外，社会科课程范式的转变也有着深刻的理论根源。美国教育领域的保守主义实质上体现了永恒主义和要素主义思想倾向，突出表现为传统的历史课程在社会科中的地位得到提升，强调对于传统学科知识的严苛训练，其支持者威廉·巴格利（William Bagley）认为，学生必须了解所接受知识的基础和本质，深入理解历史、政府学和经济学等学科中蕴含的概念、技能和价值观。[①] 西奥多·R. 西泽尔（Theodore R. Sizer）倡导“要素学校”（essential schools）改革运动，通过关注一些最根本问题来解决教育上的难题，帮助学生学会运用知识，而不是单纯的死记硬背。[②] 此外，“回归基础”运动并不意味着任何单一的课程设计适用于所有情况。因而，只有在具体的社会科课程中确定什么内容和技能是基础的，并在每个层次上专门设计内容和活动，才能满足学生和家长的期望。

（二）“回归基础”运动中社会科课程的实践反思

“回归基础”运动对美国教育改革起到相当大的促进作用。截至 1977

① William C. Bagley, Thomas Alexander, *The Teacher of the Social Studies* [M], New York:Scribner's, 1937.

② Theodore Sizer, *Horace's Hope: What Works for the American High School* [M], Boston:Houton Mifflin, 1996.

年，美国 38 个州都通过了相关法律，要求对学生进行关于基本技能的最低能力测试。[①] 进入 80 年代，里根政府执政后，教育的保守主义倾向体现得更为显著，一系列针对教育改革的法案和报告迅速出台，最具影响力和权威性的当属“国家高质量教育委员会”（National Commission on Excellence in Education）于 1983 年发表的《国家处在危险之中：教育改革势在必行》（*A Nation at Risk: The Imperative for Educational Reform*），报告引起了美国民众对公立教育“危机”的高度关注，指出学校教育的平庸导致美国在国际竞争中处于劣势，直接威胁国家和民族的未来。[②] 提高基础教育课程的质量和标准势在必行，社会科与数学、英语、自然科学和计算机一起被列为五门最基础的课程。一些关于社会科教学的建议还包括：回归历史、地理等基础学科，开发全国性的课程，运用标准化考试评估学生成绩。公立学校培养出一批阅读能力、计算能力、写作能力较强的青少年，恢复了教师在课堂上的权威。由于许多基础知识的补救计划要求一对一进行教学，个体化教学在学校广泛开展。

“回归基础”运动在经历了短暂的兴盛之后宣告失败，运动失败的原因中最让教育家担忧的是公立学校“正朝着培养最平庸一代的方向发展”。在相同的教学环境和相同的知识程度下，所有的孩子并不都会以同等的速度学习，盲目将学生送进基础学校，基础知识和技能虽然在一定程度上会有所提高，但是对学生整体素养的发展却会产生不利的影响。强调阅读和计算的机械技能、贬低艺术和创造力以及非人性化的学习过程，这种机械和专制之下“一刀切”“千篇一律”的教育，导致学生的潜能被彻底忽视，学校只会培养出更多“最平凡的学生”。 此外，基础教育委员会的某些主张并不为大多数运动倡导者所采纳。“回归基础”运动的初衷不是出于教育价值，而是出于政治和经济原因。保守主义的政治家和教育者通过提供最低限度的课程来节约资金，换句话说，基础教育的目标是在考试成绩下降、课程薄弱、学校管理不善的情况下为青少年提供更好的教育机会，但这一目标只有一些经济条件较好的学生才能完成。同时，教育工作者在当时面

① *Report of the Advisory Panel on the Scholastic Aptitude Test Score Decline. On Further Examination* [R], New York:College Entrance Examination Board, 1977.

② National Commission on Excellence in Education, *A Nation at Risk: The Imperative for Educational Reform* [R], 1983.

临的最困难的问题之一是整个课程中“基础知识”的内容教授占比越来越大，显然，为学生提供与生活环境相关或符合个人兴趣的课程不会再得到无条件的支持。

五、课程标准化运动中的社会科课程

课程标准化运动是美国在国家层面实行的自上而下的标准化课程改革，至今仍旧影响并指导包括社会科在内的美国 K–12 阶段所有课程的学习、教学以及评价机制。

（一）课程标准化运动的背景和社会科课程理念

美国课程标准化运动的背景可以追溯到 1989 年在弗吉尼亚州夏洛茨维尔举行的全国各州州长会议，会议之后，几乎所有学科领域的教育工作者开始着手制定课程标准。1991 年，老布什政府颁布《美国 2000 年教育战略》，核心内容是倡议制定全国性的标准，从此开启了“基于标准”的教育改革（Standard–based Reform，SBR），美国政府在国家层面颁布了一系列政策法案，自上而下推动教育的标准化改革进程。政府和国会还专门成立了由两党人员组成的咨询机构——全国教育标准和考试委员会（National Council on Educational Standards and Testing，NCEST）。随后，克林顿政府出台了《2000 年目标：美国教育法》（*Goal 2000: Educate America Act*），确立了八项国家教育目标，再次强调核心课程的重要地位，在第三个目标中，公民与政府学、经济学被纳入到社会科内容范畴。法案要求成立三个专门委员会：国家教育标准和改进委员会（National Education Standards and Improvement Council，NESIC），负责认证各种课程标准；国家教育目标小组（The National Education Goals Panel，NEGP），负责监测实现目标的进展情况；国家技能标准委员会（National Skill Standards Board，NSSB），负责制定与工作有关的标准、测试和认证制度。此外，该教育法还特别提出州和地方学区有责任起草自己的教育目标和标准。几年内，美国许多行业协会都纷纷出台专业标准，如全国数学教师协会制定的数学课程标准。由联邦政府授权的《初等和中等教育法》（又称《改进美国学校法案》）也旨在支持各州的标准化改革，要求受资助的州必须给弱势学生提供不低于对一般学生的标准和期望。就社会科而言，在课程标准化运动中，全美社会科委员会和社会科各分支学科成立的专业性团体相继颁布了 6 个课程标准，分别是全美社会科委员会的《期望卓越：社会科课程标准》（1994），全美经济教育委员会的《全国经济学内容标准》（1994），全美地理学者协会的《地理为了生活：全国地理标准》（1994），宪法权利基金会的《全国公民和政府学标准》（1994），全美学校历史中心的《全国世界历史和美国历史标准》（1994，1996），全美心理学者协会的《中学心理学教学》（2001）等，这些标准包含了学生在4、8、12年级应当达到的成绩水平。根据以上全国性的标准，各州也制定了适合本地实际情况的课程标准。如加利福尼亚州《加州公立学校K-12年级历史——社会科学框架》《伊利诺伊州社会科学学习标准》等。

迈入新世纪，美国政府继续深化教育的标准化改革。小布什政府颁布的《不让一个孩子掉队法案》（*No Citizen Left Behind*，2001）以及奥巴马政府的《力争上游计划》（*Race to the Top*），将建立统一标准、进行高风险测试、实施问责制作为促进学校高质量教学和教育公平的重要手段。令人遗憾的是，社会科没有被列入须高度关注的考试科目，受到了一定程度的忽视和冷落，这给社会科教育带来了巨大冲击和严峻挑战。2009年，由全美州长协会（NGA）和全美州首席教育官理事会（CCSSO）共同制定的《共同核心州立标准》（*Common Core State Standards*），是美国历史上首部国家中小学课程标准，旨在于州际建立起统一的教育标准，明确规定了K-12阶段学生在数学、英语语言艺术与历史/社会、科学、技术学科中的读写标准，它标志着美国基于标准的教育改革迈出了关键性一步，取得了突破性进展，但标准同样没有提及社会科课程，社会科课程被许多学区和教师视为自助餐式的课程。

（二）课程标准化运动中的社会科课程的实践反思

课程标准化运动是在美国全国性的教育"危机"中发起的，许多教育工作者和公众都认为，需要进行大刀阔斧的改革来纠正这种状况。然而，对于此次危机的讨论普遍缺乏意义，一部分讨论是由首次被提出的"国家处于危险之中"的担心所引起的，即学生没有做好能使国家在全球经济中处于有利竞争地位的充分准备，整治学校的建议包括回到基础科目（历史和地理），而不是回到更广泛、更包容的社会科课程，制定全国性的课程，并使用标准化测试进行评估。一些学者认为，整个改革的前提有误，即把学校教育作为改善美国在国际经济竞争中的地位的杠杆。而另一个严重的危机是，标准化运动中标准的设定限制了教师的创造力和学术自由。许多教师认为标准运动是一个“标准怪兽”，阻碍教师创造有意义的课程。[①]这些标准最终将使教师把注意力集中在实际内容的强制实施上，而没有一个更深层次的理解框架。同时，这也会导致年轻人的社会化，而不是反社会化。在一个民主国家，对于一个负责任和有思想的公民，这两者需兼而有之。[②]课程中忽略了许多最困难、最重要、长期存在的问题、难题和议题。这是一场自上而下、等级森严的分级改革运动，是考试和问责制机器式的应用。标准化运动注重与历史这一社会科的核心学科相结合，这将导致更多的基础知识的覆盖，会加深以不充分的、功能主义的社会理论为根本的、单一维度课程的制度化。

综上所述，百年来美国社会科在发展过程中在理念、观点、教学实践方面经历了多种社会力量和学术阵营的博弈，也产生了不同的教育范式。传统历史教育的倡导者主张将历史教育作为社会科教育的核心；一些学者认为社会科即社会科学；也有一些教育者希望通过社会科教育来创造一个容易控制、更具效能的社会；杜威经验主义者则提倡培养学生的反思性思维，以此来推动社会进步；而社会重构主义者认为，社会科在变革美国社会的过程中应当发挥引领作用。美国社会科课程领域最权威的学者之一——罗纳德·埃文斯（Ronald W. Evans）将这种博弈的过程形象地比喻为“地盘争夺战”，并将其在社会科历史研究领域的代表作命名为《社会科战争：我们应该教给孩子们什么》。[③]目前，各方基本达成总体性共识：简而言之，社会科课程就像一把“伞”，历史和社会科学在其中互相交织，为共同的教学目标服务。无论怎样，对于这些问题的争论会一直持续下去，这些矛盾关系也成为社会科发展的永恒动力。

六、美国社会科课程的现实样态

美国政府历来重视通过学校对学生进行价值观教育。自建国之日起，

---

① Mcdonald, Jervis Joseph, “Standards:The Philosophical Monster in the Classroom” [J], *Phi Delta Kappan*, vol. 77, no 8 (1996), pp.563-569.

② Engle S H, Ochoa A, “Education for democratic citizenship:Decision making in the social studies” [J] . *Strasbourg Council of Europe Dgiv/edu/cit*, 1988.

③ Ronald W. Evans, *The Social Studies Wars: What Should We Teach the Children?* [M], New York:Teachers College, 2004, pp.11-12.

国家的缔造者们就试图使用政治词汇来界定公共教育的职责，期待公共教育能够树立和维护团结的政治共同体。第一任总统乔治·华盛顿在其离任演讲中就曾提及“建立传播知识的专门机构是重中之重”，“民众的思想应当得到教化”，19 世纪美国公立学校的成立也是这一愿景的具体体现。被誉为“公立学校之父”的贺拉斯·曼（Horace Mann）称公立学校是道德的事业，要求教师培养学生虔诚、正义、尊重真理、爱国、仁慈、博爱、节制、勤奋、节俭等美德。①

“9·11”事件之后，美国联邦政府采取各项举措加强对青少年的价值观教育，更进一步明确了学校在其中发挥的重要作用。2003 年，由美国卡耐基基金会和“全国公民学习和参与信息和研究中心”（Center for Information and Research on Civic Learning and Engagement，CIRCLE）在充分调研的基础上，发布了一篇重要报告《学校的公民教育使命》（*The Civic Mission of the Schools*），该报告是公民教育领域非常重要的文献，是迄今为止对美国公民教育状况最好的总结性报告。报告指出学校是公民教育的重要场所，因为学校是唯一有资格、被授权的可以真正接触每一名青少年的机构，也是在所有机构中最系统、最有责任教授公民价值观的机构。并且，学校最有资质教授公民和政治知识以及相关技能（如批判性思维和协商对话）等良好公民身份所涉及的认知层面的知识，同时也作为一个小型社区，使身在其中的青少年能够学会彼此交流、争论、合作，为将来成为民主社会的合格公民奠定基础。一些非学校的组织机构，如政党、联合会、非营利组织以及宗教激进组织等团体并不具备上述功能。②

学校的价值观教育功能最重要的体现就是能够为学生提供有关历史、法律、民主、政府等相关知识的系统传授和正式指导，引发他们对国内外重大事件的讨论和思考，引导他们参与社区服务、课外活动和模拟民主程序来提升公民技能。社会科课程正是能够达成这一教育功能最直接、最有效的课程，是美国价值观教育的主要载体，它在美国公立学校开设至今已

---

① 转印自马文琴:《美国学校公民教育的转向》[M]，浙江教育出版社2015年版，第163页。

② Carnegie Corporation of New York and the Center for Information and Research on Civic Learning and Engagement (CIRCLE), *The Civic Mission of the Schools* [R], Available online at www.civicmissionofscools.org.

有百余年的历史。目前，美国 50 个州均在 K–12 教育阶段普遍开设这一教学科目，覆盖的学生人数逾 5 千万。然而，在具体的课程实践中，不同州的社会科课程名称有所差异（见表 2.2），主要有以下几种称谓：社会科（30 个州），社会科学（6 个州），历史 – 社会科学（2 个州），历史和社会科学（2 个州），社会科 / 历史（1 个州）。

表 2.2 社会科课程的名称

课程名称	州
社会科 （Social Studies）	阿拉巴马州、阿肯色州、康涅狄格州、特拉华州、佛罗里达州、佐治亚州、夏威夷州、爱达荷州、印第安纳州、堪萨斯州、路易斯安那州、马里兰州、密歇根州、密西西比州、密苏里州、蒙大拿州、内华达州、新罕布什尔州、新泽西州、纽约州、北卡罗来纳州、俄亥俄州、俄克拉荷马州、俄勒冈州、田纳西州、德克萨斯州、犹他州、华盛顿州、西弗吉尼亚州、威斯康星州
社会科学 （Social Science）	阿拉斯加州、伊利诺伊州、肯塔基州、明尼苏达州、新墨西哥州、北达科塔州
历史 – 社会科学 (History–Social Science)	加利福尼亚州、佛蒙特州
历史和社会科学 （History and Social Science）	马萨诸塞州、弗吉尼亚州
社会科 / 历史 （Social Studies/History）	内布拉斯加州

除课程名称外，在社会科教学的具体实践中，不同的州对修业年限、考核评估、必修科目等也有不同的规定。2012 年，“全国公民学习和参与信息和研究中心”（CIRCLE）在贝克特尔基金会（S. D. Bechtel，Jr. Foundation）的资助下，对全国 50 个州及哥伦比亚特区的社会科课程开展情况进行了全方位的调研，其中部分信息如表 2.3 所示[①]：

① Carnegie Corporation of New York and the Center for Information and Research on Civic Learning and Engagement (CIRCLE), *The Civic Mission of the Schools* [R], Available online at www.civicyouth.org/new-circle-fact-sheet-describes-state-laws-standards-and-requirements-for-k-12-civics/.

表 2.3 州社会科教育政策

州	必修科目	修业年限	州级评估	毕业考试	服务学习
阿拉巴马州	世界历史、美国历史、公民学、经济学	4	√	√	
阿拉斯加州	州历史	3			√
亚利桑那州	公民学、世界历史、美国历史、经济学	3			
阿肯色州	世界历史、美国历史、公民学	3			
加利福尼亚州	世界历史、美国历史、公民学、经济学、地理	3	√		
科罗拉多州	美国历史、公民学	3			
康涅狄格州	世界历史、美国历史、公民学	3			
特拉华州	综合社会科课程	3	√		√
哥伦比亚特区	世界历史、州历史、公民学、美国历史	4			
佛罗里达州	世界历史、美国历史、公民学、经济学	3			√
佐治亚州	世界历史、美国历史、公民学、经济学	3	√	√	√
夏威夷州	美国历史、世界历史、州历史、公民学	4			
爱达荷州	美国历史、经济学、公民学	2.5			
伊利诺伊州	美国历史（或美国历史＋公民学）	2			√
印第安纳州	美国历史、公民学	4	√		√
艾奥瓦州					√
堪萨斯州	世界历史、美国历史、公民学、地理、经济学、州历史	3	√		
肯塔基州	美国历史、地理、经济学、公民学	3	√		√
路易斯安那州	公民学、美国历史（世界历史或地理）	3	√	√	√
缅因州	美国历史、公民学	2			√
马里兰州	美国历史、世界历史、公民学	3			
马萨诸塞州	公民学、美国历史				√
密歇根州	公民学、经济学、美国历史、地理、世界历史	3	√		√
明尼苏达州	美国历史、地理、公民学、世界历史、经济学	3.5			√

续表

州	必修科目	修业年限	州级评估	毕业考试	服务学习
密西西比州	世界历史、美国历史、地理、公民学、经济学、州历史	4	√	√	√
密苏里州	美国历史、公民学	3	√		
蒙大拿州	综合社会科课程	2			√
内布拉斯加州	综合社会科课程	3			√
内达华州	公民学、美国历史（地理或世界历史）	3			√
新罕布什尔州	美国历史、州历史、公民学、经济学（世界历史或地理）	2.5			√
新泽西州	世界历史、州历史、美国历史、非洲裔美国历史	3			√
新墨西哥州	美国历史、地理、公民学、经济学、州历史	3.5	√	√	√
纽约州	世界历史、美国历史、经济学、公民学	4	√	√	√
北卡罗莱纳州	公民学、经济学、世界历史、美国历史	2			
北达科他州	美国历史 / 公民学或（公民学、政府学、州历史等）	3			√
俄亥俄州	美国历史、公民学	3	√	√	
俄克拉荷马州	美国历史、州历史、公民学	3	√		√
俄勒冈州	综合社会科课程	3			√
宾夕法尼亚州	美国历史、公民学、州历史	3			√
罗德岛州	综合社会科课程	3			√
南卡罗来纳州	美国历史、经济学、公民学	3	√	√	
南达科塔州	美国历史、公民学、世界历史、地理	3			√
田纳西州	美国历史、经济学、公民学、个人理财、世界历史或政府学	3	√		√
德克萨斯州	美国历史、公民学、经济学、世界历史或地理	3	√	√	
犹他州	美国历史、地理、世界历史、公民学、个人理财	3			
佛蒙特州	美国历史、公民学	3			√

续表

州	必修科目	修业年限	州级评估	毕业考试	服务学习
弗吉尼亚州	美国历史、州历史、公民学、地理或世界历史	3	√	√	√
华盛顿州	美国历史、州历史、世界历史	2.5			√
西弗吉尼亚州	世界历史、美国历史、公民学	4	√		√
威斯康星州	综合社会科课程	3	√		
怀俄明州	美国历史、公民学、经济学、世界历史或地理	3			

调查结果显示，社会科教育在美国价值观教育中发挥举足轻重的作用，值得关注的内容如下：第一，在课程标准方面，尽管全美社会科委员会在1994年、2010年、2013年都颁布了全国性的社会科课程标准，但是所有州都在国家标准的基础上制定了单独的社会科课程标准，多数州还制定了专门针对公民与政府学的标准。第二，在学科设置方面，社会科是一个综合性的科目，其教学内容一般都围绕3–5个核心科目进行组织，具有一定的统整性。但是由于美国教育的多样性和社会科性质的复杂性，这些核心科目的地位和所占的比重因州而异。较多的州采用历史、地理、经济、公民四个学科作为课程框架，历史更是社会科课程的核心。第三，在修业年限上，41个州规定高中毕业前至少3年修读社会科课程，4个州要求2年（伊利诺伊州、缅因州、北卡罗来纳州、华盛顿州），3个州要求2.5年（爱达荷州、蒙大拿州、新罕布什尔州），仅有3个州无明确规定（科罗拉多州、艾奥瓦州、马萨诸塞州）。第四，在毕业要求上，43个州要求学生必须修读历史，40个州将公民学/美国政府作为必修课，28个州要求世界历史，18个州要求经济学，15个州要求地理。此外，有9个州要求学生除了完成规定课程，还需要通过相应的测试方能毕业。第五，在服务学习的要求方面，除了正式的教学科目，广义的社会科还包括一些非正式的、隐性的课程，如学校文化、行为规则、以及课外活动——服务学习就是其中之一。很多学者认为，服务学习能够让学生在学校课程和社区事务中建立联系，有助于加强他们的公民参与和公民技能。许多州为此制定了有关服务学习的标准，并提供财政支持。

综上所述，社会科课程作为一门综合性课程，贯穿美国公立学校从幼儿园到 12 年级每个学段，是青少年系统、全面习得公民知识、公民技能、公民品性的最主要的课程载体，也是美国政府和社会进行国家主流价值观和意识形态传播的途径和主渠道。

第三章

美国社会科课程价值观教育的三维目标体系

美国社会科课程自创立以来一直致力于传播资产阶级价值观念、培养符合统治阶级利益的合格公民。这一核心价值目标体现在联邦政府的顶层设计、各层级课程标准的制定之中，并引领教科书的设计与教学活动的开展。本章将系统、全面地分析社会科课程的国家标准、州立标准和行会标准，深入阐释“国家－地方－行会”三位一体的美国社会科课程价值观教育的三维目标体系，进而从宏观上把握美国价值观教育的设计蓝图，从根本上把握其意识形态性和价值取向性。

第一节　国家维度：全国标准引领社会科课程的顶层设计

社会科课程是美国价值观教育的主要课程载体；价值观教育的目标体系构建体现在社会科课程标准的制定中。美国是世界上少数实行教育分权制的国家，但受20世纪80、90年代教育标准化运动的影响，联邦政府对教育仍起着顶层设计的统领性作用，通过全国性专业组织，颁布若干课程的国家标准。在社会科教育方面，美国国家教育部委托全美社会科委员会（NCSS）制定了全国性的社会科课程标准，本节选取了《追求卓越：社会科课程标准》（1994年）、《社会科课程国家标准：教学、学习和评估框架》（2010年）和《大学、职业和公民生活框架——社会科课程国家标准》（2013年），围绕内容解读、特点总结和价值目标分析三个方面进行系统阐释。

一、《追求卓越：社会科课程标准》(1994 年)

1994 年，全美社会科委员会颁布了第一部社会科课程全国标准《追求卓越：社会科课程标准》(*Curriculum Standards for Social Studies: Expectations of Excellence*)(以下简称《标准》)，基于以下三个目标：一是成为幼儿园至 12 年级（K–12）社会科课程的纲领性文件；二是明确学生在知识学习过程及学习态度等方面的“预期表现”，为社会科课程的教学设计提供重要指导；三是提供教学案例，帮助教师引导学生达到“预期表现”。作为美国社会科课程改革和发展的指南，《标准》自颁布之日起就被广泛应用于美国 30 多个州的学区和学校，甚至还被推广到其他国家，对美国乃至世界社会科教育产生了重要影响。

(一)《追求卓越：社会科课程标准》的内容解读

《追求卓越：社会科课程标准》共 187 页，开篇提出社会科课程的整体性目标，通过相互关联的“十大主题轴”(Thematic Strands)将学生所需的知识、技能和价值观整合起来，且以此为核心构建整个课程标准的框架；同时，标准详细指出学生在学校教育初级、中级和高级三个阶段应达成的“预期表现”(Performance Expectations)，即阶段性目标；最后，以附录的形式展现社会科课程必备技能、民主观念和社会价值观教育等分类目标。

作为整个课程标准的核心内容，这十大主题轴分别是：文化（Culture)；时间、连续与变化（Time，Continuity，and Change)；人、地方与环境(People，Places，and Environments)；个体发展与身份认同（Individual Development and Identity)；个人、团体与公共机构（Individuals，Groups，and Institutions)；权力、权威与管理（Power，Authority，and Governance)；生产、分配与消费（Production，Distribution，and Consumption)；科学、技术与社会（Science，Technology，and Society)；全球关联（Global Connections)；公民理想与实践（Civic Ideals and Practices)。“十大主题轴”具体内涵见表 3.1。

表 3.1 《追求卓越：社会科课程标准》十大主题轴具体内涵[①]

主题轴	内容重点	所属学科领域
文化	文化的共性特征；宗教或政治理念如何影响文化的其他组成成分；文化如何因不同价值观念而改变	地理、历史、社会学、人类学、多元文化议题
时间、连续与变化	寻找历史根源、进行时代定位，用历史的观点回答诸如“我是谁、过去发生了什么、如何与过去取得联系、世界未来会如何变化”等问题	历史
人、地方与环境	建立空间观和地理视野；掌握“区域的概念、地貌的改变以及对人的影响”等问题	区域研究、地理
个体发展与身份认同	个人身份认同受文化、群体和制度的影响；思考“人们如何学习、影响人们学习和成长的因素是什么、个体是如何从青年期发展到成年”等问题	心理学、人类学
个人、团体与公共机构	学校、教会、家庭、政府机构及法院在生活中扮演的重要角色；公共机构何以形成和改变，以及个人如何受其影响	社会学、人类学、心理学、政治科学和历史
权力、权威与管理	理解权力、权威与管理结构的历史发展以及在美国和世界其他地区的功能演变	政府学、政治、历史、法律和其他社会科学
生产、分配与消费	人类对有限资源的无限追求；生产什么、如何生产、如何分配（商品、服务及土地、劳动力等生产要素）	经济学
科学、技术与社会	科学技术与社会生活、文化的关系；现代社会离不开科技，但也带来诸多问题：为了使最多的人从中获益，应该如何管理科技？如何在科技迅速发展中保留重要的价值观和信念等	历史、地理、经济学、公民与政府学
全球关联	全球相互依存的现实要求；理解世界各国之间日益重要和多样化的联系；分析国家利益与全球优先事项之间的关系有助于解决许多领域中持续存在或已经出现的全球性问题	地理、文化、经济学、自然科学、人文科学包括文学、艺术、语言学
公民理想与实践	理解公民理想和实践对充分进行社会参与至关重要，这也是社会科课程的主要目标	历史、政治科学、文化人类学及全球研究、法律教育、人文学科等领域

（二）《追求卓越：社会科课程标准》的特点总结

《标准》以十大主题轴为核心，具有以下三方面典型特征：一是各主题

---

① National Council for the Social Studies, *Curriculum Standard for Social Studies: Expectations for Excellence* [S], Silver Spring:NCSS, 1994, pp.12-14.

轴相互关联，具有整体性。例如学生为了理解文化主题，则需要掌握“人、地方与环境”之间的关系以及了解“公民理想与实践”等主题。二是各主题轴具有综合性。有学者认为，整合不同学科内容并组成合一的标准，其中最关键的是要处理好知识的综合与技能的综合。① 美国社会科课程充分借鉴整合所有社会科学及其他相关学科知识，并以此为基础建构了框架。三是每一主题轴的概括性、抽象性与复杂性会随着年级的提高而加深。课标对学生在每一阶段知识、技能、价值观等方面应达到的水平都进行了明确陈述和规定。初级阶段要求学生“举例说明”（Example），中级阶段要求学生能够“清晰表达”（Articulate），而高级阶段则要求学生能够进行“论证”（Demonstrate）。例如，对于文化这一主题来说，初级阶段要求能够探索和描述不同群体和社会处理人类共同需求和关切问题方式上的异同、比较不同文化背景的人思考和处理问题的方式、以及举例说明文化一致性和文化多样性等。中级阶段则是在初级知识积累的基础上，比较不同群体在满足人类需求和关切方面的异同、阐述所基于的共同价值观念和理想信念，分析个体和群体对社会环境作出不同反应的原因以及准确阐明各群体内部、群体之间文化多样性和凝聚力的含义等。高级阶段需要学生分析并解释不同群体和社会处理人类共同需求的方式，阐释有助于或阻碍跨文化理解的价值观和态度的行为模式，以及论证各群体内部及群体之间文化多样性和凝聚力的价值。对于同一主题，《标准》规定学生的预期表现在内容上保持高度的连续性，在知识、技能及价值观目标上呈现逐步递进、螺旋上升的趋势，有助于学生形成整体的、多维度的“社会科视野”，提升公民参与能力。

（三）《追求卓越：社会科课程标准》的价值目标分析

作为一门综合性课程，社会科课程打破了传统的按学科划分的课程结构体系，构建了新的人文社会学科的课程框架，按照一定的逻辑顺序将知识、能力、价值观进行整合，贯穿于学校教育的初级（幼儿园 –4 年级）、中级（5–8 年级）和高级阶段（9–12 年级），旨在使学生获得未来参与公民事务的知识、技能和价值观，实现价值观教育的目的。《标准》前言部分

---

① Robert J. Marzano, John S. Kendall, *A Comprehensive Guide to Designing Standards-based Districts, Schools, and Classrooms* [M], Mid-continent Regional Educational Laboratory, 1996, p.30.

指出“社会科课程的根本目的在于培养学生在相互依存、多元文化世界中的公民素质，提高他们为公共利益作出明智且理性决策的能力。”[①] 美国及其民主制度正处于不断发展的过程中，没有人能够准确预测未来公民为保护国家与政治制度需要掌握的知识和技能。因此，为了社会科课程能够实现提高公民能力的愿景，学生不仅需要学习知识，还必须学会思考如何灵活运用多种资源解决公民问题，以此迎接未来的挑战。美国中小学通过社会科课程对学生进行价值观培育，其中包括一些如生命权、自由权、个人尊严、正义等基本权利，还包括如宗教信仰、礼拜、集会、言论、政治参与等基本自由。在该课程标准的指导下，社会科课程基于“基本权利”和“基本自由”，注重培养学生的伦理道德、民主观念、社会价值观、多元文化观以及批判性思维能力，侧重分析这些价值观念是如何形成、如何影响人类行为的，以及指导学生在价值观冲突时如何进行优先选择，强调人类共同的价值观和美国所倡导的传统价值观。

二、《社会科课程国家标准：教学、学习和评估框架》（2010 年）

2010 年，全美社会科委员会对 1994 年版课程标准进行修订和完善，颁布《社会科课程国家标准：教学、学习和评估框架》（*National Curriculum Standards for Social Studies: A Framework for Teaching, Learning and Assessment*）。1994 年版社会科课程标准一经颁布就被作为课程改革和发展的指南广泛地应用于美国各联邦州，然而自首个课程标准发布以来，世界形势及教育领域发生了许多变化，“目前正处于一个‘信息超载’的世界中”。[②] 全美社会科委员会作为七大教育协会之一，发表了一篇题为“学习原则：幼儿园至 12 年级教育转型的基础”（*Principles for Learning: A Foundation for Transforming K-12 Education*）的联合声明，指出学生应“学会将信息转化为知识”，还应能够“使用和评估适当的数字化工具和资源”以便掌握 21 世纪需要具备的知识，这一原则被要求在社会科各课程领域得到践行。2001 年，布什总统签署了《不让一个孩子掉队》法

---

① National Council for the Social Studies, *Curriculum Standard for Social Studies: Expectations for Excellence* [S], Silver Spring:NCSS, 1994.

② National Council for the Social Studies, *A Framework for Teaching, Learning, and Assessment* [S], Silver Spring:NCSS, 2010, p.6.

案，重点强调培养学生的读写能力和科学素养，社会科课程未被列入需要高度关注的考试科目，这使得社会科在一段时间内受到一定程度的冷落和忽视，为社会科教育带来了强大冲击和严峻挑战。在新的时代背景下，为迎接这一挑战，适应新的教育法规，继续提升社会科教学水平和培养学生新世纪必备的知识、技能与价值观，美国社会科教育工作者不断进行改革创新，结合当前的教育实践和研究成果重新审查和修订了社会科课程标准。

（一）《社会科课程国家标准：教学、学习和评估框架》的内容解读

《社会科课程国家标准：教学、学习和评估框架》主体部分包含简介、十大主题轴、学习目标、学习过程、学习成果以及初、中、高三阶段的学习预期表现等内容。此外，2010 年版课程标准附有的社会科课程必备技能与方法、民主观念与社会价值观两个附录，共同构成完整的课程标准体系。修订版课标保留了联邦政府支持学生在学习过程中成为主动参与者这一核心思想，继续延用了 1994 年版本中的十大主题轴（见表 3.2），丰富了十大主题的具体内涵，更加聚焦学习目标、问题探究、知识内容（学生需要了解什么）、学习过程（学生将能够做什么）、学习成果（学生如何证实自己的理解）等内容。[①] 课标不局限于通过学生预期表现指标来规范教材内容，而是进一步完整、系统地制定对教学和评估有所助益的课程框架，阐明了更为清晰的课程目标，彰显了各部分内容之间的一致性，旨在为社会科课程提供教学、学习和评估的有效参照标准。

表 3.2　《社会科课程国家标准：教学、学习和评估框架》十大主题轴解析 [②]

主题轴	相关学科领域	核心内容
文化	地理、历史、社会学、人类学、多元文化议题	文化认同与多元文化理解
时间、连续与变化	历史	历史观的形成及阐释

① National Curriculum Standards for Social Studies, *A Framework for Teaching, Learning, and Assessment* [S], Silver Spring:NCSS, 2010.

② National Curriculum Standards for Social Studies, *A Framework for Teaching, Learning, and Assessment* [S], Silver Spring:NCSS, 2010.

续表

主 题 轴	相关学科领域	核心内容
人、地方与环境	区域研究、地理、世界文化	空间观和地理视野的建立
个体发展与身份认同	心理学、社会学、人类学	个人认同与文化、群体、制度、生活经历的关系
个人、团体与公共机构	社会学、人类学、心理学、历史、政治科学	公共机构对个体及文化的影响
权力、权威与管理	政府学、政治、政治科学、历史、公民学、法律	政治思想的形成、权利结构的发展；个人权利义务的动态关系
生产、分配与消费	经济学	人类对于有限资源的无止境追求；社会经济生活
科学、技术与社会	历史、地理、经济学、公民与政府学	科学技术与社会生活和文化的关系
全球关联	地理、文化、经济学、政府学、政治科学、历史、技术、文学、自然科学、艺术、语言学	全球化及世界文明视角
公民理想与实践	公民学、历史、政治科学、法律、文化人类学、全球研究、人文学科	民主社会中公民身份践行

（二）《社会科课程国家标准：教学、学习和评估框架》的特点总结

新版课程标准对各个主题轴的诠释结构更加清晰，内涵更为丰富，表述也更为具体，包括各主题轴的内涵、探究时学生面对的问题、学生学习的策略方法、学习的重点以及涉及的相关学科领域。每一版标准中都有对学生“预期表现”的规定和描述，体现了幼儿园至12年级学生在社会科课程中应掌握的知识、技能与价值观，同时从教师的视角出发试图在整体上掌握学生长期学习的成果。1994年版只呈现每个主题轴的预期表现指标，2010年版本是一种全新的呈现结构，以文化主题轴的预期表现为例，1994年版本只呈现表3.3中知识一栏，2010年呈现的指标更为全面，覆盖目标、各阶段学生应该探究的问题及知识习得历程与结果等若干方面。

表 3.3　《社会科课程国家标准：教学、学习和评估框架》“文化”主题轴[①]

目的：掌握人类对文化的创造、研究和适应，并了解文化在影响个人生活和社会中的作用。通过认同不同文化，理解不同文化观点，获得与他国人民建立更积极的关系和互动的潜力。文化理解可以指导学生在日益相互依赖与连结的世界中，基于学科知识作出深思熟虑的决策。			
	初级阶段	中级阶段	高级阶段
问题探究	什么是文化	文化在个体及群体中扮演的角色	如何辨识不同文化群体在语言、艺术、文学、传统、信念、价值和行为模式等方面的特色
知识	文化信念、行为和价值如何使人类群体得以解决日常生活问题	文化如何影响各群体解决日常生活问题的方式	文化如何以各种方式发展与变迁，以此使社会回应人类的需求与关注点
学习过程	探索及描述不同文化群体在回应相似的需求和关注时所用方式的异同	发现、选择和呈现信息资源，以比较受不同文化影响的制度、语言、宗教和艺术等	举例说明群体内部和各群体间文化同一性与多样性的价值
学习结果	通过对比，呈现两个或多个文化群体在饮食、住宿、语言、宗教、艺术或信念等方面的差异	写一篇关于两个或多个文化群体间冲突或合作的分析报告，指出所涉及群体的相关文化信念与行为的异同及其对上述冲突或合作的影响	访问一个次文化群体，如学生次级群体、职业群体或社区群体，并在地方报纸发表他们对某重要议题的观点

（三）《社会科课程国家标准：教学、学习和评估框架》的价值目标分析

2010年版课标延用了1994年版的社会科课程总体目标，即旨在引导学生在学习过程中成为主动的参与者，协助青年人在相互依赖和文化多元的民主社会中提高做明智且理性决策的能力，进而增进公共福祉。[②]社会科课程作为美国价值观教育的主要载体，以培养合格公民和提升公民能力为主要目标，教授学生掌握积极主动参与公共生活所必备的知识、智力过程和民主价值观；通过将提升公民能力作为中心目标，强调致力于对学生进行民主观念和社会价值观教育的重要性。公民能力在一定程度上取决于

---

① 陈丽华. 书评：“社会学习领域课程标准的想象及启示——评介《美国社会领域课程标准》及《C3美国社会领域州课程标准架构》”［J］，《教育研究集刊》2019年第2期。第117–135页。

② National Curriculum Standards for Social Studies, *A Framework for Teaching, Learning, and Assessment* [S], Silver Spring:NCSS, 2010.

公民对民主的观念和责任的承诺，要求公民具备运用与社区、国家和世界有关知识的能力，调查研究的能力，掌握数据收集与分析、团结协作、决策制定与解决问题的能力。知识渊博、能娴熟掌握各项技术的青年人对于维持和改善目前的民主生活方式以及作为全球社区成员进行公民参与是必不可少的。因此，社会科课程通过满足美国民主和多元化社会的教育需求，培养学生在美国社会生存与生活所需的知识、技能和价值观，促使学生在多元文化背景下掌握与他人或群体进行团结协作的能力，并引导其认同美国社会的共同价值观念与道德规范，从而将其塑造为符合社会规范和期待的美国公民。2010 年新版社会科课程标准颁布的新闻发布会上，全美社会科委员会时任主席史蒂夫·桑顿（Stephen Thornton）强调修订后的标准能够为各州、学区、学校以及家长、教科书出版商、政策制定者提供社会科教学的有效指导，从而帮助学生掌握社会科课程内容知识，提升公民素质，提高学术素养以及其他 21 世纪所需要的技能。

三、《大学、职业和公民生活框架——社会科课程国家标准》（2013 年）

2013 年 11 月，全美社会科委员会在 15 个专业团体和 22 个州的协同努力下，正式颁布社会科课程最新国家标准，即《大学、职业和公民生活框架——社会科课程国家标准》（*The College, Career and Civic Life Framework for Social Studies State Standards: Guidance for Enhancing the Rigor of K -12 Civics, Economics, Geography, and History*）（以下简称为《C3 框架》）。该标准的颁发主要基于以下原因：一是迎接国家教育政策导向调整给社会科教育带来的挑战。美国首部统一的学科国家标准《共同核心州立标准》出台后，主张提升社会科在 K–12 课程中地位的要求愈发强烈。二是克服社会科课程自身发展带来的危机。全国教育进步评估（National Assessment of Educational Progress，NAEP）的调查结果显示，大多数 12 年级学生毕业时的理解能力低于基本要求，他们对社会科课程中要点知识的理解不够深刻。[①] 学生经常局限于阅读教材、回答章节问题、参与测验考试，没有真

① National Council for the Social Studies (NCSS), *The College, Career, and Civic Life (C3) Framework for Social Studies State Standards: Guidance for Enhancing the Rigor of K-12 Civics, Economics, Geography, and History* [S], Silver Spring:NCSS, 2013.

正了解实践知识在现实世界中的应用，只是进行简单尝试而非持续性探究。青年学生没有机会接受高质量的社会科教育，特别是有色人种和家庭经济困难学生，他们被学校的社会科教育所隔离。① 因此，最新修订的《C3框架》旨在进一步解决中小学课程体系中社会科课程被边缘化的问题，呼吁少数族裔与弱势群体都能够平等地接受社会科教育，加强社会科学习与现实生活的融合，鼓励学生积极进行公民生活实践体验，为学生的大学生活、毕业后的职业选择以及未来的公民生活做准备。

（一）《C3框架》的内容解读

《C3框架》共计108页，开篇为两个叙述性阐释，一是“探究穹”（Inquiry Arc），它为整个课程标准提供了组织框架；二是与《共同核心州立标准之英语语言艺术 / 素养》（*Common Core State Standards for ELA/Literacy*）的关联阐述，强调了该标准与《C3框架》的重要关联。接下来该框架展示四个维度的内容，分别是形成问题和计划探究，应用学科工具和概念，评估资源和运用证据，交流结论和采取行动，具体组织结构如表3.4所示。最后该课程标准以五个附录结尾。

表3.4　《C3框架》的组织结构 P145F②

维度一 形成问题和计划探究	维度二 应用学科工具和概念	维度三 评估资源和运用证据	维度四 交流结论和采取行动
形成问题和计划探究	公民学	搜集和评估资源	交流和批判结论
	经济学		
	地理	形成主张和运用证据	采取明智行动
	历史		

社会科学习以人类全部实践经验为背景，内容丰富，通过提出问题对学习内容进行整合，这也是社会科学习的关键。《C3框架》鼓励教师与学生提出探讨性问题（compelling question）与支撑性问题（supporting question）并将其作为教学过程的核心要素。学生可以通过辩论等方式，利用公民学、

① Terrie Epstein, *Interpreting National History Race Identity and Pedagogy in Classrooms and Communities* [M], New York:Routledge, 2009, p.61.

② National Council for the Social Studies (NCSS), *The College, Career, and Civic Life (C3) Framework for Social Studies State Standards: Guidance for Enhancing the Rigor of K-12 Civics, Economics, Geography, and History* [S], Silver Spring:NCSS, 2013, pp.12-63.

历史学等学科知识解决探讨性问题，例如“美国革命是否具有革命性”，而支撑性问题则是关注社会科各学科共识性观点的描述、定义与过程，学生需对此建构适当的解释并将其作为对所主张观点的回应，从而帮助学生更好地理解探讨性问题，例如“《汤森法案》对殖民者有何规定”。

《C3 框架》聚焦社会科课程四个最主要的分支学科，即公民学、经济学、地理和历史，为社会科组织课程内容提供框架（详见表 3.5）。维度二目标即是学生既能够通过掌握各分支学科的相关知识提出问题，又可以应用学科工具与概念解决问题。

表 3.5　《C3 框架》中的学科概念与工具①

公民学	经济学	地　理	历　史
公民与政治制度	经济决策	地理表现：世界的空间观	变化性、连续性与背景
参与及协商：运用公民道德和民主原则	交易和市场	人地关系：地方、地区与文化	观点
过程、规则与法律	国家经济	人口：空间模式与迁移	历史来源与证据
	全球经济	全球互联：变化的空间格局	因果关系与论证

维度三旨在培养学生搜集和评估资源，形成观点并运用证据支撑观点的技能。社会科学习以证据为基础，当今时代资料来源形式多样，具有可用性的原始材料无法自动转化为明智理性的应用。因此，学生需要具备从大量资料中获取信息和评估资源相关程度的能力，进而以学科方式应用证据、形成观点、进行阐述及作出论证。同时，考虑到学生在公共场所交流或批判他们的结论时能与他人合作的期望，维度四鼓励学生采用独立完成、同伴互助或小组协作的方式，通过讨论、辩论、政策分析、影像成果等形式进行结论分享，而社会科教师则需要为学生提供具有指导性、支撑性、令人备受尊敬的学习环境。此外，鼓励学生以公民的方式进行有意义的集体行动，例如担任陪审员、参与志愿者服务等，旨在培养他们成为积极且负责任的公民，为今后的大学生活与职业生活作充足准备。

① National Council for the Social Studies (NCSS), *The College, Career, and Civic Life (C3) Framework for Social Studies State Standards: Guidance for Enhancing the Rigor of K-12 Civics, Economics, Geography, and History* [S], Silver Spring:NCSS, 2013, pp.12-63.

（二）《C3 框架》的特点总结

《C3 框架》作为美国社会科课程的最新国家标准，以“探究穹”为中心，旨在建构一种综合、系统的课程组织模式，对美国社会科课程的发展产生了重要影响。框架主要有以下两方面特点：一是突出强调“探究”作为统领课标设计的核心位置。《C3 框架》依托公民学、经济学、地理、历史等分支学科的核心概念与基本技能，将“探究”作为框架的核心组织要素，强调社会科学习首先要从提出问题开始，接下来利用相关学科领域的学科概念与工具进行完整的探究活动，包括收集与评估资料、建构与论证观点、得出与分享结论，最后采取理性行动，积极进行公民参与。这一完整的探究过程既加深了学生对社会科所学知识内容的理解，又给予学生在真实世界中实践体验的机会。同时，一轮探究过程的结束更意味着新一轮学习探究的开始，学生对新的学科知识的持续获取便会引发对新问题的探究。二是《C3 框架》与《共同核心州立标准》相结合，实现其提升学生阅读与写作素养的目标。《共同核心州立标准》明确学生在阅读、写作、听说、语言四个方面应掌握的技能，《C3 框架》与之相契合，根植四门分支学科明确社会科课程的学科框架和知识体系，为学生大学阶段的知识积累与工作领域的职业技能储备奠定基础。但在此基础上，该课程标准超越了知识层面对学生读写能力的强调，整合了 21 世纪相关技能，将体验作为社会科教育的关键环节，突出强调实践和社会参与的重要意义，培养学生批判性思考与解决问题的能力、创造与革新技能等，为学生日后的公民生活作准备。

（三）《C3 框架》的价值目标分析①

结合对美国当前社会背景与课程标准的整体分析，《C3 框架》体现的价值目标可划分为宏观价值目标、层级价值目标和具体价值目标三个方面。在宏观价值目标方面，《C3 框架》序言部分表明，尽管公民教育的倡导者来自不同政治派别，但培养有知识、会思考和积极行动的公民是其普遍认同的社会科教育目标。②“有知识”是知识层面的目标，即学习学科概念知

---

① 李潇君，杨晓慧：“美国社会科课程标准的价值目标研究——基于《大学、职业和公民生活框架——社会科课程国家标准》的分析”［J］，《思想政治教育研究》2015 年第 2 期。第 26–29 页。

② National Council for the Social Studies (NCSS), *The College, Career, and Civic Life (C3) Framework for Social Studies State Standards: Guidance for Enhancing the Rigor of K-12 Civics, Economics, Geography, and History* [S], Silver Spring:NCSS, 2013, pp.29-51.

识，为进行公民参与做好知识储备；“会思考”是能力层面的目标，即公民智力技能和参与能力，包括问题意识、资源评估、证据运用、沟通技巧、合作能力等；“积极行动”是情感层面的目标，即提升学生积极参与公民生活的期望与能力。在层级价值目标方面，《C3 框架》分别从大学、职业与公民生活三个角度建构价值目标，为学生“后高中”（post-secondary）时期生活奠定基础。在美国普遍重视学生学业成绩的趋势下，框架强调社会科教育承载对学生进行公民教育的责任，将“为公民生活作准备”纳入课程标准，全程性、多层次地覆盖学生的成长与生活，体现出价值目标的阶段性、持续性和递进性。《C3 框架》聚焦四门核心学科，旨在传递以下三个具体价值目标：一是政治价值目标，即通过公民科使学生了解美国政治制度、联邦及地方政府组织结构等基础知识，向学生传递美国主流政治意识和政治价值观，培养学生的政治认同。二是道德价值目标，即社会科课程作为学校道德教育的课程载体，教授和培养学生诚实、守信、勇气、意志、合作等基本的价值观念和美国精神，使学生首先成为一个“道德人”。同时，社会科课程强调培养学生公民美德，包括爱国主义、审慎、雄辩等，鼓励学生在进行公民参与时将这些美德原则付诸实践并进行反思，以此塑造其政治属性与社会属性。三是文化价值目标，即通过社会科学习使学生能够正确认识美国社会多样性及理性看待多元文化；使学生树立全球意识，能够通过合作继承并发展美国倡导的民主价值理念。该课程标准在对经济、地理等分支学科的价值目标阐述中强调学生应“充分理解人与自然系统的全球互联，了解并欣赏自己的生存地，对地球上环境与文化的多样性充满好奇，认识到世界各国、各民族人民及经济组织在全球经济市场中的相互作用，以便通过合作解决全球问题，实现共赢”。

第二节　地方维度：州立标准彰显社会科课程的区域特色

美国是教育分权制国家，联邦政府主要通过立法和拨款两种方式对教育施加影响。《联邦宪法第十修正案》规定各州政府在决定学校教育的课程标准、教学内容、教材选定及考核评估等方面拥有自主权。因各州政府拥有对教育的直接管辖权，在 20 世纪 90 年代中期的课程标准化运动影响下，美国大多数州都根据本州实际情况开始制定各个科目独具特色的州课程标准，社会科课程亦是如此。各州以全美社会科委员会颁布的全国性社会科课程标准为指导和参照，结合本州政治、历史和经济情况制定形式多样、内容具体且兼具特色的州立社会科课程标准（详见附录）。州课程标准在名称、内容和结构上虽然具有一定的差异性，但总体来说主要有三种组织模式，一是“社会科”模式，即名称与组织结构与国家标准相一致，以德克萨斯州为代表的大多数州均采取此模式；二是“历史–社会科学”模式，即以历史学科为核心对人文社会学科相关领域进行整合，例如加利福尼亚州、马萨诸塞州；三是“社会科学”模式，如伊利诺伊州等。根据社会科课程的组织模式，综合地理位置、人口特征、经济发展、教育情况等多方面因素，本书选择加利福尼亚州、马萨诸塞州、德克萨斯州、密歇根州的课程标准为分析样本，深度透视其蕴含的价值观教育目标。

一、加利福尼亚州——基于《加州公立学校历史–社会科学框架》（2016 年）的分析

加利福尼亚州（以下简称加州）位于美国西海岸，经济发达、人口众多、文化多元且极具包容性。加州于 20 世纪 80 年代中期最先制定并实施了以“历史–社会科学”为组织模式的社会科课程标准，先于课程标准化运动。课程标准颁布后引起全美教育人士与普通民众的高度关注，成为社会科课程改革的一个典型示范，被马萨诸塞州等州借鉴和参考，具有鲜明的代表性。

加州教育委员会（California State Board of Education）于 1998 年首次发布社会科课程州立标准，并于 2005 年进行重新修订。2005 年版课标将加州历史–社会科学的课程目标分为三类：一是知识和文化理解目标，即学生在历史、伦理、文化、地理、经济、政治等多学科领域应掌握的学科知识与文化素养；二是民主观念和公民价值目标，即学生理解国家认同与宪政遗产、具备多元文化社会下增进种族凝聚力的公民价值观、掌握公民享有的权利与应尽的义务；三是技能习得与社会参与目标，强调学生学习能力、参与能力与批判性思维能力。“历史–社会科学”模式通过让学生掌握历史和社会学科领域相关知识，致力于增进学生对历史发展趋势与当今社会经济、政治、文化等发展情况的理解，教育学生有准备地参与州、国

家乃至世界事务。伴随着《C3 框架》和《共同核心州立标准》的出台，加州根据国家社会科教育政策导向，于 2016 年 7 月颁布最新社会科课程标准《加州公立学校历史－社会科学框架》(*History-Social Science Framework for California Public Schools*)，新版框架取消了三个课程目标界定，但其价值取向依旧蕴含在社会科教学内容中。2016 年版课标以探究学习为指导原则，鼓励学生积极参与学习过程，并增添有关公民学习的知识内容，以实现所有加州学生为大学、21 世纪职业与公民生活作好准备的目标。加州 K–12 阶段社会科课程整合历史学、公民与政府学、地理学与经济学等学科领域，鼓励学生以地缘和全球等多重视角、审慎的思维逻辑探索世界，并基于此视角进行主题性与概念性理解。学生在初级阶段需要了解家庭与社区结构、区域与地理特征，进而更广泛地了解群体与机构；中级阶段需要超越国界了解世界历史与地理；高级阶段鉴于人民、产品、科技、知识、思想等前所未有地在世界范围内流动传播，学生需要不断思考国内外事件之间的全球联系。因此，社会科课程在 K–12 年级分别设置了不同主题与内容，具体如下：

表 3.6　美国加利福尼亚州 K–12 阶段社会科课程主题和内容设置①

学段	年级	课程主题	课程内容
基础学段	K	学习和工作的现今与过去	➢ 共同学习与工作 ➢ 国家与本州象征 ➢ 过去与现今的工作 ➢ 周边地理 ➢ 时间与年表 ➢ 过去的时空
	1	时空中的儿童	➢ 公民的权利与义务 ➢ 社区地理 ➢ 美国象征、图标与传统 ➢ 过去与现今的生活 ➢ 文化素养：国家、民众 ➢ 经济：商品与服务

① California State Board of Education, *History-Social Science Framework for California Public schools, Kindergarten through Grade Twelve* [M], Sacramento:California State Department of Education, 2016.

续表

学段	年级	课程主题	课程内容
基础学段	2	有影响力的人物	➢ 过去与现今的家庭 ➢ 地理与绘制地图技能：人、地方与环境 ➢ 政府机构 ➢ 经济：提供商品与服务的人 ➢ 有影响力人物的传记
	3	连续性和变化	➢ 当地地理 ➢ 当地的美洲印第安人 ➢ 当地社区的发展：随时间变化 ➢ 美国公民、象征与政府 ➢ 当地经济：选择、成本和人力资本 ➢ 当地历史：发现过去及传统 ➢ 我们国家的历史：通过传记、故事、民间故事和传奇来了解普通人和伟人
	4	加州：变化中的州	➢ 加州的自然与人文地理特征 ➢ 前哥伦布殖民地与人民 ➢ 欧洲探索与殖民历史 ➢ 传教士、牧场与墨西哥独立战争 ➢ 淘金与建州 ➢ 农业与工业发达的加州 ➢ 处于人口快速增长时期的加州 ➢ 战后时代的加州：移民、科技与城市 ➢ 地方、州、联邦政府
	5	美国历史和地理：新国家的创建	➢ 哥伦布时代前的领地和人民 ➢ 探索时代 ➢ 北美的合作与冲突 ➢ 殖民地的建立 ➢ 战争之路 ➢ 美国独立战争 ➢ 美国宪法的发展与意义 ➢ 年轻共和国中人民的生活 ➢ 新兴国家的西进运动
中级学段	6	世界历史和地理：古代文明	➢ 早期人类和人类社会发展 ➢ 美索不达米亚、埃及和库什的早期文明 ➢ 古代以色列人（希伯来人） ➢ 古希腊 ➢ 印度的早期文明 ➢ 中国的早期文明 ➢ 罗马的发展

续表

学段	年级	课程主题	课程内容
中级学段	7	世界历史和地理：中世纪和近代早期	➢ 公元 300 年的世界 ➢ 罗马与基督教（公元 300–1200 年） ➢ 西南亚（300–1200 年）：波斯与伊斯兰世界 ➢ 南亚（300–1200 年） ➢ 东亚（300–1300 年）：中国与日本 ➢ 美洲（300–1490 年） ➢ 西非（900–1400 年） ➢ 中世纪东西方文化相遇（1150–1490 年） ➢ 全球融合（1450–1750 年） ➢ 思想的影响（1500–1750 年）
	8	美国历史和地理：成长与冲突	➢ 美国宪政民主的发展 ➢ 对新美国的展望 ➢ 美国人民的不同路径（1800–1850 年） ➢ 美国内战的原因、过程与结果 ➢ 美国工业化的兴起（1877–1914 年）
高级学段	9	历史–社会科学选修课程	➢ 世界与区域地理 ➢ 现代加州（二十和二十一世纪） ➢ 自然地理 ➢ 世界宗教概览 ➢ 人文科学 ➢ 人类学 ➢ 心理学 ➢ 社会学 ➢ 美国历史上的女性 ➢ 种族研究 ➢ 法律教育 ➢ 金融素养
	10	世界历史、文化和地理：现代世界	➢1750 年的世界 ➢ 革命重塑世界民主革命（1750–1917 年） ➢ 工业革命 ➢ 帝国主义和殖民主义的兴起 ➢ 第一次世界大战的起因与历程 ➢ 第一次世界大战的影响 ➢ 一战后极权主义政府的产生 ➢ 第二次世界大战的起因与结果 ➢ 第二次世界大战后的国际形势发展 ➢ 当今世界的国家建设 ➢ 经济一体化与当今信息、科技与通信革命

续表

学段	年级	课程主题	课程内容
高级学段	11	美国历史和地理：现代美国历史的持续性和变化	➢与过去建立联系：建国初期 ➢工业化、城镇化、移民与进步主义改革 ➢美国作为世界大国的崛起 ➢20 世纪 20 年代 ➢经济大萧条与新政 ➢美国参与第二次世界大战 ➢战后美国 ➢冷战时期的对外斗争 ➢冷战时期的国内斗争 ➢平等运动 ➢当代美国社会
	12	美国民主的原则（一学期）	➢美国民主的基本原则 ➢民主国家公民的权利与责任 ➢公民社会的基本原则 ➢美国宪法规定的三个政府部门 ➢解释宪法：美国最高法院的工作 ➢选举程序 ➢联邦制：政府的不同级别 ➢第四产业：媒体在美国公共生活中的作用 ➢比较政体与民主的挑战 ➢当今世界的问题
	12	经济学原则（一学期）	➢基本经济概念与推理 ➢美国市场经济 ➢政府对美国经济的影响 ➢劳动力市场 ➢总体经济行为 ➢全球经济

如上表所示，《加州公立学校历史－社会科学框架》在课程内容设置上打破相关学科的界限，致力于提升学生听说读写能力与科学素养、培养学生探究能力与批判性思维、增进学生对现实世界的理解、提高学生运用证据做理性决策的能力。历史－社会科学框架的组织形式将课程标准的要求与目标贯穿于 K–12 年级的各阶段；课程设计呈现出整体性和连贯性；学习水平的评估不仅取决于考试成绩，还在于对古今中外人和事物的洞察能力与理解程度，以便对当今生活有所启发。在价值观教育层面，加州框架与国家标准具有高度的一致性，重点强调对美国宪政等一系列公民知识的学习、对民主观念和公民价值目标的阐述、好公民技能与习惯的养成，旨

在培养学生成为知识渊博、积极进行社会参与的合格公民，为未来大学、职业与公民生活做准备。

二、马萨诸塞州——基于《马萨诸塞州历史和社会科学课程框架》(2018年)的分析

马萨诸塞州位于美国东北部，是独立战争时反抗英国殖民统治的中心，也是美国重要的科学文化中心。这里不仅拥有哈佛大学、麻省理工学院等众多高等学府，基础教育资源也首屈一指。在加州“历史–社会科学”模式的影响下，马萨诸塞州中小学教育委员会（Massachusetts Board of Elementary and Secondary Education）最早于1997年颁布本州历史和社会科学课程标准，且于2003年进行修订。随着时代的变化和教学中出现的新情况，2018年，马萨诸塞州中小学教育委员会积极推动历史和社会科学课程标准的重新修订，并于当年6月正式颁布了《马萨诸塞州历史和社会科学课程框架》(*Massachusetts History and Social Science Curriculum Framework*)。

2018年版《马萨诸塞州历史和社会科学课程框架》在保留2003版和1997版内容的基础上，回应时代需求，旨在教育学生提升技能，帮助他们参与甚至领导一个比过往任何时代在人口和文化上都更加多元化的社会。新版课程标准体现出如下新特征：一是更加强调公民学，八年级专门开设公民学课程，教育学生做负责任的公民并积极进行政治参与；二是更加突出美国和世界文化的多样性；三是新修订版课程标准规定各年级通过“提出问题”的方式开展主题内容学习，在实践层面强调学生提出问题、调查研究、评估资源和综合信息能力的培养，这种形式充分借鉴回应了全美社会科委员会颁布的《C3框架》，旨在提升学生的探究能力；四是课标在规定各年级主题学习内容的同时，也详细阐述了各年级学生应达到的听说读写能力标准，使其掌握进行公民参与的必要技能，与《共同核心州立标准》相辅相成。新版标准在规定各年级学习内容标准的同时也分别规定了与之对应的实践标准和读写能力标准。由此可见，历史和社会科学课程内容标准、实践标准与读写能力标准是本课标的三大支柱，相互影响且相互支撑。如图3.1所示。

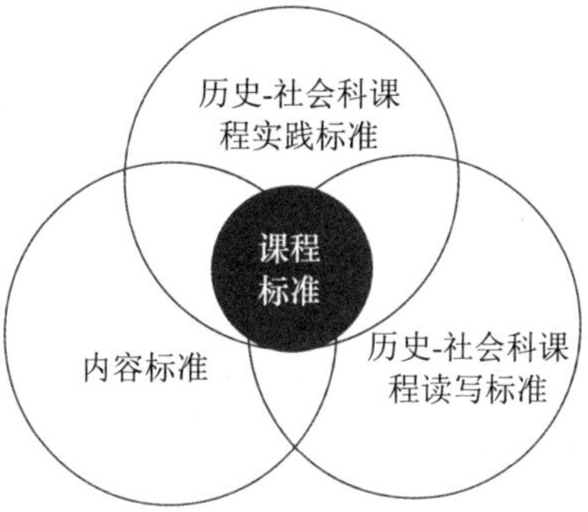

图 3.1　马萨诸塞州历史和社会科学课程标准的三大支柱

为了确保历史和社会科学课程富有成效，提升学生做理性且明智决策的能力，培养学生承担起在国内外促进平等、正义与自由的责任①，课标阐述了十项指导原则。首先，社会科课程向学生传授民主政府的遗产，包括民主政府的结构、成就及面对的挑战；二是要“合众为一”，融合多样性的观点，与此同时承认对事物的不同看法受种族、文化、宗教、教育等因素影响；三是学校要保证学生每学年都有充足课程时间学习历史和社会科学课程；四是教会学生以历史的逻辑思路思考问题；五是富有成效的课程有赖于对多个学科领域知识的整合，课标的具体实践主要基于历史、地理、公民学和经济学四门学科，并融合艺术、宗教学、伦理学等其他学科领域内容；六是课程以学生探究、推理、逻辑论证及独立思考能力为基础；七是通过增加学生的知识储备量提升其阅读理解能力；八是课程要融合时事政治和新闻媒介素养，使学生具有评估信息、质疑和验证信息来源的能力，能够区分事实和推断，进行合理判断；九是历史社会科学教师利用图表、视频等视觉资源向学生传达信息和解决问题，并教会学生利用数据分析和数字工具进行课程学习的研究与演示；十是教师可以通过鼓励学生与他人进行尊重性合作等方式发展学生的社会情感能力，以此提升其学术成就和沟通技巧，改善为人处世态度及行为举止，从而帮助学生与他人进行有效互动，解决公民生活中遇到的问题。在上述十个原则的指导下，马萨诸塞

① Massachusetts Board of Elementary and Secondary Education, *Massachusetts History and Social Science Curriculum Framework* [S], Available online at www.doe.mass.edu/frameworks/hss/2018-12.pdf.

州在 K–12 阶段社会科课程设置了如下课程主题和内容：

表 3.7 美国马萨诸塞州 K–12 阶段历史 – 社会科学课程主题和内容设置[①]

学段	年级	课程主题	课程内容
基础学段	Pre–K	构建生活、学习和共同工作的基础	➢ 公民学：公正、友善、责任与尊重 ➢ 地理学：地图和地域 ➢ 历史学：个人经历与记忆 ➢ 经济学：工作与商业
	K	在生活、学习和一同工作中扮演的众多角色	➢ 公民学：公民身份 ➢ 地理学：地域之间的联系 ➢ 历史学：共享传统 ➢ 经济学：工作与商业
	1	领导、合作、团结、多样性	➢ 公民学：社区、选举、领导 ➢ 地理学：值得探索的地方 ➢ 历史学：美国的统一性和多样性 ➢ 经济学：资源和选择
	2	世界地理：地域与人民，文化与资源	➢ 阅读与绘制地图 ➢ 地理及其对人的影响 ➢ 历史学：迁移与文化 ➢ 公民学：国家与政府 ➢ 经济学：资源与选择
	3	马萨诸塞州：许多不同人的家园	➢ 马萨诸塞州城镇的历史与现在 ➢ 马萨诸塞州的地理与原住民 ➢ 原住民与欧洲探险家的联系 ➢ 早期移民美洲的清教徒、普利茅斯殖民地、原住民 ➢ 清教徒、马达诸塞湾殖民地、原住民 ➢ 美国独立战争之前、之中、之后的马萨诸塞州
	4	北美洲地理、历史与人民	➢ 北美洲：地理与地图 ➢ 北美洲古老文明 ➢ 早期欧洲对北美州的探索 ➢ 随着时间的推移美国的扩张及当下疆域：东北部、东南部、中西部、西南部和西部
	5	美国内战史及民权运动	➢ 早期殖民和殖民地的发展 ➢ 革命的原因和政府的成立 ➢ 美国政府原则 ➢ 共和国的成长 ➢ 奴隶制、内战的遗产、为所有人争取民权的斗争

① Massachusetts Board of Elementary and Secondary Education, *Massachusetts History and Social Science Curriculum Framework* [S], Available online at www.doe.mass.edu/frameworks/hss/2018-12.pdf.

续表

学段	年级	课程主题	课程内容
中级学段	6	世界地理及古代文明（一）	➢ 过去和现在的复杂社会 ➢ 人类起源、新石器时代和旧石器时代 ➢ 中东和北非 ➢ 撒哈拉以南的非洲 ➢ 中美洲、加勒比和南美洲
	7	世界地理及古代文明（二）	➢ 中亚和南亚 ➢ 东亚 ➢ 东南亚和大洋洲 ➢ 欧洲
	8	美国和马萨诸塞州政府及公民生活	➢ 美国政治体系的哲学基础 ➢ 美国政府的发展 ➢ 美国政府机构 ➢ 公民的权利和责任 ➢ 宪法、修正案、最高法院的判决 ➢ 马萨诸塞州和地方政府结构 ➢ 新闻自由和新闻 / 媒介素养
高级学段	9–12	美国历史（一）	➢ 革命的起源与宪法 ➢ 民主化与扩张 ➢ 北部、南部与西部的经济增长 ➢ 社会、政治和宗教变革 ➢ 美国内战与战后重建 ➢ 重建美国：移民与工业 ➢ 进步主义与第一次世界大战
		美国历史（二）	➢ 经济学在现代美国历史中的作用 ➢ 美国的现代性：意识形态与经济 ➢ 捍卫民主：对法西斯主义和共产主义的回应 ➢ 捍卫民主：冷战与国内民权 ➢ 美国与全球化
		世界历史（一）	➢ 世界各区域间的动态交互 ➢ 宗教与信仰体系的发展与传播（公元前 500 年至公元 1200 年） ➢ 王朝与帝国（1000 至 1500 年） ➢ 哲学、艺术、科学与技术（1200 至 1700 年） ➢ 全球探索、征服和殖民化（1492 至 1800 年） ➢ 政府理念（1500 至 1800 年）
		世界历史（二）	➢ 绝对权力、政治革命和民族国家的成长（1700 年至 1900 年） ➢ 农业革命和工业革命及其影响（1750 年至 1900 年） ➢19 世纪帝国主义的全球影响 ➢ 世界大战（1914 至 1945 年） ➢ 冷战时代（1945 至 1991 年） ➢ 全球化时代（1991 年至今） ➢ 政治差异：冲突、种族灭绝和恐怖主义

续表

学段	年级	课程主题	课程内容
高级学段	9–12	美国政府与政治（选修）	➢ 美国政府的成立 ➢ 政府的宗旨、原则和机构 ➢ 公民权利、人权和公民自由 ➢ 政党、利益集团、媒体和公共政策 ➢ 美国在世界事务中与他国的关系
		经济学（选修）	➢ 稀缺性和经济理论 ➢ 供求 ➢ 市场结构 ➢ 政府的作用 ➢ 国民经济表现 ➢ 金钱与金融机构的作用 ➢ 贸易

如表中主题所示，马萨诸塞州的历史－社会科学课程标准详细阐述学生在基础学段（Pre–K 至 5 年级）与中级学段（6–8 年级）的每一年级所应掌握的有关历史、公民学、地理和经济等学科领域的知识内容；但在高级学段（9–12 年级），课标未依据年级设定课程主题，而是按照时间顺序设置四门关于美国历史和世界历史的必修课及以八年级公民学课程为基础的美国政府与政治和经济学两门选修课，以满足青少年的认知和实践需求，致力于为学生的公民生活、大学生活和未来职业生涯作准备。在价值观教育层面，马萨诸塞州中小学历史和社会科学课程的重要目标之一即向学生传递民主观念、公民价值目标、社会公认和倡导的价值观，教育学生利用所学知识和技能积极进行公民参与。

三、德克萨斯州——基于《德克萨斯州社会科课程基本知识与技能》（2010 年）的分析

德克萨斯州（简称德州）位于美国南部，是全美第二大州。针对本州政治经济发展情况，德州教育委员会（State Board of Education）依照《德克萨斯州教育法典》（*Texas Education Code*）为全州中小学必修课程制定了符合本州教育发展实际的课程标准《德克萨斯州基本知识与技能》（*Texas Essential Knowledge and Skills, TEKS*），于 2009 年 8 月颁布实施，其中囊括了社会科在内的 13 门学科的课程标准，是德州所有中小学教学的指导

方针和课程的纲领性文件。德州的社会科课程采用“社会科”这一名称，与 NCSS 国家标准相一致。德州教育委员会成员提名一线教育工作者、学生家长等于 2010 年共同参与了社会科课程标准的审查和修订，并规定从 2011–2012 学年开始使用新的课程标准——《德克萨斯州社会科课程基本知识与技能》(*Texas Essential Knowledge and Skills for Social Studies*)。

德州社会科课程标准有其独特的特征，共分为四个部分：基础学段（K–5 年级）、中级学段（6–8 年级）、高级学段（9–12 年级）、其他社会科课程。K–8 学段，课标以年级进行划分，规定学生在各个年级应习得和具备的知识与技能，如表 3.8 所示。高级学段则打破年级界限，实行学分制，规定学生本阶段应学习的科目及相对应的学分，共设置 1 学分课程三门：美国历史（1877 年至今）、世界历史、世界地理；及 0.5 学分课程五门：美国政府、心理学、社会学、社会科专题、社会科研究方法。在其他社会科课程方面，课标设置了美国史、欧洲史、世界史和人类地理等一系列大学先修课程（AP），旨在为学生的大学生活作准备；同时也设置了国际预科课程（IB），如历史国际预科课程（标准水平）、非洲史国际预科课程（高级水平）、东亚和东南亚史国际预科课程（高级水平）、心理学国际预科课程等相关科目，旨在着眼于 21 世纪对人才培养的要求，进一步培养学生参与世界事务的公民素养。

表 3.8　《德克萨斯州社会科课程基本知识与技能》基础 & 中级学段课程内容设置①

学段	年级	课程知识与技能
基础学段	K	对自我、家庭、教室的研究奠定成为负责任公民的基础 ➢ 通过明确爱国假日的庆祝活动和历史人物的贡献，探索州和国家遗产；理解“年表”(chronology) 的概念 ➢ 掌握“区位”(location) 的地理概念；场所的物理和人文特征 ➢ 人类的基本需求及需求可以通过多种方式得到满足 ➢ 规则的意义；权威人物在家庭和学校中的作用 ➢ 能够代表美国信仰与原则并增进民族认同的重要符号、习俗和责任 ➢ 家庭和学校利用科技的方式以及科技是如何改变生活的 ➢ 以口头和视觉方式获取信息；培养解决问题、决策和独立思考的技能

① Texas State Board of Education, *Texas Essential Knowledge and Skills* [S], Available online at http://ritter.tea.state.tx.us/rules/tac/chapter113/ch113a.html

续表

学段	年级	课程知识与技能
基础学段	1	➢ 通过区分过去、现在和将来的事件培养时间和年表的概念；识别美国和德克萨斯州的国歌和座右铭 ➢ 制作简易地图确认教室、学校和社区的位置 ➢ 探究商品和服务的概念以及工作的价值 ➢ 规则和法律的意义 ➢ 识别出展示良好公民身份的个人 ➢ 描述家庭习俗和传统的重要性 ➢ 阐述科学技术改变家庭生活的方式 ➢ 将信息进行排序和分类；具有解决问题、决策和独立思考的能力
	2	➢ 通过研究具有重要意义的个人和事件对社区历史、州和民族的影响，进而更深刻认识当地社区文化根基；逐步形成时间和年表的概念 ➢ 自然环境和人类活动之间的关系可被理解为生产者和消费者之间的关系 ➢ 解读政府职能以及地方政府提供的服务 ➢ 持续了解代表美国信仰和原则的风俗、习惯和庆祝活动 ➢ 了解艺术作品在当地社区中的重要意义 ➢ 解释科学技术创新如何改变交通和通讯方式 ➢ 以书面、口头和视觉形式交流所学知识
	3	三年级培养学生形成对个人所做的经济、文化和科学贡献的认知 ➢ 不同个体改变社区和世界的方式；重要历史人物过去和现在对社区的影响； ➢ 了解那些曾作出重要选择、克服困难、为他人更好生活作出牺牲的英雄儿女生活，以及由此产生的新思想、新发明、新技术和新社区 ➢ 通过对有所作为的关键人物进行研究以扩展知识面，这些人物是指曾做出重要贡献、影响公共决策并参与解决公共问题的人
	4	➢ 聚焦德克萨斯州早期到现在的历史，包括德克萨斯革命，德克萨斯共和国的建立及后期并入美国；学习19、20和21世纪的重要问题、事件和人物； ➢ 通过对人类活动和区域物理特征的研究，全面探究德克萨斯州和北美各区域；分析本州经济活动和居民点的位置、分布和运行模式，进一步增强对地区的概念理解 ➢ 描述早期美洲印第安人满足自身基本经济需求的方式 ➢ 探究欧洲进行探险和殖民的动机以及建立西班牙定居点和传教团的原因；阐述美洲印第安人自我管理的方式、德克萨斯州西班牙殖民地和墨西哥政府的特征 ➢ 背诵并阐述“效忠德克萨斯州旗”的含义 ➢ 了解不同种族、民族和宗教团体对本州的贡献 ➢ 描述科学技术对该州生活的影响 ➢ 运用批判性思维分析因果关系、进行比较和对比、总结概括

续表

学段	年级	课程知识与技能
基础学段	5	➢ 1565年至今的美国历史，包括殖民时期、美国大革命、内战与重建、移民与工业化、20世纪和21世纪等 ➢ 美国不同地区的自然特征和人类活动，及人们适应和改变环境的方式 ➢ 阐述自由市场体系的特征及优势，并描述美国经济活动 ➢ 代议制政府在美国的根源，《独立宣言》和《美国宪法》中的重要思想，《人权法案》中的基本权利 ➢ 宪政共和政体中有效领导的重要性及政府的重要领导人；背诵并阐述“效忠美国国旗”的含义 ➢ 本国各种族、族裔和宗教群体对文化的影响；代表美国信仰和原则的符号、传统及地标建筑 ➢ 科学技术领域杰出人士的成就 ➢ 用批判性思维对信息进行排序、分类和汇总，并得出推断和结论
中级学段	6	➢ 学习关于当今世界的人、地方和社会的内容，包括欧洲、俄罗斯、欧亚共和国、北美洲、中美洲和加勒比海、南美洲、西南亚－北非、撒哈拉以南非洲、南亚、东亚、东南亚、澳大利亚和太平洋地区；描述这些地区历史和当今事件及其影响 ➢ 区分各区域位置和地理特征 ➢ 经济组织的不同运行方式 ➢ 政府系统的不同运作模式，引入有限和无限政府概念 ➢ 不同社会中公民身份的本质 ➢ 比较各区域社会的常规机构，如政府、教育和宗教机构等 ➢ 解释科学技术对社会发展的影响 ➢ 辨析关于事件的不同观点
	7	➢ 在4年级的基础上学习德克萨斯州历史，内容涉略更深更广。全方位了解德克萨斯州的历史，包括自然情况及其人民、革命与共和国、建国初期、内战与重建中的德克萨斯州和当今时代；重点关注关键人物、事件及影响 ➢ 德克萨斯州区域分布及人口特征 ➢ 阐述导致该州从农业社会变为城市社会的因素 ➢ 描述市、县、州政府的结构和职能；解释《美国宪法》对《德克萨斯州宪法》的影响 ➢ 审视德克萨斯州公民的权利和责任 ➢ 使用一手和二手材料探究德克萨斯州丰富多样的文化背景，明确德克萨斯州是不同种族、族裔群体定居、共同建立的共同体 ➢ 科学技术对本州农业、能源、医疗、计算机和航空航天等行业发展的影响 ➢ 使用各种有效途径获取信息资源

续表

学段	年级	课程知识与技能
中级学段	8	8–9 年级为美国历史的两年制课程 ➢ 在 5 年级的基础上学习美国早期殖民时期到重建时期的历史（两年制课程前半段），主要包括殖民时代和革命时代的政治、经济、宗教和社会事件、早期共和遇到的挑战、南北战争和重建等内容 ➢ 美国自然地理特征及对人口分布、聚落模式的影响 ➢ 影响殖民地时期和共和早期美国发展的经济因素，并确定自由市场体系的起源 ➢ 美国宪法和其他重要历史文献体现的美国信仰和原则，如有限政府、权力制衡、联邦主义、分权和个人权利等 ➢ 美国公民的权利和责任、宪政共和政体 ➢ 19 世纪最高法院案件和主要改革运动的影响 ➢ 科学发现和技术创新对美国发展的影响 ➢ 具有批判性思维，辨认书面、口头和视觉材料中的观点和偏见

《德克萨斯州社会科课程基本知识与技能》的设计基于以下视角：通过 K–12 年级的社会科课程学习，使学生打牢历史、地理、经济、政府、公民学、文化、科学技术与社会、社会科技能等八方面的基础。如上表所示，德克萨斯州中小学社会科课程内容设置将以上八个领域的基本知识和技能加以整合，同时将社会科学习的关键概念和概念理解有效融入其中，以达到社会科教育的目的。在价值观教育方面，历史知识与地理、经济学、公民教育和政府知识共同构成公民知识，用以夯实学生的民主政治信念和学识，促使学生认识到爱国主义的重要性，认可并践行本国及本民族的基本民主观念和核心价值观；同时，课标强调概念技能的习得，这与公民知识相辅相成，不能分割，旨在培养学生理解多元文化、开展公民行动和参与世界事务的能力，最终成为有责任感的公民，能够理解社会并在社会公民参与中发挥重要作用。

四、密歇根州——基于《密歇根州 K–12 年级社会科课程标准》(2018 年）的分析

密歇根州位于美国五大湖地区，教育资源丰富，历来重视社会科教育，将社会科课程作为 K–12 阶段的核心课程。早在 1960–1970 年间就首次实施“密歇根州评估计划”（MEAP），即对社会科、数学、阅读等五门科目进行评估，即使在《不让一个孩子掉队》法案的颁布导致社会科一度被冷

落和忽视的背景下，密歇根州仍旧重视社会科课程并强调其重要地位。在课程标准方面，密歇根州教育局（Michigan Department of Education）1997年首次颁布社会科课程标准，并随着时代的变化和教学中出现的新问题不断对其进行修改和完善，于2007年颁布《课程内容期望（K–8年级）》[*Grade Level Content Expectation(K-8)*]和《高中阶段内容期望（9–12年级）》[*High School Content Expectation(9-12)*]（GLCEs）替代原标准。特别在《C3框架》颁布之后，密歇根州政府再次积极修订州社会科课程标准，于2018年颁布最新修订的《密歇根州K–12年级社会科课程标准》（*Michigan K-12 Standards Social Studies*）。标准的导言部分明确指出“培养人们积极履行公民参与责任时所需的知识、技能、智力过程及性格特征。作为生活在相互依存的世界和文化多元的民主社会中的青年人需要学习如何为公共利益作出明智的决策。社会科课程为国家理想注入了新活力，这个理想就像林肯总统在《葛底斯堡演说》中所表达的那样——建设民有、民治、民享的政府。”[①] 因此，该标准的设计基于这样的视角：通过规定学生在社会科学习中应掌握的知识和技能，促进青年人获得借助强有力的工具和方法的能力，形成清晰且具有多学科知识的思维，成功应对大学、职业与公民生活。[②]

《密歇根州K–12年级社会科课程标准》共147页，由课程目标、课程解读、社会科过程与技能（Social Studies Process and Skills）和社会科内容期望（Social Studies Content Expectations）等部分构成。课程解读基于课程目标诠释如何理解社会科本质特征，以便更好地开展教学、把握课程内容；围绕“内容期望”和“过程与技能”提出社会科课程的具体内容目标，使各部分内容共同构成相互联系的统一整体。现行密歇根州社会科课程标准在原课标的基础上借鉴《C3框架》，将“探究穹”有效融入本州社会科课程教学中，尤其在社会科过程与技能方面，对标《C3框架》，基于不同学段提出学生各科目应掌握的探究、沟通、评估和决策等技能要求，明确指

① Michigan Department of Education, *Michigan K-12 Standards Social Studies* [S], Available online at www.michigan.gov/documents/mde/Final_Social_Studies_Standards_Document_655968_7.pdf.

② Michigan Department of Education, *Career & College Ready Michigan* [EB/OL], www.michigan.gov/mde.

向学校和社会实践目标，要求学生掌握知识的同时具有处理公共事务和进行公民参与的能力（如表3.9所示）。该州课标以公民教育为核心，目标是培养学生成为有“社会理解力”和“公民效能”的负责任公民，要求学生既有深厚的学科基础知识，又有实践所需的基础技能，如探究能力、决策能力和参与能力等，体现知识、技能与价值观三方面的目标要求。

表3.9 《密歇根州K–12年级社会科课程标准》中社会科过程与技能标准[①]

《C3框架》“探究穹”		
维度一：形成问题和计划探究	维度二：应用学科工具和概念 维度三：评估资源和运用证据	维度四：交流结论和采取行动
P2：探究、调查和分析 P2.1：采用探究的方式调查社会科学问题 P3.1：明确一个公共政策问题，收集并解释有关该问题的信息、分析各种观点并生成和评估可能替代的解决方案	**P1：有效阅读和交流** P1.1：使用适当的方法阅读并分析表格、图表、图形、地图和文本等 P1.2：阐述一手及二手文献资源观点、背景、偏见和参考框架 P1.4：以书面、口头和图表形式清晰表达社会科思想 P1.5：提出有证据支撑的论点 **P2：探究、调查和分析** P2.2：评估社会科学表格、图表、地图和文本中显示的数据 P2.3：查找、组织和阐释各种来源的信息 P2.4：从多个角度运用资源分析问题	**P3：公共话语与决策** **P4：公民参与** P3.2：讨论公共政策问题、澄清问题、考虑反对意见，运用民主价值观和宪法原则，精炼个人主张 P3.3：形成论点以表达和论证有关公共政策问题的决定 P4.1：尊重法律 P4.2：评估个人和团体计划开展旨在促进公共政策事务观点的活动方案 P4.3：计划、开展和评估旨在提高对公共政策事务建议的活动的有效性
密歇根州社会科课程内容期望		

整个州的标准都围绕上述概念展开，社会科课程内容设置主要体现在“社会科内容期望”中，呈现出K–12年级社会科课程的学习顺序以及学生在不同年级各学科应达成的知识目标要求。以学段作为划分维度，课标规定K–4年级社会科课程内容聚焦五大主题、5–8年级以学科内容为重点、9–12年级设置不同学分的必修和选修课程，具体内容如图3.2所示。

① Michigan Department of Education, *Michigan K-12 Standards Social Studies* [S], Available online at www.michigan.gov/documents/mde/Final_Social_Studies_Standards_Document_655968_7.pdf.

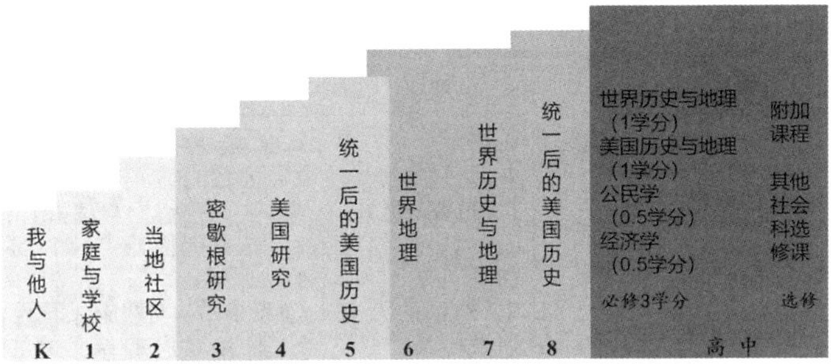

图 3.2　密歇根州社会科课程 K–12 年级的学习顺序 ①

如图所示，社会科课程在初级学段以拓宽学生视野为目标，所学内容以主题形式展开，涉略广泛；中高级学段依据学科内容进行教学，旨在指导学生掌握必备的知识与技能。三个学段相互融合、互为补充，体现了课程标准的顺序性和整体性。在学科种类层面，课标借鉴《C3 框架》，融合历史、地理、公民学和经济学 4 门学科，其内容编制框架见表 3.10。在价值观教育方面，课标规定社会科课程旨在向学生传递《独立宣言》和宪法等文件中蕴含的美国基本民主价值观念和主流社会价值观，如不可剥夺的生命权、自由、平等、公正以及对幸福的追求等，使他们成为具有“社会理解力”和“公民效能”的负责任公民。

表 3.10　密歇根州社会科课程 K–12 年级编制框架 ②

历史	地理	公民与政府	经济
历史思维的国家标准	国家地理标准	国家公民标准	国家经济标准
H1 时间意义上的世界：历史思维习惯 1.1 时间思维 1.2 历史探究与分析 1.3 历史理解	**G1 空间意义上的世界：地理思维习惯** 1.1 空间思维 1.2 地理探究与	**C1 公民社会和政府的哲学基础** 1.1 公民生活、政治和政府的本质 **C2 美国政府的建立**	**E1 市场经济** 1.1 个人、商业与政府选择 1.2 竞争市场 1.3 价格与供求

① Michigan Department of Education, *Michigan K-12 Standards Social Studies* [S], Available online at www.michigan.gov/documents/mde/Final_Social_Studies_Standards_Document_655968_7.pdf.

② Michigan Department of Education, *Michigan K-12 Standards Social Studies* [S], Available online at www.michigan.gov/documents/mde/Final_Social_Studies_Standards_Document_655968_7.pdf.

续表

<table>
<tr><th colspan="2">历史</th><th>地理</th><th>公民与政府</th><th>经济</th></tr>
<tr><td colspan="2">代表国家标准的主题（K–4 年级）</td><td rowspan="4">分析
1.3 地理理解
G2 地方与区域
2.1 地区的物理特征
2.2 地区的人文特征
G3 物理系统
3.1 物理过程
3.2 生态系统
G4 人类系统
4.1 文化地理上的“马赛克”现象
4.2 科学技术模式与互联网
4.3 人居环境模式
4.4 合作与冲突的力量
G5 环境与社会
5.1 人类与环境
5.2 物理与人类系统
G6 全球性问题
6.1 全球话题调查与问题分析</td><td rowspan="4">基础与起源
2.1 立宪制政府起源
2.2 民主价值观与宪法原则
C3 政府结构与职能
3.1 联邦政府的结构、职能、权力与局限性
3.2 州、区域政府的结构、职能、权力与局限性
C4 美国权利与自由
4.1《权利法案》的应用
4.2 公民权利和自由的延伸
4.3 审度权利与自由的张力和限度
C5 美国与世界事务
5.1 美国外交政策的制定与执行
5.2 美国在国际组织和事务中的角色
C6 美国公民身份及公民参与
6.1 美国公民身份
6.2 公民社会的权利和责任
6.3 公民参与问题
6.4 公民调查、公共政策、公民行动和公共话语</td><td rowspan="4">1.4 政府角色
E2 国家经济
2.1 了解国家市场
2.2 政府在美国经济中扮演的角色
E3 国际经济
3.1 经济体系
3.2 经济相依——贸易
E4 个人财务
4.1 决策</td></tr>
<tr><td colspan="2">H2 在家庭与社区中共同生活与工作
H3 密歇根历史
H4 美国历史
H5 世界上不同文化的人的历史</td></tr>
<tr><td colspan="2">代表国家标准的时代（5–12 年级）</td></tr>
<tr><td>世界历史：1–8 时代的全球性分析
W1 人类社会的开端
W2 早期文明及牧民人的出现
W3 古典传统、世界宗教与主要帝国
W4 三大洲的案例研究
W5 第一个全球时代的出现
W6 全球革命时代
W7 全球危机与成就</td><td>美国历史：1–9 时代的主题式研究
U1 开端至 1620 年
U2 殖民与定居（1585–1763）
U3 革命与新民族（1754–1800s）
U4 扩张与改革（1792–1861）
U5 内战与重建（1850–1877）
U6 美国工业化、城市化与全球化的发展（1870–1930）
U7 大萧条与二战（1920–1945）
U8 二战后的美国（1945–1989）
U9 新全球时代的美国（1980 至今）</td></tr>
<tr><td colspan="5">社会科知识、过程与技能
P1 有效阅读与交流
P2 探究、研究与分析 86
P3 公共话语与决策
P4 公民参与</td></tr>
</table>

注：表格中的字母为缩写形式，H（History）历史；W（World History）世界历史；U（United States History）美国历史；G（Geography）地理；C（Civics and Government）公民与政府；E（Economics）经济学；P（Process）过程

从以上对美国加利福尼亚州、马萨诸塞州、德克萨斯州、密歇根州社会科课程标准的分析可以看出，尽管美国各州社会科课程组织形式与目标体系建构方式各具特色（“历史—社会科学模式”“社会科模式”等），但其内容都与美国社会科教育的总目标相契合，即教育学生掌握 21 世纪所需知识与技能，为未来民主社会培养能够积极进行公民参与和政治参与的合格公民。

第三节　行会维度：行会标准体现社会科分支学科的价值目标

在美国的教育体制中，非政府团体在促进教育的发展和变革中扮演了重要的角色，其中，教育行业协会是教育立法、决策、研究的重要力量。美国是世界上行业协会发展迅速、组织体系庞大的国家之一，现有超过 10 万个行业协会性质的组织，他们涉略经济、教育和社会的各个方面，主要提供信息咨询服务，也对国会立法和政府政策的制定产生影响。从性质上来看，行业协会按照宪法赋予的“结社自由”权利出于共同利益而自发组织，以公司化方式运营管理但多为非营利性组织，收入主要来源于会费和为政府提供有偿服务；从行业协会与政府的关系上来看，双方没有直接的隶属关系，董事会成员由会员选举，不需向政府备案，具有很大的自主权。在教育领域，美国最大规模、最具影响力的社会科教育行业协会即全美社会科委员会，各州、地方和地区也建立了各自的社会科教育委员会，除此之外还有涉及各分支学科领域的行业协会（如表 3.11 所示）。

表 3.11　美国社会科教育相关行业协会

学科领域	行 业 协 会
公民学	公民教育中心（Center for Civic Education）
历 史	美国历史学会（American Historical Association）
	美国历史教育委员会（National Council for History Education）
	世界历史学会（World History Association）
	美国学校历史科中心（National Center for History in the Schools）

续表

学科领域	行业协会
地 理	美国地理教育委员会（National Council for Geographic Education）
	国家地理协会（National Geographic Society）
	美国地理学家学会（American Association of Geographers）
经济学	经济学教育委员会（Council for Economic Education）
法 律	美国律师协会（American Bar Association）
	街头法律公司（Street Law, Inc.）
	宪法权利基金会（美国 / 芝加哥）（Constitutional Rights Foundation, USA/Chicago）

以上行业协会在社会科课程标准的制定过程中发挥了重要作用。美国联邦政府从 20 世纪 80 年代末开始加强对基础教育的管控与指导。1989 年，50 个州的州长在弗吉尼亚州召开联席会议，主张制定具有国际竞争力的国家课程标准；1994 年颁布的《2000 年目标：美国教育法》也将制定全国性课程标准提上日程。为此美国联邦教育部组织座谈，确定各学科标准的制定方式，即由联邦政府提供指导和资助，由具有影响力的学科专业团体和研究机构具体负责。在 90 年代课程标准化运动的浪潮下，社会科各分支学科中具有代表性的行会组织与专业团体开始组织制定相关学科课程标准。行会标准在内容上与全美社会科委员会颁布的国家标准互为补充，也在价值目标上与之高度契合，已经成为社会科教育课程标准体系中不可或缺的一部分。本部分具体分析社会科课程四个重要分支学科的行会标准，分别是美国学校历史科中心制定的《历史科国家标准》（*National Standards for History*）、公民教育中心制定的《公民与政府学国家标准》（*National Standards for Civics and Government*）、经济学教育委员会制定的《自愿性经济学教育内容国家标准》（*Voluntary National Content Standards in Economics*）及国家地理协会制定的《生活化的地理学：地理学国家标准》（*Geography for Life: National Geography Standards*），并深入解读其中体现的价值目标。

（一）《历史科国家标准》

历史是美国社会科课程中最重要的分支学科，是美国中小学教育的核心课程之一。为顺应全国课程标准化改革的趋势，由美国联邦教育部和国家人文基金会（National Endowment for the Humanities）共同资助，设在加州大学洛杉矶分校的美国学校历史科中心（National Center for History in the Schools，简称 NCHS）主要推进实施的“历史学科国家标准计划”（National History Standards Project）正式启动。该项目试图在全美范围内就卓越的历史教学标准达成最广泛的共识，包括历史教育目标、历史理解及思维过程等内容。在历史标准委员会的指导下，经过专家学者与中小学历史教师的共同研讨，美国学校历史科中心于 1994 年首次颁布《历史科国家标准》。标准共由三部分组成，分别是《拓展儿童对时空的认识》（幼儿园 –4 年级）（*National Standards for K-4 History: Expanding Children's World in Time and Space*）、针对 5–12 年级的《探索美国经验》（*National Standards for United States History: Exploring the American Experience*）与《探寻通往现代之路》（*National Standards for World History: Exploring Paths to the Present*）。三个部分在共同的指导原则和架构的基础上彼此关联，相辅相成。但标准一经发布便引发很大争议，为此，美国学校历史科中心在此基础上对课标进行重新审视和深入探讨，并于 1996 年出台修订版《历史科国家标准》。该标准的制定是美国历史学科教育史上一次有突破意义的改革实践，对美国 K–12 阶段的历史教育产生了重大影响。

1996 年修订版《历史科国家标准》按学段划分，由《K–4 年级历史科国家标准》和《5–12 年级美国历史和世界历史国家标准》两部分构成。每部分开篇是对该学段历史标准的概述，指明该学段标准的研制原则、课程内容的组织原则等。随后，标准对历史思维能力、历史理解能力及内容标准进行详尽阐述。鉴于学生在不同学段有着不同的智力及认知发展水平，根据课程内容差异，两个学段采用了不同的组织形式。K–4 学段以主题的形式呈现，共分为四个主题，分别是在家庭和社区中工作和生活，过去和现在；学生所在州或地区的历史；美国历史：民主的原则和价值观，以及多种文化中对其文化、经济和政治遗产作出贡献的人们；世界各地多种文化中的人们的历史。该学段按照社区、乡土、本州及美国历史和世界历史的顺序排列，由近及远，循序渐进，让儿童对历史发展有概略性的认识。5–12 年级的课程内容是对第一阶段的扩展和深化，分为美国历史和世界历史两个部分，并按照时代进行排序。美国历史被划分为 10 个时期：三个世界的交汇、殖民与定居、革命与新国家、扩张与改革、内战与战后重建、美国工业化的发展、现代美国的出现、经济大萧条与第二次世界大战、战后美国、当代美国；世界历史则被划分为9个时期，分别是人类社会的起源，早期文明与游牧民族的出现，古典传统、主要宗教与大帝国，交流与相遇的扩展性地带，两半球相互作用的增强，第一次全球化时代的出现，革命时代，半世纪的危机与成就，1945年以来的20世纪：机遇与挑战；以此展现人类历史的时代性和连续性。

《历史科国家标准》有以下两方面典型特征：一是突出历史在公民教育中的重要作用。早在社会科诞生之前，历史教育就一度成为传播国家主流价值观的最重要的课程载体。20世纪80年代，美国再一次提出民主社会中公民学习历史的必要性，这是因为历史是人类在随时代变化的人文环境中了解自己和社会，理解变化和延续的唯一路径；是帮助人类理解和对待变化，同时发现过去和现在之间存在着具有深刻联系的延续性的一门最有效的学科。[①] 自社会科作为一门整合性学科诞生以来，历史就一直是社会科课程的核心，既为学生实现个人发展提供知识与能力储备，又为培养民主社会中的负责任公民奠定良好基础。哲学家艾蒂安·吉尔森（Etienne Gilson）指出历史是我们用来检验思想后果的唯一实验室。历史向学生开放了丰富的人类经验记录，揭示了个人和社会为面对他们所面临的问题而作出的各种调整，并展现因各种选择而产生的结果。通过对过去选择与决定的研究，学生可以更深刻地了解摆在面前的各种选择以及每种选择可能带来的后果，从而应对当今时代问题，作出理性明智选择。伴随学校教育对历史学科愈加重视，标准提出在低年级就应当让学生接受优质的历史教育，因为“历史知识是人们拥有政治智慧的前提。离开了历史，一个社会就丧失了能够共同分享的集体记忆：我们过去在哪儿，我们的核心价值观是什么，以及我们过去作出的哪些决策影响了现在的生活。离开了历史，我们也不能够深入探究一些政治、社会和道德问题。没有历史知识和探究，一个人不能成长为见多识广、有辨别力的公民，也就不能有效参与到民主制度的管理进程中，不能够实现国家的民主理想。”[②] 二是瞄准历史教育的本质和核心，

---

① 陈其：“美国历史学科中的素质教育”［J］，《历史教学》1999年第8期。第25-30页。

② National Center for History in the Schools, *National Standards for History* [S], Los Angeles:CA, 1996.

强调培养学生的历史理解力与历史思维能力，并将其作为最重要的教育目标。课标在规定学科知识内容的同时，还通过规定学生应该能够完成的事情来证明其理解能力与学以致用的能力。历史学习不仅是对历史事件、人名、年代等内容的被动接受，还需要学生真正理解历史，具备历史思维。从本质上看，历史是基于过去证据史实的推理过程，而这种推理则以收集、评估和筛选史料为基础，同时还要求学生思考事件的因果关系，进行合理的历史解释与历史探究，构建合理的历史论据和观点，从而为作出明智决策提供依据，上述思维能力都是主动学习的过程。具体来说，历史思维能力包括以下五种相互关联的技能：①时序思维能力，即年代顺序感，它是历史推理的核心，要求学生理解历史的时间性和连续性；②历史理解力，即从先人的角度和经历出发，避免陷入使用“当下意识”看待历史和评判过去的困境；③历史分析和解释的能力，即对比来自不同时代、不同群体和背景的人们的不同经历、传统、信仰等，形成自身对历史的解释并批判性地思考，用一位历史学家的话说即“试图将过去的选择还原到过去”；④历史研究能力，即运用历史文献和资料提出历史疑问，并富有想象力地创建与其相关的合理历史叙述和观点；⑤分析历史问题并作出决策的能力，即理解历史和现实的关系，从历史角度分析和解决现实中的重大问题并作出决策。这五种能力在实践中互相联系、互为支持，没有特定要遵循的教学顺序。教师酌情利用这些能力标准来制定教学计划，使其与历史内容学习相结合并发挥作用，最后指导学生完成具有挑战性的历史学习计划。

在价值观教育方面，一是通过历史学习明确个人在社会历史进程中的角色与责任，培养其对国家与民族的热爱与忠诚，进而提升其情感认同，有助于捍卫美国民主传统的重要价值观；二是有助于学生正确认识理解社会的发展和命运，提升其社会责任感，通过从过去的实践中汲取智慧和经验，为未来的社会参与作准备；三是有助于学生形成多元文化价值观和提升承担世界责任的能力，以包容、尊敬和欣赏的态度对待不同文化的差异性。学生通过对历史知识的学习内化，掌握成为民主社会合格公民所必备的知识、技能与品性。

（二）《公民与政府学国家标准》

公民与政府学作为美国社会科课程的重要分支学科，是K–12年级进行公民教育和价值观教育的核心课程之一。美国50个州和哥伦比亚特区都以必修课、选修课、大学先修课（AP）等形式开设了公民与政府学课程，如马萨诸塞州的“美国政府”，德克萨斯州的“美国政府与政治学”，伊利诺伊州的“公民学”等，虽然名称各不相同，但都致力于传授学生公民知识、培养公民素养、塑造公民品格。美国公民与政府学课程历史悠久，早在建国时期开国者们就提出公民教育理念，1749 年，富兰克林和杰斐逊提出学校应讲授历史、地理和政府组织等知识的主张①，1790年前后，部分学校开设“公民科”课程，增强学生对美国政治制度和国家价值观的理解与认同，培养学生爱国主义情怀。②《2000 年目标：美国教育法》中的“国家教育目标”确定了学校具有公民教育的使命。该法案中提及两个针对公民教育的目标：一是学生成就与公民身份。截止到 2000 年，学生能够在 4、8 和 12 年级结束时修完包括公民与政府学在内的多门课程，以便为负责任的公民身份、继续学习与生产性就业做充足准备。二是成人教育与终身学习。截止到 2000 年，每一位成年公民都能够识字，并掌握必备的知识和技能以履行公民权利和义务。为落实法案要求，美国教育部下属教育研究与发展办公室（The Office of Educational Research and Improvement）和皮尤慈善基金会（Pew Charitable Trusts）资助公民教育中心共同主持制定《公民与政府学国家标准》（*National Standards for Civics and Government*）。标准在制定的过程中充分采纳多方意见，经 1000 多位教育工作者、学生家长和其他代表共同研讨，期间也多次召开听证会进行公共讨论。《公民与政府学国家标准》是课程标准化运动在公民教育领域的重要成果，是美国各州公民与政府学课程设计和教学实施的纲领性文件，指导美国各级公立学校培养有能力的、负责任的公民，符合维持和推动宪政民主所必备的基本价值观和原则。

《公民与政府学国家标准》由序言、导论、学段的课程标准和附录四部分构成。序言部分强调学校的公民教育使命和标准制定的背景，指出“自建国以来我们就意识到教育具有公民使命，即培养致力于忠于美国宪政民主价值观和原则，具有知识、理性、人道和参与意识的公民”。③导

① Cogan, J. J, “Social Studies:Past, Present, Future” [J], *Social Education*. vol. 33, no. 4 (1976).

② Kerry J. Kennedy, *Citizenship Education and the Modern State* [M], The Falmer Press, 1997, pp.139-146.

③ Center for Civic Education, *National Standards for Civics and Government* [EB/OL], https://www.civiced.org/standards?page=stds_toc_preface.

论部分陈述了学生接受公民与政府学教育的必要性、目标以及标准的设计；总结概述内容标准、知识与参与技能标准、学生表现评定标准以及标准的受众和使用。标准以学段作为划分依据，规定了 K–4 年级、5–8 年级、9–12 年级三个水平阶段的学习内容与技能目标。学习内容方面可以概括归纳为五个核心主题：一是政府职能、政治和公民生活；二是美国民主的基本价值观和原则；三是依宪法建立的政府如何体现美国民主的目标、价值观和原则；四是美国与其他国家以及世界事务存在怎样的关系；五是美国民主中公民的角色定位。（具体内容参见表 3.12）在技能目标方面，依据政治参与实践要求可归纳为识别与描述、解释与分析、评价选择与捍卫立场三个层次。在组织结构上，每个学段以问题形式导入各核心主题的重点知识内容，例如政府职能、政治和公民生活主题下设政府是什么、政府何以必要等诸多问题，通过对这些问题的详细阐述来强调学生在公民知识、技能与品性方面需达成的目标，最后举例说明为实现该目标学生应满足的具体要求。标准横向以五大核心主题为线索，各主题相互关联、联系密切、覆盖全面；纵向以不同水平阶段为时间轴，逐渐提高标准与要求，层层递进；最终学生将掌握的知识和技能运用于实践，进行有效的公民政治参与，以此构成一个与学生生活紧密相关、较为系统的公民与政府学课程体系。

表 3.12　《公民与政府学国家标准》核心主题内容概述 ①

核心主题	课程内容
政府职能、政治和公民生活	政府的宗旨与职能、权利与权威；法律法规的必要性；宪法的目标与用途；无限政府与有限政府；三权分立和议会制度；联邦制与单一制
美国民主的基本价值观和原则	爱国、自由、公正等基本价值观；美国社会的显著特征；美国社会的多样性；美国国家认同与政治文化；政治冲突的特点；自由主义、共和主义与美国民主宪政；美国政治社会生活中价值观与原则的冲突及理想与现实的差距
依宪法建立的政府如何体现美国民主的目标、价值观和原则	美国宪法的意义与重要性；联邦政府的组织结构与主要职责、权力的分配、共享与限制；联邦政府与州立政府；公民政治交流与参与；公共政策的提出与执行

① Center for Civic Education, *National Standards for Civics and Government* [EB/OL], https://www.civiced.org/standards?page=stds_toc_preface.

续表

核心主题	课程内容
美国与其他国家以及世界事务存在怎样的关系	各国家、中央与地方、美国与各国际组织之间互动交流；政治、经济、科技、文化、人口和环境的发展；美国外交政策的历史背景、目的与方式
美国民主中公民的角色定位	公民的意义；个人的经济与政治权利和义务；公民责任；政治领袖与公共服务；政治参与的形式；政治参与和社会参与的异同；政治与个体和公共目标实现之间的关系

公民与政府学天然具有鲜明的阶级性、意识形态性和价值取向性，是美国学校价值观教育最直接的课程载体。《公民与政府学国家标准》作为公民与政府学课程的指导性文件，彰显了资产阶级意识形态和民主宪政的价值观念，深刻反映出联邦政府对“学校公民教育使命”的践行，努力通过教育体现、渗透国家意志。在标准制定的过程中，联邦政府给予高度重视与支持，委托公民教育中心主持制定。公民教育中心是美国国内最具影响力的公民教育行会组织，是美国教育领域的权威智库，其发行的教材和推广的教育实践项目遍布全美各州。在资金方面，标准的制定得到了美国教育部的财政资助，属于国家和政府极力推动的项目。在价值观教育层面，标准的文本中明确了公民与政府学的最终目标是培养认同美国民主的基本价值和原则、积极参与政治生活和社会生活的负责任公民，在具体学习内容上以五个核心主题为核心覆盖了理解认同美国联邦政府、社会政治制度及其民主思想；明确公民权利与义务；参与美国社会政治生活等内容，期望学生通过 K–12 阶段公民与政府学课程学习将美国的政治观念和主流价值观内化于心，并在未来转化为政治参与的实践行动。

（三）《自愿性经济学教育内容国家标准》

经济学是社会科课程的重要分支学科。早在 1982 年，美国有 7 个州要求高中生必须修学经济学课程才能够毕业。据 2007 年全美经济学教育委员会（National Council for Economic Education，简称 NCEE）的调查显示，美国已有 17 个州出台了类似的政策，其中包括加利福尼亚州、纽约州等，49 个州和华盛顿地区均在其州立教学标准中加入了有关经济学的教学内容。[①] 在课程设置方面，经济学科一直以不同的课程形式贯穿于 K–12 阶段的学校教学中。根据学生的认知发展水平，小学阶段学校直观地讲授经济学基本概念和描述生活中常见的经济现象，且与历史、地理等学科相融合；初高中阶段经济学逐渐成为一门独立学科，指导学生探究复杂的经济现象及其规律。在学科标准方面，在国家课程标准化改革和《2000 年目标：美国教育法》出台的宏观背景下，经过经济学家和教育专家的共同研讨，全美经济学教育委员会于 1997 年主持制定了美国历史上第一部经济学课程指导文件《自愿性经济学教育内容国家标准》(*Voluntary National Content Standards in Economic*)，并于 2008 年对其进行了重新修订。标准旨在提升美国学校经济学教育质量，帮助学生掌握经济学概念，建立和发展经济思维，运用已有知识对经济问题作出明智的经济决策，在美国经济体系中扮演好理性成熟的消费者、投资者等社会角色。

2008 年新修订版《自愿性经济学教育内容国家标准》共 58 页，由序言、导论、附加材料和内容标准四部分构成。序言部分介绍了由普林斯顿大学经济学家艾伦·克鲁格（Alan Krueger）担任主席的新版课程标准编委会成员构成、内容标准的合理性、教学资源保障、经济学学科术语、学科共识、与第一版的突出差异等内容。导论部分则阐述了标准的目标指向，即提升美国学校经济学科的教学质量，指导美国中小学培养学生的推理和决策能力和对民主社会存续和繁荣都至关重要的经济素养。附加资料部分给出获得更多与标准相关资源的途径。内容标准是该课标的核心部分，将经济学领域中最重要的概念原理和规律以 20 条标准的形式呈现出来（具体见表 3.13）。标准对学生在 4 年级、8 年级和 12 年级结束时应掌握的知识内容以及应具备的运用知识的能力进行了详细说明。内容标准的制定基于以下原则：一是必要且基础，每一条都是具备经济素养的学生应掌握的基本经济学原理，为大学生活、就业和公民生活奠定基础；二是体现学科共识，以此指导美国学校经济学教学；三是受众广泛，便于教师、学生及家长、公众理解内容标准含义及要求；四是标准具有一定挑战性，但通过坚持不懈努力学习可以达成。

---

① National Council for Economic Education, *Survey of the States: Economic and Personal Finance Education in Our Nation's Schools in 2007* [EB/OL], http://www.ncee.net/about/survey2007/ NCEESurvey2007. pdf.

表 3.13 《自愿性经济学教育内容国家标准》内容概要 ①

主题	知识	能力
稀缺性	生产资源是有限的，需要权衡“想要”和“需要”	面对选择时，具备“选择”和“放弃”的决策能力及承担后果的能力
决策制定	明智的经济决策需要权衡成本与收益	作为消费者、生产者、储蓄者、投资者和公民等角色，能够作出明智决策
分配	商品和服务进行分配的多种方式	通过比较每种方式的收益与成本，评估商品和服务的不同分配方式
经济诱因	通常可以预期地对积极与消极经济诱因作出反应	确定影响人们行为的因素及其影响方式
交易	自愿交易成功的前提是实现双赢，这是国内甚至是全球的共识	商榷与确认交易双方的收益；比较调节国家间贸易壁垒政策的收益与成本，如关税和配额
专业化	个人、区域和国家经济增长的前提是生产成本的降低和劳动生产率的提高	发展专业化技能和特有优势以获得利益
市场与价格	市场存在于买卖双方的交易过程中；交易双方的相互作用决定了市场价格和对稀缺商品与服务的分配	识别买方市场与卖方市场；供求关系对价格的影响
价格的作用	价格是交易的“晴雨表”	预测消费者需求及生产者技术等因素变化对价格的影响
竞争与市场结构	卖方竞争促使商品成本与价格降低；买方竞争导致价格提高	解释不同市场竞争水平的变化对价格和产出水平的影响
机构	银行、工会等机构的创建与发展旨在帮助个人和团体实现目标	描述各种经济机构的作用，并说明产权在市场经济中的重要性
金钱与通货膨胀	金钱使生产、分配、交换、消费更便捷；货币发行量与通货膨胀的关系	阐述在货币大幅贬值或没有金钱的世界中生活会变得更加困难
利率	调整利率使货币的储蓄与借贷金额保持平衡	描述支付或收取利息的情况；解释利率变动能够引发的反应
收入	生产资料的市场价值决定大多数人的收入水平；工人的收入取决于产品的市场价值	根据目前教育、培训与职业选择计划预测未来收入
创新创业	创新创业是经济增长的重要来源	了解创业的回报、风险及所需技能；理解创新创业对经济增长的重要意义及公共政策对创新创业的影响

① National Council for Economic Education, *Voluntary National Content Standards in Economics* [EB/OL], https:// www. councilforeconed. org/ wp-content/uploads/2012/03/voluntary-national-content-standards-2010.pdf.

续表

主题	知识	能力
经济增长	对工厂、机械、新技术与健康、教育和培训等进行投资能够刺激经济增长，提升生活水平	预测个人、企业与政府投资决策的后果
政府角色与市场失灵	政府在市场经济中发挥的重要作用：巩固国防、加强环保、推动市场更具竞争力以及直接或间接影响个人收入	评估替代性公共政策的收益与成本，确定利益享受者与成本承担者
政府失灵	政府决策成本大于收益的原因：一是受到相关利益群体的影响；二是追求经济效益外的社会目标	识别决策成本高于收益的公共政策，确定利益享受者与成本承担者；解释政策存在的合理性
经济波动	国家经济整体运行状况取决于国民在家庭、企业或任何领域作出经济决策的合理程度	解释当前有关经济现状的媒体报道，并阐述其对生产者、消费者和政府决策者的影响
失业与通货膨胀	失业与通货膨胀的相互作用以及对个人和国家经济的消极影响	通过预测通货膨胀与失业的影响做明智的经济决策
财政政策与金融政策	美国政府的财政预算和美联储的金融政策牵动国家经济整体运行情况	预期联邦政府和美联储的宏观经济政策对自己及他人的影响

《自愿性经济学教育内容国家标准》围绕 20 个经济学核心概念对学生在各阶段知识、能力与价值观方面应达成的目标作出详细阐述。在知识层面，标准促进学生对基本经济概念、生活中经济现象、政府相关政策等基本经济知识的理解，增强其经济理解力；在能力方面，在掌握知识的基础上发展学生的经济意识、理性经济分析能力与批判性思维能力，引导学生灵活运用所学知识进行经济决策，使其具备做明智决定和正确公共决策的能力；在价值观教育方面，标准强调培养学生经济素养和塑造合格经济品质，旨在增强其公民责任感，促使学生成为推动美国经济发展的好公民，着重强调树立全球意识，引导学生理解全球经济市场的相互作用，世界各国、各民族及经济组织能够通过合作的方式解决全球性问题。

（四）《生活化的地理学：地理学国家标准》

为实现《2000 年目标：美国教育法》提出的“所有学生都应该学会善用自己的思想，为践履现代经济社会中的负责任公民身份、继续学习与生产性就业作准备”这一教育目标，地理学作为社会科课程的重要分支学科也担负着重要使命。1994 年，美国地理学会、美国地理学家联合会、全美地理教育委员会和美国国家地理协会在联邦政府的支持下，共同组织编写了地理学科国家标准《生活化的地理学：地理学国家标准》（*Geography for Life: National Geography Standards 1994*），这一标准对美国中小学的地理课程教学产生了不可替代的积极影响。伴随着现代化地理信息技术的出现和发展，美国地理教育国家执行项目（GENIP）课程标准委员会开始筹备 1994 年版课程标准的修订工作，并于 2012 年出台了第二版地理学科国家标准《生活化的地理学》（*Geography for Life: National Geography Standards, Second Edition*），新版标准是美国地理教育界对学生在 12 年级毕业时应掌握的知识与能力达成的最广泛共识，延用了 1994 年版的目标，即培养学生使之具备地理知识和地理学科思维，在地理方面见多识广。

2012 年版地理学国家标准在理念上实现从“生活化的地理”（Geography for Life）到“实践地理”（Do Geography）的转变；在组织形式上将地理视角、知识内容、地理技能紧密结合，作为“实践地理”的必要组成部分。课标的主体部分包括以下四方面内容。一是实践地理：用地理视角观察世界；要求学生参与地理调查，并将地理视角、知识与技能三者相结合实现“实践地理”的目标，旨在教育学生能够解释过去、理解当下、规划未来，从而作出理性明智决策，解决个人及社区问题。二是用多种方法看世界：地理视角；要求从地理的观念出发，全面了解世界。课标提出具备地理素养的人能够以空间和生态两个特定视角建构问题与进行调查，这也为提出和回答问题，识别和解决问题，评估替代性措施的后果提供了参考框架；标准引导学生理解受不同文化环境的生活经历影响，人们所获信息与主观评价标准不同，其看待问题与处理问题的方式也不同；运用多种视角看待问题为培养明智、有见识的世界观奠定基础。三是认识世界：地理基础知识；这也是课程标准的核心内容，共规定了 18 条标准，分别融入 6 大要素（见表 3.14）。每个要素代表了一种理解地理学的主要且必要观点：它是观察世界的确切方法，每一要素对于整体来说都是必不可少的一部分。[①] 每条标准又包含了知识目标（Knowledge Statements）、学

---

① 刘兰，郭永馨：“从‘为了生活的地理’到‘实践地理’——美国国家地理课程标准修订对我国的启示”［J］《现代基础教育研究》2018 年第 01 期。第 109–115 页。

生表现（Student Performance Statements）、案例（Examples）等内容。知识目标指学生必须掌握和理解的地理学内容；学生表现则阐述了学生利用已学知识进行活动操作的能力，用一系列诸如“描述、识别”等动词开头的陈述句加以说明；案例是活动案例，指学生通过实践活动展现出的对知识目标的理解。四是提出并回答有关世界的地理问题：地理技能。精通地理知识的人能够运用地理技能进行探究，发现并回答问题，作出合理决策。学生现阶段进行地理探究的方法首先是基于1994年版标准阐述的五项基本地理技能，即提出地理问题、探究地理信息、组织地理信息、分析地理信息、回答地理问题，还依赖于数据采集的新来源与新方法、用于任务分析的升级版地理空间工具、数据可视化应用程序以及新通信与信息技术工具。

表 3.14 《生活化的地理学：地理学国家标准》①

要 素	标 准
空间世界	➢ 利用地图、其他地理表现方式、工具和技术从空间角度获取、处理和报告信息 ➢ 使用思维导图在空间环境中组织有关人、地点和环境的信息 ➢ 分析地球上人、地点和环境的空间组织形式
地点与区域	➢ 地点的物理和人文特征 ➢ 人类创造区域来阐释地球的复杂性 ➢ 文化与经历如何影响人们对地点与区域的看法
物理系统	➢ 地球表面形态塑造的物理过程 ➢ 地球表面生态系统和生物群系的特征与空间分布
人类系统	➢ 地球人口特征、分布与迁移 ➢ 地球马赛克文化的特征、分布与复杂性 ➢ 地球表面经济相互依存的模式与网络 ➢ 人类聚居的过程、模式与功能 ➢ 人类之间合作与冲突的力量如何影响区域的划分与统治 ➢ 人类行为如何改变物理环境
环境与社会	➢ 物理系统如何影响人类系统 ➢ 资源的定义、使用、分布和重要性方面发生的变化
地理用途	➢ 如何运用地理知识解释过去 ➢ 如何运用地理知识解释现在并规划未来

① National Council for Geographic Education, *Geography For Life: National Geography Standards, Second Edition* [EB/OL], https://ncge.org/resources/national-geography-standards/.

《生活化的地理学：地理学国家标准》引导学生通过地理学科的学习获得欣赏自己的生存之地的能力，了解地球的最本质特征；充分认识人类和自然系统的全球关联，也为寻求合作实现地球利益最大化奠定理论基础；保持对地球环境和文化多样性的好奇，克服狭隘主义和民族中心主义，以此保持理性作出明智决策；掌握地理知识、形成地理素养使其有能力在本国甚至全球更好地解决时代问题，做积极参与的美国公民与世界公民，实现地理学科在现代世界的实用价值。

总之，由行业协会和专业团体制定和颁布的《历史科国家标准》《公民与政府学国家标准》《自愿性经济学教育内容国家标准》《生活化的地理学：地理学国家标准》代表性地体现了社会科四门重要分支学科的教育目标，它们与全美社会科委员会制定的社会科课程全国标准《C3 框架》、各州制定的具有本地特色的社会科教育标准共同构成了美国社会科课程价值观教育的三维目标体系。这一目标体系具有以下特征：一是系统性和衔接性。横向上，美国社会科课程标准是由国家标准、地方（州）标准、行会标准构成的统一整体，由非政府机构或行会组织负责制定，是指导性的、学术性的标准，而非行政性和强制性的。纵向上，美国社会科课程标准构建了知识、技能、品性三位一体的目标体系，基本内容和价值目标贯穿并衔接幼儿园、小学、初中、高中阶段，遵循青少年的认知发展规律。二是灵活性和开放性。美国社会科课程标准设定的教育内容是概念层面的内容，并非提供具体教学内容的课程大纲。州、学区、学校、教师可以根据实际情况灵活选择教材、教学内容、教学策略。社会科标准也不是一成不变的静态标准，社会科委员会根据专家、一线教师的反馈，定期对其进行修改和完善。三是价值取向性。美国社会科教育的目标和任务是培养民主政治下积极参与的公民，将主流政治思想内化为学生认知、情感、态度和信仰。社会科课程标准作为学习目标和内容的文本说明，充分体现了美国的国家意志以及试图传播的价值观念，具有意识形态性和价值取向性。①

① 李潇君，杨晓慧："美国社会科课程标准的价值目标研究——基于《大学、职业和公民生活框架——社会科课程国家标准》的分析"［J］，《思想政治教育研究》2015 年第 2 期。第 26–29 页。

第四章

美国社会科课程价值观教育的主要内容

价值观教育的内容取决于对价值的分类，多年来学界尚未对此达成共识，也未形成统一的价值分类标准，价值观教育倡导者立足不同社会背景与学术角度，形成了对价值观教育内容的不同分类方式。国际上较有影响力的是以马克·霍尔斯特德（J. M. Halstead）和莫妮卡·泰勒（Monica Taylor）为代表的分类方式，他们在《教育中的价值观与价值观中的教育》一书中列举了七项价值观教育内容：自由、精神、道德、环境、民主、艺术、健康，将其视为构成教育的基础。[①] 加拿大学者克里夫·贝克（Clive Beck）把价值分为基础价值、精神价值、道德价值、社会和政治价值、中介价值、具体价值等。[②] 本书围绕课程内容的价值取向这一核心问题，将美国社会科课程的价值观教育内容划分为政治价值观、社会价值观、文化价值观、道德价值观四大类。

社会科课程是美国学校 K–12 阶段价值观教育的主要课程载体，内容囊括历史、地理、政府和经济等方面，其目标在于培养“负责任、有思想、积极参与的公民，使学生获得在社会中发挥作用所需要的技能”[③]。根据上一章的分析可以看出，美国社会科课程标准体现价值观教育的目标宗旨和顶层设计，明确社会科教育的价值导向。而价值观教育的具体内容则通过教科书的内容编排与理念设计得以呈现。作为价值观教育的物质载

---

① Mark Halstead, “Liberal Values and Liberal Education”, In Monica J. Taylor, Mark Halstead. (eds.), *Values in Education and Education in Values* [C], Lewes:Falmer Press, 1996.

② 吴亚林:《价值与教育》[M]，北京师范大学出版社 2009 年版，第 240–241 页。

③ June R. Chapin, *Elementary Social Studies: A Practical Guide (6th edition)* [M], Pearson Education, 2006, p.3.

体，教科书不仅承载着课程的知识性内容，还须满足国家与社会培养理想公民的需求。受教育分权制的影响，美国在 K–12 阶段没有统一的教科书。通常情况下，中小学教科书由商业公司研制和发行。目前，全美影响力与知名度较高的商业出版公司有培生出版集团（Pearson）、霍顿·米夫林公司（Houghton Mifflin Harcourt）等。本章以教科书的采用率、发行的年份、应用的学段等为依据，选择了哈考特出版公司（Harcourt）2003 年的 1–5 年级小学社会科教科书，以及隶属于培生集团、专注中小学教科书出版的普伦蒂斯霍尔出版公司（Prentice Hall）的社会科系列教科书，2014 版的初中历史教科书《美国：我们国家的历史》（*America: History of Our Nation*）、2013 版的高中历史教科书《美国历史》（*United States History*）和《世界历史》（*World History*）、中学公民学教科书《公民学：行动中的政府和经济》（*Civics: Government and Economics in Action*）、2009 年版的高中地理教科书《世界地理：建立全球视角》（*World Geography: Building a Global Perspective*）、2005 年出版的美国史学教科书《美国：通往现今之路》（*American : Pathways to the Present*）等 12 部教科书（见表 4.1）作为分析对象，从政治、社会、文化、道德四个方面分析美国社会科课程价值观教育的主要内容，深入透视价值观教育内容中蕴含的资产阶级意识形态灌输与西方文化的价值导向。

表 4.1　教科书样本选择

学　科	名　称	版本	使用年级
历　史	《州与地区》（*States and Regions*）	2003 版	4
	《美国历史：从内战到现在》（*United States History: from the Civil War to the Present*）	2003 版	5
	《美国：我们国家的历史》（*America: History of Our Nation*）	2014 版	6–8
	《美国：通往现今之路》（*America: Pathways to the Present*）	2005 版	9–12
	《美国历史》（*United States History*）	2013 版	9–12
	《世界历史》（*World History*）	2011 版	9–12

续表

学　科	名 称	版 本	使用年级
公民学	《我的世界》（*My World*）	2003 版	1
	《人民和社区》（*People and Communities*）	2003 版	3
	《今日公民学：公民资格经济学和你》（*Civics Today: Citizenship, Economics, and You*）	2003 版	6–8
	《公民学：行动中的政府和经济》（*Civics: Government and Economics in Action*）	2009 版	6–12
地　理	《世界地理：建立全球视角》（*World Geography: Building a Global Perspective*）	2009 版	9–12
经济学	《经济学》（*Economics*）	2013 版	9–12

第一节　政治价值观：自由、平等、爱国

马克思说：“任何一个时代的统治思想始终都不过是统治阶级的思想”。[①] 政治价值观是一个国家统治阶级思想的集中体现，是代表着特定利益集团的价值观，具有鲜明的意识形态性。美国的政治价值观表征着资产阶级的价值传统和价值追求，本质上服务于美国资本主义的政治、经济、文化制度。美国学界普遍认为，青少年阶段是发展公民政治价值认知，教育其明确公民身份，培养其成为负责任好公民的关键时期。政治价值观是社会科课程价值观教育的首要内容，美国社会科课程将自由、平等、爱国作为最基本的政治价值观进行教育和传播。本节便选取了自由、平等和爱国这三个最具代表性的政治价值观作为分析对象，挖掘其在社会科课程中的价值意涵。

一、自由价值观

自由，按其最本质的含义来说，就是从各种束缚、压迫中解脱出来，获得自立、自主、自觉。自由是个人生活与社会生活中的一种主观感受，是一种渗透于社会活动各个领域的至高价值。它不仅是一种政治思想，更是价值

① 马克思恩格斯选集（第 1 卷）[C]，人民出版社 2012 年版，第 420 页。

观教育的重要内容。在整个西方社会中，对自由的探讨与研究从未中断。

自由价值观在美国有着深厚的历史文化传统，是美国精神的核心和根源性的价值观。在美国不足四百年的历史中，殖民时期约占近一半时间。作为英国在北美的殖民地，美国殖民地时期自由精神的形成主要受三方面因素影响，其一，英国自由主义的传统政治观念是自由价值观的直接来源；其二，受清教的影响，自由价值观在北美得以传播；其三，丰富的自治经验使殖民地形成了其重视自由精神的传统，从而形成了北美特色的自由精神。从殖民地化到独立，从王国到共和国，自由精神一直是美国推崇的政治价值观。这在美国建国者的演说、大量政府文件、社会改革运动以及影视作品和学校教育中无处不得以体现，是美国宪法和法律倡导的最重要的核心价值观。例如，《独立宣言》的主要执笔人之一、“弗吉尼亚之父”帕特里克·亨利（Patrick Henry）曾在大陆会议上发表演讲“不自由，毋宁死”，这一口号激发了无数美国民众对于新国家的美好憧憬。1941 年 1 月 6 日，富兰克林·罗斯福（Franklin D. Roosevelt）总统在致国会的咨文中深刻阐释了关于言论自由、宗教信仰自由、经济自由、免除恐惧自由的理解，后人将其定义为“四大自由”，并传唱至今。美国建国时的重要政治文本《独立宣言》中将生命权、自由权等作为公民神圣不可侵犯的权利，究其本质也是一篇关于自由的宣言。《权利法案》中也明确提出宪法的职责在于制约政府权力和保障公民的言论、结社、请愿和出版自由。

基于自由价值观在美国社会具有的深厚历史传统和文化根基，美国社会科教科书也毋庸置疑地将自由价值观列为最基本的政治价值观进行教授，并将其融入社会科各分支学科中，具体包括言论自由、宗教信仰自由、学术自由、经济自由等。例如，中学历史教科书《美国：我们国家的历史》即使用美国自由女神像作为封面，以此来彰显美国倡导的自由精神。初中公民学教科书《公民学：行动中的政府和经济》开篇第一章就将“自由、平等、正义”作为美国人普遍遵循的“基本价值观”（Basic American Values）[①]，这充分说明，自由价值观是美国最核心的首要政治价值观。这一价值观贯穿 K-12 阶段社会科课程中的所有分支学科，在不同学科中，内

① James E. Davis, Phyllis Fernlund, *Civics: Government and Economics in Action* [Z], New Jersey:Prentice Hall, 2009, pp.19-21.

容阐述和呈现方式不同。如 1 年级教科书《我的世界》第二单元“好公民”，包含 6 课时内容，内容涉及国家和地方首脑、国家的象征，明确将自由女神、自由钟、秃鹰、国会山、国旗、总统山、宣誓词等列为美国的象征，第 72 页和第 73 页解释“权利是人们自由做事情”。3 年级教科书《人民和社区》第 1 课《美国公民的楷模》中写道：“好公民遵守国家法律，通过投票参与政府治理。他或她相信，自由、正义或公平是重要的。这些是美国建立的思想基础。”[①] 另外，在被选取的历史教科书样本中，编者在描述历史事件的同时，都用大量文字、插图、人物阐述言论自由、集会自由等内容，有关独立战争、奴隶制、反种族歧视、妇女权利、公民权利运动等内容都以整章或整节篇幅进行专门讲授。《独立宣言》《美国宪法》及修正案等重要历史文献也是学生需要进行全文学习的（页旁还附带批注），这些历史文献中多处可见对自由价值观这一立国原则的阐述，如《独立宣言》开篇即阐述“我们认为这些真理是不言而喻的：人人生而平等，造物者赋予他们若干不可剥夺的权利，其中包括生命权、自由权和追求幸福的权利。”[②]《美国宪法》的序言“我们合众国人民，为建立更完善的联盟，树立正义，保障国内安宁，提供共同防务，促进公共福利，并使我们自己和后代得享自由的幸福，特为美利坚合众国制定本宪法。”第 1 条修正案涉及公民的信仰、出版、集会、示威自由；第 2 条修正案涉及公民携带武器的自由；第 19 条修正案涉及赋予女性选举权。[③] 其中，“我们合众国人民”突出了国家共同利益基础，也成为后来美国政治经济生活中经常被引用的文字。高中历史教科书《美国：通往现今之路》展示美国如何成为世界强国和美国人怎样渡过难关，将美国描绘为民主与自由的化身和正义的力量。美国人为此不仅在国内斗争捍卫自由与民主，而且宣扬自己在国际上为民主和自由而斗争。“在美国的整个历史发展过程中，美国人为捍卫自由与民主，不惜付出生命的代价。”[④] 这些经典文献在不同学段的历史教科书，乃至公民学教科书中反复出现，其中凸显出的自由、平等的核心价值观被不

---

① Michael J. Berson (ed.), People and Community [Z], Harcourt, 2003, p.116.

② James W. Davidson, *America: History of Our Nation* [Z], Boston:Prentice Hall, 2014, p.175.

③ James W. Davidson, *America: History of Our Nation* [Z], Boston:Prentice Hall, 2014, pp.228, 240, 246.

④ Andrew Cayton, Elisabeth Israel Perry, Linda Reed, Allan M. Winkler, *American: Pathways to the Present* [Z], Person Education, 2005, p.242.

间断地强化和灌输。自由价值观在《经济学》教科书中体现为经济自由、自由市场经济、自由企业制度等，这些核心概念贯穿整个《经济学》教科书始终，第 52 页中还将经济自由与宪法联系在一起，“美国人民享有的经济自由是爱国主义精神的重要来源，公民的财产权和成为企业家就像言论自由和选举权一样，是自由的基础。”在第 230 页中，也有关于同工同酬的法律依据的内容。①

二、平等价值观

平等价值观与自由价值观一样，是美国最核心、最基本的价值观。美国自建国以来，一直将民主、自由、平等作为三面旗帜。许多启蒙思想家对于平等有着精辟的论述。别涅狄克特·斯宾诺莎（Benedictus Spinoza）认为，在自然状态中，每个人都是平等的；在民主政治中，“所有的人仍然是平等的，与他们在自然状态中无异。”②托马斯·霍布斯（Thomas Hobbes）指出，人类在产生之初，自然享有身心的自由与平等，他将这种天赋的自由称为绝对自由。③约翰·洛克（John Locke）也认为自然状态即是平等的状态。在这种状态下，所有权利和管辖权是相互的，人人享有生命、自由、财产、保护和惩罚等平等的权利，没有人优先享有更多的权利。④让－雅克·卢梭（Jean–Jacques Rousseau）的平等思想是其政治思想的核心。他认为，没有平等就不可能存在自由。社会契约建立了人与人之间的平等，每个人都遵守相同的条件，并享有相同的权利。⑤在这些启蒙思想家的影响下，平等的概念和理论逐渐被世界所理解和认可。1776 年 6 月 12 日，弗吉尼亚州议会通过了《弗吉尼亚权利法案》。该法案声明：“所有人天生具有相同的自由和独立，并享有某些自然权利。也就是说，享有生活和自由

---

① Arthur O’Sullivan, Steven M. Sheffrin, *Economics* [Z], New Jersey:Prentice Hall, 2013, pp.52, 230.

② 斯宾诺莎：《神学政治论》［M］，商务印书馆 1963 年版，第 219 页。

③ ［英］托马斯·霍布斯：《论公民》［M］，中国政法大学出版社 2003 年版，第 27 页。

④ ［英］约翰·洛克：《政府论》（下）［M］，瞿菊农，叶启芳译，商务印书馆 1964 年版，第 104 页。

⑤ ［法］卢梭：《论人类不平等的起源和基础》［M］，李常山译，商务印书馆 1997 年版，第 63–64 页。

的权利，包括获得和拥有财产，追求和享受幸福与自由的权利。”[①]该声明对美国的《独立宣言》、后续各国的宪法以及世界人权公约都产生了深远影响。同年 7 月 4 日，美国著名思想家和政治家、《弗吉尼亚法案》的主要起草者托马斯·杰斐逊（Thomas Jefferson）在《独立宣言》中写道：“人人生而平等，而上帝授予了人类不可剥夺的权利，包括生命权、自由权和追求幸福的权利”。对《独立宣言》的批准这一行为本身也代表他们赞同一种植根于不可让与和不可改变权利的平等观念。尽管政策可以变化，但是这些权利却是不能破坏的，不会随着不同的社会和时期的改变而改变。美国自建国以来，一直秉承平等这一价值理念，并为此做出了许多努力，主要表现在追求进一步的政治权利平等、机会平等、性别平等、种族平等、教育平等方面。例如，《美国宪法》第 14 条修正案的第一段规定：“没有正当的法律程序，任何人的生命、自由、财产等权利都不得被剥夺；在其管辖范围内的任何人均不得被剥夺平等的法律保护。”[②] 20 世纪 50、60 年代，随着民权运动的进一步发展，平等价值观越来越受到人们的认可。1964 年，《民权法案》颁布，旨在消除因种族、肤色、国籍背景所产生的一切歧视。随着黑人权利运动的发展，1967 年，美国以总统行政命令的形式启动了一项补偿计划，以改善妇女和黑人的社会地位并改善其经济状况，也被称为“平权运动”（Affirmative Action）。1972 年颁布的《第九版教育修正案》明确禁止性别歧视、种族隔离和教育限制。正如美国政治家贺拉斯·曼所说：“教育是实现人类平等的重要手段，其作用远超过任何其他人类发明。”[③]同时，著名教育家杜威说：“民主与平等尊重每个人的价值，并赋予每个人发展才华的平等机会和权利。一个人的价值在于自身，而不在于家庭，出身，种族，肤色或财富，民主的真谛在于以人为本。”[④]

平等作为一种观念、一种精神、一种内在的价值取向深深植根于美国

---

① 王希：《原则与妥协：美国宪法的精神与实践（修订本）》[M]，北京大学出版社 2005 年版，第 8 页。

② [法]托克维尔：《论美国的民主（上卷）》[M]，董果良译，商务印书馆 1997 年版，第 198 页。

③ L. H. Tharp, *Until Victory: Horace Mann and Mary Peabody* [M], Boston:Little Brown and Company, 1953.

④ [美]约翰·杜威：《杜威教育论著选》[M]，赵翔麟，王承绪译，华东师范大学出版社 1981 年版，第 248 页。

人民的心中，成为了美国民众普遍而坚定的信仰，并贯穿在美国社会的政治、经济、文化、社会生活等各个方面。在学校教育中，美国平等价值观传播处处可见其踪迹，更渗透到了学校教育的各科课程中，在社会科课程中体现的更为显著，具体包括政治权利平等、机会平等、性别平等、种族平等、教育平等。这些内容既是社会科课程标准的目标指向，又是社会科教科书内容的内涵。例如，在课程标准方面，《公民与政府学国家标准》指出，美国 K–4 阶段将个人有生命、自由、财产和追求幸福的权利、公共利益、正义、机会平等、多样性、真理和爱国主义等作为学生在此阶段应该了解的民主价值观。同时，该课程要求学生认可并遵循机会平等和法律平等。[①]《马萨诸塞州历史和社会科学课程框架》中指出，“学校必须教授、学习和实践人的尊严和自由、平等权利、正义、法治、文明与真理、对差异的宽容、相互帮助、作为个体与作为公民的责任、独立与自尊等价值”，在“公民理想与实践”方面则明确指出人的尊严、自由、平等、法治、公民的权利与责任、民主共和国、公共利益等价值，解释民主共和政府的重要思想，如人的尊严、自由、平等和法治等价值观的起源和持续影响。[②]在教科书内容方面，四年级教科书《州与地区》中解释“公民权是法律之下平等对待公民的权利。”[③]在美国人庆祝的诸多节日这一章节中，教科书将马丁·路德·金诞辰日作为美国人庆祝的节日来教授，书中将马丁·路德·金描述为：“天生的领导，对核心价值承诺的美国人。”对待种族隔离，他是“愤慨而悲哀，但不愤怒，他是有思想的人和基督徒”，[④]传达了反对种族歧视，追求种族平等的价值观。在佛罗里达州 6–8 年级历史教科书中的“多元文化研究”“世界文化”“世界宗教”章节要求学生理性审视产生对少数群体歧视的原因，并用案例来深入分析其在政治、经济、文化、社会等方面造成何种影响。12 年级的选修课《美国政府》中详细解释了宪政民主怎样通过有限政府和法治平等保护个人权利，界定并举例说明美国政治和公民生活的基本原则和价值观，包括自由、正义、公共利益、平等、

---

① Nation Standards for Civics and Government [EB/OL], http://www.civiced.org/stds.html.

② Massachusetts Board of Elementary and Secondary Education, *Massachusetts History and Social Science Curriculum Framework* [S], Available online at www.doe.mass.edu/frameworks/hss/2018-12.pdf.

③ Michael J. Berson (ed.), *States and Regions [Z], Harcourt,* 2003, p.485.

④ Harry Brighouse, *On* Education *[Z],* Routledge, 2006, p.99.

宽容、法律秩序、个人权利、公民同心协力、爱国主义、宪政主义、人民主权和代议制民主，利用诸如马丁·路德·金《我有一个梦想》《来自伯明翰监狱的信》等分析和解释美国社会中有关自由、平等和正义的思想，并把马丁·路德·金的思想与建国初期的文件如《独立宣言》《联邦党人文集》中的思想进行比较。

三、爱国价值观

爱国主义是一个国家和民族亘古不变的主题，具有鲜明的意识形态性。诚如学者约翰·阿克顿（John E. Dalberg-Acton）所说："爱国主义之于政治生活，一如信仰之于宗教。"[①] 美国作为世界强国，一直注重国民爱国主义精神的培养，并将青少年作为爱国价值观培养的重点对象。

于美国而言，爱国主义是一种历久弥新的文化和价值观。美国的爱国主义文化既有深厚的历史传统，又贯穿于当今社会生活的方方面面。从历史传统来看，受早期殖民地时期的影响，美国形成了开拓进取、富民强国的精神。17 世纪初，北美第一块殖民地弗吉尼亚州在其发展的历程中凝聚着来自欧洲和世界各地移民的勤劳与智慧，他们不断地开拓进取，美国的社会面貌发生着日新月异的变化。同时，在其快速发展与取得举世瞩目成就的同时，也激发了国民强烈优越感与自豪感。美国建国之初，《美国宪法》的序言中提到："我们合众国人民，为建立更完善的联盟，树立正义，保障国内安宁，提供共同防务，促进公共福利，并使我们自己和后代得享自由的幸福，特为美利坚合众国制定本宪法。"[②] 其中，"我们合众国人民"突出了国家共同利益基础，也成为后来美国政治经济生活中经常被引用的文字。作为一个仅有两百多年历史的国家，无论是在政治文化方面，还是在经济科技方面，美国都取得了举世瞩目的成就，成为世界头号资本主义强国。美国政府也因此宣称美国是最民主自由的国家，发挥教育、媒体的渲染与渗透作用，使美国民众相信作为美国公民值得自豪与骄傲。这种自豪与骄傲的幸福感和优越感也正是美国公民爱国主义情感的直接来源。美国政治哲学家约翰·怀特（John White）提到："美国显然比其他国家都优

---

① ［英］阿克顿:《自由与权力》[M]，侯健，范亚峰译，译林出版社 2011 年版，第 231 页。

② James W. Davidson, America:History of Our Nation [Z], Boston:Prentice Hall, 2014, pp. 228, 240, 246.

越，这是显而易见的。正是我们的所作所为，全世界才承认我们是伟大的自由和机会之国。美国是一个光辉的实验，但只有全人类都享有我们美国人享有的自由，这个实验才彻底完成。通过理性爱国主义，美国才能塑造一个大同世界，消除束缚自由和机会均等的制度。”① 美国深厚的爱国主义文化传统体现在社会生活的方方面面，例如，在美国街头随处可见的星条旗。民众会将国旗张贴在汽车上，并配有“支持我们的军队”“上帝祝福美国”等标志性口号。可以说，这实际上反映了美国统治者和大部分民众对自己国家制度的自信和自豪感，从而使其公民形成愿意维护国家利益的坚定信念。同时，美国充分利用一些重大事件的发生地来弘扬爱国主义文化，如免费开放杰斐逊的住宅、华盛顿的庄园等供游客参观，使游客从中感受爱国主义的文化传统。另外，美国政府每年在现代传媒手段上投入大量资金，借助电视、电影、广播媒介，使公民接受更多的爱国主义教育。因此，美国爱国主义价值观传播的举措可谓是全方位渗透进民众生活的方方面面。

基于美国爱国价值观的历史文化传统，美国也将爱国这一政治价值观渗透到学校开设的各门课程中，尤其是社会科课程中的历史和公民学课程。关于公民学课程，不仅有明确的课程标准要求培养学生的爱国价值观，爱国价值观更是在不同学段的教科书中反复出现。例如，多数美国高中都会开设“公民与政府”课程，并遵循公民教育中心制定的《公民与政府学国家标准》开展教学。这一国家标准明确了该课程旨在培养认同美国宪法民主制度的负责任的合格公民，并引导其积极参与政治生活。同时，历史、地理和社会等相关课程也将培养公民的国家认同感作为课程的价值目标。与之相应的，爱国价值观的相关内容在不同学段的教科书中反复出现。1年级教科书《我的世界》第2单元“好公民”共6课时，内容涉及国家和地方首脑、国家的象征。如第6课包括规则与法律、我们的领导人、我们的总统、美国的象征（如秃鹰、国会山、国旗、总统山、华盛顿纪念碑、宣誓词、自由女神等）、好公民形象（具备爱国主义、责任、同情、创新等品质）等5部分内容。其中，无论是对国家象征、国家总统的认知，还是对好公民形象的倡导，无不渗透着爱国价值观。同样，在2年级教科书《我的社区》第2单元“我们的政府”章节中，也有对首脑、国家、州

① 李晓岗：《“9·11”后美国的单边主义与世界》[M]，天津人民出版社2007年版。

政府的系统呈现，还专门设置了“公民自豪的姿态”这一小节，旨在让学生加深对国旗、宣誓词、国歌的认识。此外，教科书还通过榜样、格言和名言教育学生，并配有相应人物的插图和事迹。如 1 年级的爱国榜样是内森·马尔，他领导美国人为反对英国而战斗。3 年级教科书《人民和社区》第一课“美国公民的楷模”中说“好公民是为公共利益而努力”。[①] 教科书将美国第三任总统托马斯·杰斐逊视为爱国主义精神的榜样，赞颂他努力工作，宣扬言论、出版、思想和宗教自由是重要的。与此同时，美国非常重视民族历史教育，通过历史教育培养公民的爱国主义精神和国家认同，树立民族自尊心和自信心是美国爱国主义教育的重要举措。因此，将历史教育与爱国主义教育相融合，历史传统教育就转化成为爱国主义教育，而且是强有力的、深刻的意识形态教育。在教学方法上，遵循学生的认知发展规律，不同学段采取不同的方式手段。小学阶段侧重运用榜样示范的方法，借助英雄人物的事迹来激发学生的爱国主义情怀。中学阶段侧重于重大历史事件的学习，通过历史事件来培养学生民族认同感与自豪感。在教育内容上，历史教育侧重成就史和苦难史的教授。通过成就史的学习，学生会产生强烈的国家认同感和民族自豪感。同时，通过感受美国苦难史使学生深刻感悟到当下幸福局面的来之不易，因此会倍感珍惜。例如，高中历史教科书《美国：通往现今之路》展示美国如何成为世界强国和美国人怎样渡过一系列难关，该教科书指出，美国独立后，许多美国人希望建立共和制的国家，因而需要具备独立、努力工作、节俭、和谐和为社群的利益而牺牲个人需要等美德。关于大萧条时期，其中一节的标题为“美国人齐心协力”，书中写到:“全国人民齐心协力，相互帮助。房客联合起来抵抗房租增加和驱逐。在困难时期，邻居们帮助比自己更困难的人”，并以一个普通妇人帮助乞丐的故事来作为例证。这样好公民的故事在小学的教科书中多次出现。“9·11”事件是美国人的痛，同时也激发了美国人民的爱国热情。不同年级的教材都展示了好公民如何面对这场袭击，以此来激发学生的国家认同与爱国主义情感。[②]4 年级教科书《州和地区》在第 14 章第 4 课第 491 页说明美国成为世界领袖的理由有:“美国有丰富的自然资源

① Michael J. Berson (ed.), *people and community* [Z], Harcourt, 2003, p.116.

② Andrew Cayton, Elisabeth Israel Perry, Linda Reed, Allan M. Winkler, *American: Pathways to the Present* [Z], Person Education, 2005, p.242.

和强大的经济实力。我们的技术和工业在所有国家中是最先进的。最重要的是，美国公民自由决定他们的经济和政府。所有这些因素将有助于美国在未来保持世界领袖的地位”，并引用2001年布什总统的就职宣言：“在漫长的故事里，我们大家共有一方土……一个强国的故事，进入世界是保护而不是占有，是保卫而不是征服。”[①] 所有这些内容和方式都是为了使学生认同历史和公民学教科书传授给他们的美国故事和英雄，从而达到其培养爱国价值观的目的。

第二节　社会价值观：法治、公平、正义

美国社会一直将法治、公平与正义作为社会追求的目标和运行管理的重要原则。正义观念在西方的文明发展史和社会发展史上具有举足轻重的地位。与之相应的，社会公众对公平的追求也达成了普遍共识。而法治作为实现社会公平与正义的有力保障，无疑成为了人们坚定的信仰。法治精神在美国独立和建国初期就已确立形成，并体现在社会生活的各个方面。因此，法治、公平、正义是美国公众普遍认可的社会价值观。

一、法治价值观

美国素来有“法律至上”的历史传统，美国以法治建国，法治精神是美国建国以及日后发展所秉持的根本价值。法治具有最高权威性，自由与平等以法治为前提，政府在法律约束下运行，人们生活中法治处处可见。诚如托克维尔所说：“在美国决不是服从人，而是人服从正义或法律”，[②] 但是以法治著称于世的美国，自身并没有古老、独立的法律文明史。其法律体系在形成与发展的过程中，深受英国普通法、罗马法和自然法思想的影响。美国法的基础是英国普通法，在殖民地时期，英国殖民地居民自动适用英国法。但美国并没有将普通法全部照搬过来，而是加以舍弃并改造。同时，美国法治精神受罗马法的影响，法国资产阶级革命的兴起激发了美国人的亲法热情，这一热情也表现在立法方面，罗马法学家的著作备受推

---

① Michael J. Berson (ed.), *States and Regions* [Z], Harcourt, 2003, p.491.

② ［法］托克维尔：《论美国的民主（上卷）》［M］，董果良译，商务印书馆1997年版，第105页。

崇，亲法派甚至建议以《拿破仑法典》为原本进行立法。虽然美国最终确立了普通法，但罗马法对其产生的影响也不容小觑。因此，在法律建构方面，美国法律体系继承了英国普通法和罗马法。但是对其源头和法治精神进行追溯，古希腊的自然法哲学中对法律与正义关系的阐述则是美国法制现代化的思想来源与发展动力。可以说，在美国历史进程中无不体现着法治传统。1776年，即独立战争爆发一年后，美国宣布脱离英国殖民统治，成立美利坚合众国。美国独立战争历时八年最终取得胜利。在此期间，美国既无总统也无宪法，更不用说一个完善的政府机构。1787年，美国正式起草第一部宪法，其后两年，美国成立了联邦政府，并选举第一任总统。也就是说，美国是先立法而后成立联邦政府，宪法是高于政府的。以及《独立宣言》《美国宪法》等先后颁布的国家文件、历代建国者发表的演讲中无不闪耀着法治精神的光辉。美国社会的法治精神不仅贯穿于制度设计中，也贯穿于普通大众的认识与实践中，成为了人们普遍认同的社会价值观。

基于美国法治精神深厚的历史传统与文化根基，法治理念在社会生活各个方面得以体现。因此，法治教育成为学校价值观教育的重点内容，以培养学生重视社会契约和社会规范、遵纪守法的精神，这也是维持国家秩序、保障个人权益、确保国家安全所必备的价值观。20世纪70年代初，美国开始了法治教育的积极探索，并不断走向制度化。1978年，联邦政府颁布了《法治教育法案》（*Law-related Education Act of 1978*），法案明确了法治教育的内涵与价值目标，阐述了法治教育与法律教育的本质区别。纵观美国法治教育的历史，主要经历三个阶段。第一阶段，重在开展法律文本学习运动，如《美利坚合众国宪法》《权利法案》等国家文本；第二阶段，开始关注现实问题，侧重学习日常生活中的法律；第三阶段，颁布专门法案来推进法治教育开展，使得法治教育逐渐走向制度化，形成了多方协同参与学校法治教育的特色模式。

学校法治教育主要依托社会科课程开展，这一点在社会科的课程标准和教科书中都有明确体现。在社会科课程标准方面，无论是国家标准还是各州标准，无一例外地将法治价值观的学习放在重要位置。例如，1994年出版的《追求卓越：社会科课程标准》中关于“公民理想与实践”方面明确指出人的尊严、自由、平等、法治、公民的权利与责任、民主共和国等价值，并要求解释自由、平等、法治等价值的起源和持续影响。[①] 由公民教育中心制定的《公民与政府学国家标准》明确将法治、宪法等内容作为学生必须要掌握的民主与政治知识，指出美国社会认可机会平等和法律平等的重要性，并将“尊重法律”作为K–12阶段中学生应具备的公民道德，该标准对公民道德做出详细说明，其中关于“尊重法律”有如下表述：“尊重法律，即守法的意愿，即使自己不完全赞同每一条法律；通过和平合法的手段修改自己认为不明智或不正义的法律意愿。”[②] 基于社会科课程国家标准的框架，美国各州的社会科标准也将培养公民法治价值观作为重要目标。如《马萨诸塞州历史和社会科学课程框架》中明确指出，学校必须教、学习和实践人的尊严与自由、平等权利、正义、法治等价值，并在12年级的美国政府选修课中解释法治怎样体现在宪法中。[③] 与国家课程标准不同的是，佛罗里达州的课程标准专门涉及法律课。如9–12年级法律课是让学生认识到美国法律体系是美国社会的基础，为了确保法律有效地发挥作用，让学生了解影响公民生活的相关法律，教授他们基本的民事和刑事司法程序，内容主要包括法律的必要性、美国法律制度的基础、民法和刑法、成人和少年法庭、家庭和消费者法律、犯罪的因果、个人权利和责任、司法系统的就业机会等。

在教科书内容方面，历史、公民学教科书中设置专门的章节来讲授美国宪法及各条修正案，重大历史事件引发的法律变革都在教科书中重点标注，关于法治观念和法律教育，主要体现在历史和公民学教科书中。例如，《美国：我们国家的历史》中关于美国宪法及修正案的介绍长达23页，随后附有20页篇幅的公民手册，介绍美国宪法的理念、结构、原则，以及立法、司法、行政体系如何运行。在《公民学：行动中的政府和经济》中，就包含关于“法案变为法律”程序的讲解，第19章还专门介绍美国社会中重要的法律和法案，包括刑法、民法等，书后附录中将影响美国历史的著名法律判例一一列举，这些无一不向学生渗透美国是一个法治社会，法律

---

① Expectation of Excellence, *Curriculum Standards for Social Studies: Developed by National Council for the Social Studies*, 1998, p.127.

② *Nation Standards for History* [EB/OL], http://www.sscnet.ucla.edu/nchs/standard/toc.html.

③ Massachusetts Board of Elementary and Secondary Education, *Massachusetts History and Social Science Curriculum Framework* [S], Available online at www.doe.mass.edu/frameworks/hss/2018-12.pdf.

无处不在的观念。遵守法律、义务兵役、担任陪审员、依法纳税、接受教育是每个公民参与政治和社会生活的底线要求和基本义务。[①] 初中教科书《今日公民学和你》共设 8 个单元，28 个章节，全书有 10 个章节都涉及法律相关知识。其中主题为"个人、法律和互联网"的第 5 单元详细说明了法定的权利和责任、我们法律的来源、法律的分类、美国法律制度、民法与刑法等内容。3 年级教科书《人民和社区》第 1 课《美国公民的楷模》中说："好公民遵守国家法律，通过投票参与政府治理"。[②] 同时，在 K–12 阶段的社会科教材中，法律、法治、宪法、法院、法官、选票、选举、投票等法治相关概念重复出现，体现了法治价值观在学校教育中的重要性。社会科课程为强化公民的参与技能，在教材中设置实践操作类内容。如 1 年级教科书《我的世界》第 2 单元第 3 课鼓励学生开展投票选举领导人活动，在其他年级也都有相关活动，旨在让学生在实践中强化所学相关法律知识，从而培养学生的法治价值观。美国是教育分权的国家，各州教材内容编排与使用存在较大差异，但是在内容选择的原则与价值目标上是相一致的，即通过介绍和学习美国民主宪政制度来传递与传承法治文化；引导学生逐渐形成美国社会所倡导的法治价值观，以便学生正确应对现实生活中的法律问题，从而真正融入美国社会。

二、公平价值观

在英文中，"fairness""equity""justice"，这三个词在语义上有相似和重合之处，但各自也有其独特的价值意蕴。"fairness"重在表示"公平"，"justice"重在强调"正义"，"equity"侧重于"均等""平等"，是一种数量或品质上的相等，而公平与正义因为更多的涉及价值判断，强调一种主观感受。

公平价值观作为美国社会的核心价值基础，存在着深厚的哲学背景。弗里德里希·哈耶克（Friedrich August Hayek）和约翰·罗尔斯（John Rawls）关于公平与正义的理论深深影响着整个西方社会。在社会形态选择上，哈耶克与罗尔斯两人的思想存在分歧，哈耶克强调起点公平与程序正

① James E. Davis, Phyllis Fernlund, *Civics: Government and Economics in Action* [Z], New Jersey:Prentice Hall, 2009, pp.62-64, 227, 510-529, 718-723.

② Michael J. Berson(ed), *People and Community* [Z], Harcourt, 2003, p.116.

义，并不强求结果公平与社会正义。他坚信只要市场程序正义合法，无论贫富，最终结果均为合理。[①]相反，罗尔斯作为新自由主义的典型代表，他坚决捍卫社会正义，在《正义论》中对这一思想进行了详尽论述，其著名论断“作为公平的正义”（Justice As Fairness）广为流传。罗尔斯在社会契约论的基础上阐述了正义原则：平等自由是第一原则，即倡导基本权利和义务的平等分配；差别原则为第二原则，他认为：“在符合正义原则的情况下，它适合于最低受益者的最大利益，是基于权利与责任存在一定差异的前提下而进行的相对公平的收入与分配原则。”公平正义在罗尔斯看来是作为社会制度的首要价值来加以肯定的。[②]在哈耶克与罗尔斯政治哲学影响下，许多学者都对“公平”这一理念进行了阐释和论述。美国学者亚历山大（Alexander K.）也对公平理念作出了相关阐述，在他看来，公平可分为四类，即交换公平、分配公平、补偿公平和结果公平。其中，交换公平与哈耶克程序正义不谋而合，倡导赋予每个人平等的权利，但又不破坏市场的规则。结果公平即为实质公平，这一观点来源于罗尔斯的社会正义理论，认为通过适度的政府干预手段来帮助极少数弱者是合理且公平的，所需资金应由政府提供。同时，分配公平与补偿公平是介于交换公平和结果公平之间的，分配公平与交换公平相近，补偿公平与结果公平相近。[③]美国学者罗伯特·伯恩（Robert Berne）和利安娜·斯蒂菲尔（Leanna Stiefel）立足教育财政公平，提出了关于公平理念的另一维度的分类。在机会平等的限制性条件下，他们将财政公平分为两大类，即横向公平与纵向公平。[④]

基于以上对公平理念的哲学分析与维度梳理，在实践层面上，当代美国社会公平理念的实践主要体现在落实和推进社会保障制度以及教育公平方面。1935 年《社会保障法》（*Social Security Act*）的通过标志美国社会保障制度初步建立，经过数十次修正案的颁布，当前美国社会保障制度已覆盖社会生活的方方面面，形成了涵盖政府强制保障、企业和雇主保障、商

① 顾肃：“当代西方政治哲学中的社会公正理论”［J］，《河北学刊》2007 年第 6 期。第 38–44 页。

② ［美］约翰·罗尔斯：《正义论》［M］，何怀宏译，中国社会科学出版社 1988 年版，第 60–61 页。

③ Alexander K, *Concepts of Equity* [Z], University of Illinois Press, 1982, pp.193-214.

④ Berne, R, *The measurement of equity in school finance: Conceptual, Methodological and Empirical dimensions* [M], Maryland:The Johns Hopkins University Press, 1982, pp.16-17.

业保障以及社会慈善事业保障四个层级的巨大网络，有人形象地把它总结成“从摇篮到坟墓”的制度。在教育方面，教育公平也是教育民主化的目标。第二次世界大战之后，教育公平问题越来越受到公众的关注，教育公平主要体现在三个方面，即机会、过程和结果公平，这三个方面依次递进、层层深入。20 世纪 90 年代，美国基本实现了教育机会公平，在此基础上，教育结果公平是教育民主化追求的新目标。2001 年颁布的《不让一个孩子掉队》法案指出：“从此刻起，美国学校将走上一条全新的改革之路，一条关注结果的改革之路。”[①] 教育改革开始面向更大的群体，更加重视每个学生的教育，而不再限于精英人才的培养。《2002–2007 年教育发展战略》中也指出下一步改革要更加关注低收入家庭的学生，旨在提高低收入家庭学生的成绩。[②]

同时，公平作为一种美国社会主流价值观，其重要性也体现在社会科课程标准与教科书内容的编排中，各州都将公平作为一种学生必须了解与具备的目标性的社会基础价值观。在课程标准方面，《马萨诸塞州历史和社会科学课程框架》的“公民与政府学”部分指出，4–5 岁的儿童应能列举说明权威、公平、正义、责任、规则等概念。[③] 科罗拉多州《经济学课程标准》“公共政策”部分要求学生了解住房改革、医疗保险和政府预算等公共政策。[④] 马塞诸塞州 12 年级《经济学课程标准》“政府的作用”部分明确指出，学生将明确政府在市场经济中的作用是提供公共物品与服务、收入的再分配、财产权的保护和市场失败的解决；解释政府通过提供公共产品和服务回应社会需要，说明政府的目的不仅仅是追求经济效率；分析政府怎样利用税收和财政政策促进价格稳定、完全就业和经济增长。在教科书内容方面，公平价值观内容贯穿 K–12 阶段社会科课程教学全过程。在

---

① ［美］梅拉·莱文森：《不让一个公民掉队》［M］，李潇君，李艳译，人民出版社 2016 年版，第 202–209 页。

② 美国联邦教育部：“美国教育部 2002–2007 年教育发展战略”［A］. 吕达，周满生：《当代外国教育改革著名文献（美国卷·第四册）》［C］，人民教育出版社 2004 年版，第 216–232 页。

③ Massachusetts Board of Elementary and Secondary Education, *Massachusetts History and Social Science Curriculum Framework* [S], Available online at www.doe.mass.edu/frameworks/hss/2018-12.pdf.

④ *Colorado Model Content Standards for Economics* [EB/OL], http://www.cde.state.co.us/cdeassess/documents/OSA/standards/econom.html.

小学教科书中，主要通过榜样、格言和名言来使学生了解公平价值观。例如，1 年级教科书《我的世界》第 68 页向学生指出：“好公民的品质包括爱国、责任、公平、同情、独创性等”，其中，选择埃莉诺·罗斯福（Anna Eleanor Roosevelt）作为学生学习公平价值观的榜样，她相信所有人应得到公平对待，与其他国家的领导人一起帮助改善世界人民的生活。①2 年级教科书同样将公平作为好公民应具备的品质，公平的榜样是苏珊·安东尼（Susan Brownnell Anthony），她因为反对不公正的法律而受到尊重，为妇女获得投票权而奋斗。其名言是“独立是幸福”。②3 年级教科书《人民和社区》第一课《美国公民的楷模》中说：“好公民遵守国家法律。他或她相信自由、公平与正义是重要的。”其中，选择马丁·路德·金作为公平价值观的榜样，文中提到，他反对不公平的法律，鼓励追随者保持和平。③初中教科书《今日公民学》在“公民与企业责任和义务”部分提到，公民作为企业经营者对消费者、所有人、雇员和社群负责，要公平对待所有消费者，对雇员要提供安全的工作场所，对所有雇员要公平和非歧视地对待。④

三、正义价值观

正义，是人类文明的尺度，也是进一步推进人类发展和社会进步的根本价值标准。美国社会一直将正义作为社会追求的重要目标。美国的正义价值观受西方正义理论的影响，在其后的发展过程中，形成了有关正义理念的丰富理论成果。

正义观念在西方文明的发展史和社会发展史上具有举足轻重的地位，众多思想家都对正义这一理念进行了深刻阐释。早在两千多年前，苏格拉底在面对正义这一命题时就与人们展开激烈的讨论。柏拉图认为正义分为两类，即国家正义与个人正义。在国家正义层面，他认为正义首先是一种社会秩序，在城邦范围内，虽然公民的身份地位不同，但都必须遵守一种符合自身身份地位的美德，公民共同遵守的规则即为国家层面的正义；在

---

① Michael J. Berson (ed.), *About My World* [Z], Harcourt, 2003, pp.66-71.

② Michael J. Berson (ed.), *Our community* [Z], Harcourt, 2003, p.98.

③ Michael J. Berson (ed.), *People and community* [Z], Harcourt, 2003, p.116.

④ Richard C.Remy, John J. Patrick, et al., *Civics Today: Citizenship, Economics and You,* The McGraw-Hill Companies, 2003, pp.492-494.

个人正义层面，他将正义作为一种最高境界的美德，并将其与智慧、勇敢、节制视为“四主德”。[①]霍布斯所倡导的正义则基于契约精神，他认为只有遵守契约才能实现财产权的真正自由。“正义的本质在于遵守有效的盟约，直到建立足以迫使人们遵守盟约的社会权力，盟约的有效性才会实现，而所有权也将在此时实现。”[②]洛克指出：“没有财产权，就没有所谓的正义。”[③]法国思想家孟德斯鸠在给友人的通讯中多次阐述了关于正义的理论，他借助于对一些阿拉伯居民的风俗礼仪的叙述，表达了永恒正义法则与人的正义之心和正义美德之间的关系，如在寄给友人郁斯贝克的信中谈到：“正义之感，乃是与生俱来的人的特有的品质。”[④]康德也对正义的重要性作出论述，指出若公平与正义消失，那么人类也将没有存在的理由。[⑤]黑格尔的正义观强调个人自由要服从于国家权威而达到对于秩序和权威的崇拜。[⑥]

受古代和近代西方思想家正义理论的影响，美国从建国之初就将正义价值观作为社会追求的价值目标。在美国宪法的序言中就强调了正义、普遍福利和保障自由的重要性。效忠誓词宣称，共和国保护全体国民的自由和正义不受伤害。当然，美国思想家们也形成了关于正义理念的丰富理论成果。罗尔斯在《正义论》的开篇写道：“正义之于社会体制，诚如真理之于思想体系，皆为第一美德。”他指出，社会制度的首要价值就是正义，假若正义消失殆尽，那人类的生存将再无价值。他将正义理解为“作为公平的正义”，在一个民主社会之中，正义保障公民的平等与自由权不受侵犯，它高于一切政治交易与社会利益。在罗尔斯之后，美国政治哲学家迈克尔·沃尔泽（Michael Walser）在其代表作《正义诸领域：多元文化主义与平等一辩》（*Spheres of Justice: A Defense of Pluralism and Equality*）中提出了一种以公共理解的社会意义为基础的正义论，将社会的善与社会利益的

① ［古希腊］柏拉图：《理想国》［M］，郭斌和译，商务印书馆1986年版，第154–155页。

② ［英］霍布斯：《利维坦》［M］，黎思复，黎廷弼译，商务印书馆1985年版，第109页。

③ ［英］约翰·洛克：《政府论》［M］，叶菊芳，翟菊农译，商务印书馆1992年版，第98页。

④ ［法］孟德斯鸠：《波斯人信札》［M］，罗大冈译，人民文学出版社2015年版。

⑤ ［德］伊曼努尔·康德：《法的形而上学原理》［M］，沈叔平译，商务印书馆1991年版，第165页。

⑥ ［德］黑格尔：《法哲学原理》［M］，范扬译，商务印书馆1961年版，第253页。

分配作为实现社会正义的关键性因素。[①] 阿拉斯代尔·麦金泰尔（Alasdair Chalmers MacIntyre）倡导社群主义正义论，认为正义既是人的首要德性，也是建立社会秩序的基本原则。实现正义的关键在于践行内在的美德，而不在强化外在的规范。无论对于社会还是个人，正义的实现在于实现各种美德。[②]

正义价值观贯穿于美国学校教育的始终，也全面体现在社会科课程的教学与实践中。在课程标准方面，无论国家标准还是州标准都有关于正义价值观的明确规定。例如，由公民教育中心制订的《公民与政府学国家标准》中明确指出，“美国民主的价值观包括个人有生命、自由、财产和追求幸福的权利、公共利益、正义、机会均等、多样性、真理和爱国主义”。[③]《马萨诸塞州历史与社会科学课程框架》中指出：“学校必须教、学习和实践人的尊严和自由、平等权利、正义、法治、文明与真理、宽容、公民责任、独立与自尊等价值。4–5 岁的儿童能举例说明权威、公平、正义、责任等概念。在 12 年级的选修课程《美国政府》中要求学生能够界定和举例说明美国政治和公民生活的基本原则和价值观，包括自由、正义、公共利益、平等、法律秩序、个人权利等。通过马丁·路德·金的演讲《我有一个梦想》《来自伯明翰监狱的信》等文献，分析和解释在美国社会中有关自由、平等和正义的思想。”[④] 与之相应，社会科教科书贯彻课程标准中的要求也体现在小学到高中的教科书内容中，每个年级都有关于正义价值观的内容。例如，3 年级教科书《人民和社区》第 1 课《美国公民的楷模》中提到：“好公民遵守国家法律，通过投票参与政府治理。他或她相信，自由、正义是重要的。这些是美国建立的思想基础。”[⑤] 教科书《美国：通往现今之路》展示美国如何成为世界强国，并将美国描述为民主与自由的化

---

① ［美］迈克尔·沃尔泽：《正义诸领域：多元文化主义与平等一辩》［M］，褚松燕译，译林出版社 2002 年版，第 20 页。

② ［美］麦金泰尔：《谁之正义？何种合理性？》［M］，万俊人等译，当代中国出版社 1996 年版，第 56 页。

③ *Nation Standards for History* [EB/OL], http://www.sscnet.ucla.edu/nchs/standard/toc.html.

④ Massachusetts Board of Elementary and Secondary Education, *Massachusetts History and Social Science Curriculum Framework* [S], Available online at www.doe.mass.edu/frameworks/hss/2018-12.pdf.

⑤ Michael J. Berson (ed.), *People and Community,* Harcourt, 2003, p.116.

身和正义的力量。在《公民学：行动中的政府和经济》中，正义与自由、平等一起，被列为美国三项最基本的价值观。美国中小学生每天上课前集体诵读的《效忠誓词》中突出强调了正义与自由的价值观，“我宣誓效忠国旗和它所代表的美利坚合众国。在上帝庇佑之下，这一国家统一而不可分割，人人享有自由和正义的权利。”每部社会科教科书的附录都包含《效忠誓词》的创作背景和原文，这些都足以证明正义价值观在公民教育体系中的重要地位。“为正义而战”也是历史教科书中阐释众多历史事件发生的原因和基础，如《美国：我们国家的历史》第 19 章第 4 节内容以“为正义而战”为题，呈现了非洲裔、墨西哥裔、亚裔及宗教少数群体在美国社会寻求正义之路。第 26 章整个章节为 20 世纪 40–70 年代的公民权利运动内容。教科书还以人物塑造的方式，将 W.E.B. 杜波依斯、马丁·路德·金等民权运动领袖宣扬为正义精神的化身。《美国历史》《世界历史》中也相同内容的阐述。[①]

第三节　文化价值观：多元文化、个人英雄主义

美国是一个移民国家，移民文化的多样性决定了价值观的多元性。价值相对主义、多元文化主义、宗教多样性以及全球化、信息化的时代背景进一步深化了价值观多元并存的现实。另外，个人英雄主义是美国文化的重要组成部分，是伴随着美国历史的发展而逐渐形成和发展起来的，并最终成为了美国精神文化的核心。

一、多元文化价值观

“多元文化”这一术语由来已久，20 世纪 20 年代就已出现。然而，长期以来，它既无特定内涵，更无明确定义。英国学者 C.W. 沃特森（Conrad William Watson）对其进行系统考察之后，认为它“首先是一种历史观，其次是一种文化观，再次是一种价值观，同时还是教育理念、公共政策及其意识形态”。[②] 多元文化价值观作为美国社会倡导的民主价值观，有其深厚

① Emma J. etc. *United States Hisotry* [Z], New Jersey:Prentice Hall, 2013, pp.914-945.

② ［美］C.W. 沃特森：《多元文化主义》［M］，叶兴艺译，吉林人民出版社 2005 年版。

的历史、理论与现实基础。

历史基础源于美国种族和族裔的多样性。美国是一个由移民构成的国家，移民的多源性构成了美利坚民族的多元性，而社会多元性又构成了美国的多元文化。可以说，美国移民国家的现实国情决定了其文化上的多元共生，有人形象地用“马赛克”“色拉碗”等代名词来形容美国社会。尤其是在20世纪60年代中期，美国出台了《1965年移民法》(*The Immigration Act of 1965*)之后，大量政策也相应变化，改变过去对有色人种的歧视，因此，大量移民再次涌入美国。美国的少数族裔中，非裔美国人不再是最大群体，西班牙裔、亚裔与拉丁裔比例不断增加。其中，最大少数族裔群体为西班牙裔美国人，增长速度最快的少数族裔群体为亚裔美国人。美国也因此成为世界上移民最多的国家。移民带来了其本民族的文化信仰和价值观念，同时也增加了对多样化文化的需求，文化多元成为美国文化的整体特征，多元文化教育也成为美国学校教育的必然选择。

理论基础来自于犹太籍哲学家霍勒斯·M. 卡伦（Horace M. Kallen）的“文化多元主义”。20世纪20年代，卡伦从民主的角度，在批评“熔炉论”的基础上，提出了文化多元论。内森·格莱泽尔（Nathan Glazer）以文化矛盾与冲突为出发点，着重分析了美国多元文化主义的实在性，并承认多元化社会是美国人所面对的现实，是必须正视和认真对待的。卡伦的文化多元主义思想是其后多元文化主义思想的重要来源，二者都是对传统一元同化思想的挑战。二者虽包含相似思想元素，但决不能直接等同。

现实基础源于20世纪60年代兴起的具有代表性的美国黑人民权运动。以反对种族歧视和争取种族平等为主题的民权运动是美国多元文化教育兴起的现实因素。种族歧视是美国历史上长期存在的问题，例如，南北战争之前的蓄奴制度，南北战争之后长期存在的种族隔离政策。19世纪40年代中期颁布的《联合国教育、科学及文化组织（教科文组织）章程》(*Constitution of the United Nations Educational, Scientific and Cultural Organisation*，简称UNESCO）依然承认种族隔离政策的合法性，历经十年，迫于国际舆论压力这一政策才被废除。19世纪60年代，民权运动爆发并通过了《民权法案》，该法案明确规定种族隔离、歧视少数族裔和妇女均为违法行为。在此之后，联邦政府颁布了一系列法律法规，旨在消除种族歧视，并为少数族裔、妇女、难民、移民等弱势群体提供保障与援助，主要体现为在生活、学习、就业等方面提供政策及财政保障。如 1965 年颁布的《平权法案》，1968 年颁布的《教育总则法》《双语教育法》，1972 年颁布的《民族传统法》，这些政策法案都无形中承认了语言的多样性和文化的多元性。1977 年国家教师教育认证委员会（National Board of Teacher Education Accreditation）通过了《多元文化教育标准》，并于 1979 年正式实施，这是促进教师教育领域多元文化教育发展的重要举措。经过一系列的民权运动与教育改革，多元文化教育在美国各级各类学校中蓬勃开展。

基于上述历史、理论、现实国情，在学校教育中贯彻与开展多元文化价值观教育已然成为美国教育改革发展关注的重要问题。在课程与教学方面，形成了以詹姆斯·班克斯（James Banks）和卡尔·格兰特（Carl A. Grant）为代表的课程教学模式。班克斯关注课程建设，基于其对多元文化教育的理解与研究，提出了贡献取向、附加取向、转型取向与社会行动取向四种课程建设模式。格兰特关注教学组织，提出单一群体模式、人际关系模式等教学模式。二者的教学模式虽各有侧重点，但其目标指向具有一致性。基于此，多元文化价值观教育依托学校社会科开展和渗透，无论是课程标准的设置，还是教科书内容的编排，都涉及各族群平等享有文化认同权、社会公平权和经济受益需求，尊重文化的个性和差异性，种族宽容和包容等相关内容。例如，在社会科课程标准方面，1994 年由全美社会科委员会制定的《追求卓越：社会科的课程标准》将教学内容划分为十个主题，其中“文化”被列为第一主题，这一主题涉及不同文化的共同特征、文化的相容、信仰的作用等内容，旨在让学生理解不同的文化传统。[①]《公民与政府学国家标准》也有关于“文化与文化多样性”的明确阐述。与国家标准相一致，各州社会科课程标准也蕴含和渗透着大量多元文化教育的要求。例如，在学习历史与文化的内容方面，佛罗里达州高中开设三门课程：“西方文明”“多元文化研究”和“世界宗教”，这些课程给学生提供机会去理解美国多元文化，使学生能从不同文化群体的视角来解读历史和当前事件。怀俄明州社会科标准在“文化多样性”方面要求 K–4 年级学生能够说明文化影响人类的需求以及他们所关注的事情，5–8 年级学生能够描

---

① Expectation of Excellence, *Curriculum Standards for Social Studies: Developed by National Council for Social Studies* [S], 1988, pp.21-30.

述文化多样性和文化的相互依存，11 年级学生能够解释不同文化对社会的影响。美国各州课程标准都旨在培养学生多元文化意识，使学生在理解本国历史文化的同时能够欣赏世界文化的共同特征和多样性。

在教科书内容方面，理解和欣赏美国及世界多样文化也是社会科课程内容设置的价值目标。例如，学校从 1 年级就让学生明确文化的概念，认识美国文化的多样性，以及不同的习俗和宗教。教科书《我的世界》第 4 单元第 6 课教授学生“我们是美国人，虽然我们来自世界各地，我们感受着不同的习俗和做事的方式，我们也分享着美国共同的习俗，我们都是美国人”，并配有三幅插图（一个白人男孩，一个亚裔男孩，一个西班牙裔女孩），插图中，三个孩子单手捂胸，面朝国旗，做起誓状。[①] 在《公民学：行动中的政府和经济》中，第 1 章就提出“谁是美国人”这一问题，引发学生思考时代要求的核心价值观是什么，并在第 2 节中以“美国：文化的马赛克”为标题，用“马赛克”代替“熔炉”，突出了每个种族、族群都是构成美国这一国家的重要组成部分。种族、移民、宗教等问题贯穿于美国 200 多年的历史进程中。如在《美国：我们国家的历史》《美国历史》中，关于印第安人和印第安文化有多处介绍。[②] 移民文化更是作为历史教科书中不能回避的重要内容在多个章节中阐述说明。同样相关的内容在其他各年级的教科书中都有不同形式的呈现。不过，美国社会科课程虽然教育学生尊重差异性，但仍是以统一性为基础的。在多元文化并存的美国社会，如何使公民形成一种统一的美利坚国家和民族认同，是建国以来政府和政治家们一直面对的挑战。教科书更是不遗余力地通过各种方式向学生传递统一的国家认同，增强爱国主义教育和民族自豪感教育。《美国：我们国家的历史》将美国的国家象征——国徽置于教科书正文之前的显著位置突出展示，其中特别强调国徽“代表了一个新的国家以及她的创立者的价值观”，国徽正面仅有的拉丁文字“合众为一”意为团结统一。因而，多元文化共存基础上的统一民族认同是一直以来美国政府追求的国家理想。教科书中也有关于移民同化、公民入籍宣誓仪式等相关内容更为具体的阐

① Michael J. Berson(ed.), *About My World* [Z], Harcourt, 2003, pp.142-145.

② Emma J. etc. *United States Hisotry* [Z], New Jersey:Prentice Hall, 2013, p.498.

释。[1]

二、个人英雄主义精神

托马斯·卡莱尔（Thomas Carlyle）指出："英雄崇拜是对一个高贵的神似的人发自内心的炽热而无限的敬慕和服从，是人类最高贵、最神圣的感情，影响人的整个一生，社会是建立在英雄崇拜基础上的。"[2]英雄主义是在人类社会对生命的自身价值与意义的探寻过程中逐渐形成的，是一种具有集体意识性质的精神文化价值观。存在主义哲学认为，英雄主义首先而且永远是对死亡恐惧的一种反应，从心理与精神需求层面来看，人们在面临未知与死亡恐惧时会形成一种被保护和救助的本能渴望，在此情况下，拥有卓越才能的人会以英雄的形象出现并担此大任。个人英雄主义是美国文化的重要组成部分，伴随美国历史发展而逐渐形成。究其本质，它是一种英勇无畏的精神，一种致力于实现民族事业和个人理想的英雄文化。美国英雄所呈现的形象侧重强调个人的无限力量、一定程度上弱化了集体的力量。

美国的个人英雄主义精神有其深厚的社会历史与思想文化渊源。首先，美国个人英雄主义植根于西方英雄文化的土壤。由于社会历史原因，美国文化无形中继承了欧洲的文化传统，可以间接追溯到古希腊文明和希伯来文明，这些熠熠生辉的文明中饱含了西方英雄主义和众神文化。美国个人英雄主义价值观正是在这样的文化土壤中继承和发展起来的。其次，美国个人英雄主义源于其宗教文化中的救赎主义。作为一个基督教国家，宗教文化是个人英雄主义思想产生的重要因素。最先到达美洲的英国移民均为清教徒，他们忠实地接受了上帝选择论并相信圣经所言，人类总会在纷繁复杂的世界中迷失自我，需要圣洁的神来指导和救赎，英雄们必须肩负拯救世界和保护人类的重担。在这种宗教文化的影响下，美国人坚信自己是上帝的选民，他们的人民是世界上最好的人民，他们有义务和责任使他国人民免于遭受苦难。因而，个人英雄主义的价值观在美国根深蒂固，无论是民族行为还是个人行为都渲染着强烈的救赎主义色彩。再次，个人英雄

---

① James W. Davidson, *America: History of Our Nation* [Z], Boston:Prentice Hall, 2014, pp.627-631.

② ［英］卡莱尔:《卡莱尔演讲集》[M]，张峰译，上海三联书店1988年版，第18–21页。

主义是个人主义价值追求的集中体现。个人英雄主义充分反映了美国文化中自我依靠、自我奋斗、自我成功的内涵。乘坐“五月花号”到达新大陆的清教徒们试图摆脱宗教迫害，开辟一片新的天地。面对未知的环境，艰难的处境，生存都成为极其艰难之事。创建美国疆土的先驱者们追求独立与自由、勇于克服艰难的奋斗精神鼓舞着一代代美国人，这正是美国个人英雄主义的雏形。其后的西进运动进一步发展了美国个人英雄主义文化。人们将投身于西部开发的奋斗者们视为英雄，他们为国家的发展奉献出自己的力量，个人英雄主义文化的发展到达高潮。因此，个人英雄主义文化价值观贯穿于美国历史发展的始终，也逐渐发展成为美国文化的精髓与灵魂。

美国一直以来以自由、民主自居，个人英雄主义价值观被正大光明地强调和渲染，在学校教育中亦是如此。纵观不同学段的社会科教科书，均通过列举不同领域的英雄及其事迹来彰显这一价值观。因此，个人英雄主义不仅是一种文化价值观，也是一种价值观教育的方式。例如，1 年级教科书《我的世界》就对英雄这一概念进行了解读，“英雄”即“做了勇敢或主要事情的人”，并配有美国消防队员的插图。第 5 单元第 7 课《英雄的荣耀》列举了 11 名涉及不同领域的英雄（五女六男）及其事迹，如政治家、军人、法官、发明家和运动员等。如本杰明·富兰克林，“我们国家伟大的领导人，他帮助起草了今天我们国家遵循的规则”；玛丽·皮切尔为自由而战，她给口渴的士兵水，也帮助战士开炮；简·亚当斯在芝加哥开办社区中心，国外移民可以在这里学习英语和工作技能；乔治亚·华盛顿·卡弗向农民说明花生种植可以改善他们的土壤；莱特兄弟对飞机制造感兴趣，他们一起制造和驾驶了第一架飞机。2 年级第 5 单元第 4 课《歌颂过去的英雄》介绍了 6 位英雄，涉及不同领域，兼顾不同种族。[①] 相关内容与学习的方式不仅贯穿于小学社会科教科书中，在中学教科书中也同样出现。如高中公民学教科书中插有“公民肖像”的方框中呈现了众多“好公民”的形象，列举了各个领域的杰出英雄，既有为国家独立与富强作出突出贡献的国父们，也有为普通大众提供服务的社区工作者、教师、警察、消防队员等。社会科课程通过这些英雄人物的事迹和对个人英雄主义的颂

① Michael J. Berson(ed.), *About My World* [Z], Harcourt, 2003, pp.66-71.

扬，激发学生不懈努力、奋发向上的精神。

第四节　道德价值观：诚信、尊重、责任

教育的目的是把人培养成为有道德的人，追求道德上的完美及其公民责任是美国学校的核心使命。美国作为一个世界超级大国，诚信是维持其社会运转的重要价值观，同时，“尊重”和“责任”是美国学校教授的最基本的道德价值，在品格教育等思想的影响下，在以往传统的“3R”（Reading，wRiting，aRithmetic）教育基础之上，提出了“5R”（Reading，wRiting，aRithmetic，Respect，Responsibility）教育，即“读、写、算、尊重和责任”，由此可见，尊重与责任作为学生应当具备的基本道德价值观，成为美国学校培养好公民的重要指标。

一、诚信价值观

诚信是“诚实”与“守信”两者的有机统一，诚实是基础，守信是价值目标与结果。诚信是人们对自身与他者的要求与规约，强调诚于内心，化于外行，究其本质，内在表现是一种价值取向，外在呈现于道德规范与行为准则。

在人类社会的发展进程中，诚信逐渐成为一种人类社会普遍认同的社会规范。随着人类文明的进步，诚信价值观逐渐被伦理化与制度化。在伦理层面，它作为一种社会伦理思想引导人们的社会行为；在制度层面，它已然成为一种集道德与法律于一体的制度体系。美国作为一个法治国家，有着相对较高的社会诚信度。与之相应，在教育领域也形成了诚信教育的完整体系。美国的诚信教育具有法治化特色，溯其根本，这种法治精神主要源于西欧的文化传统。美国以法立国，法治思想在国家成立之初便成为主导思想，并在国家发展历程中逐渐鲜明起来，最终形成完善的法治制度。

众所周知，美国文化源自古希腊和古罗马的西方文明，西方文化中所蕴含的诚信价值观对美国社会有着深厚的影响。现实层面，美国诚信精神源自西方商品经济的形成与发展。精神层面，美国诚信精神深受西方基督教文化的影响——基督教文化中倡导立约精神。《圣经》中呈现大量与“立约”相关的故事，如亚当与上帝之约、大卫之约，这些约定正是人类最初

对上帝的诚信，这一诚信精神体现为人类存在于现实世界，必须遵守上帝的旨意，按照上帝的旨意行事。由此，西方诚信传统得以形成，这也正是美国诚信精神的重要来源之一。其次，美国本土文化中渗透的契约精神也是其诚信价值观的重要来源。17 世纪初，英国清教徒为摆脱宗教压迫、实现新教理想而远渡重洋，到达北美新大陆。因此，清教思想从一开始便在美国的政治体制、文化体系、社会生活等诸多方面发挥主导作用。清教文化与新教文化是美国精神产生的直接推动力量，在其后与资本主义精神的融合发展中催生了个人主义、实用主义、法治精神等美国主流价值观。20 世纪的政教分离以及新的国家体制也丝毫未减轻宗教对社会发展的作用。清教徒一直将诚信、公正等教义作为最基本的美德与原则。托克维尔曾在《论美国的民主》中这样描述美国清教徒的诚信观："最能振奋美国人激情的是商业激情，他们喜欢秩序井然，他们特别重视遵守信誉，因为信誉是营业兴隆的基础。"① 马克思·韦伯引证富兰克林的话并在其著作中进一步论证："信用就是金钱，除了勤奋与节俭，再没什么比得上任何一次交易都守时与公正更有助于年轻人功成名就。"② 这种实用主义的富兰克林式诚信观是美国人普遍认同的道德价值观，带有鲜明的功利主义色彩。同时，新教教义更加倡导诚信精神，他们坚守与上帝的约定并坚信上帝的诫命，即人类应该诚实守信、勤劳节俭，并通过自身努力取得成功，以此来捍卫上帝的荣耀。这是一种理性积极的人生价值观，倡导在人类生产与活动中，都应将诚信精神作为一种正当的善德来追求，因为那是上帝的救赎与赐福。

基于上述多种因素的影响，美国学校也尤为重视诚信价值观教育，在不同历史时期形成了独特的诚信教育思想。"二战"前，德国教育家赫尔巴特倡导对学生进行权威化管理，认为开展道德教育既要发挥宗教的权威作用，又要迎合工业社会的发展需求。他主张宗教教义中关于人的原罪论，强调可借助适当的惩戒与威胁手段来激发学生的恐惧心理，以此来开展诚信教育与管理。赫尔巴特的这一思想强调了宗教对道德教育的重要作用，主张增强宗教教义对人类行为的约束力，是美国学校诚信教育的思想来源

---

① ［法］托克维尔：《论美国的民主（上卷）》［M］，董果良译，商务印书馆1997年版，第188页。

② ［德］马克思·韦伯：《新教伦理与资本主义精神》［M］，彭强，黄晓京译，陕西师范大学出版社 2002 年版，第 98 页。

之一。19世纪末，美国社会功利主义盛行，资本家不顾伦理道德攫取利益，疯狂进行掘金行动，与之形成鲜明对比的是，在经历着贫困与疾病等困扰的社会底层群体中犯罪事件频发，美国社会公民道德素质面临危机。面对这一状况，著名教育家约翰·杜威认为教育是改变社会道德失衡现象的根本方法，而教人诚实守信、负有责任是道德教育的最终目的。他认为学校不应就诚信教育单独设科，而是应将其渗透到学校教育的方方面面，无论是通过课堂教育还是课外活动，使学生在潜移默化中获得诚信这一道德品质。他强调诚信教育更应在实践中进行，例如借助经常性的校园实践活动开展诚信教育，帮助学生在实践活动中培养诚实品质，同时，借助社区实践活动来检验教育的成效。

在具体的教育实践中，美国学校主要依托社会科课程来教授与传递这一价值观。例如，在课程标准方面，由公民教育中心制订的《公民与政府学国家标准》中明确指出，诚实是学生必须养成的公民道德与品质。各州课程标准也贯彻了国家标准中的相关规定，例如，《马萨诸塞州历史和社会科学课程框架》中的“公民与政府学”与《公民与政府学国家标准》关于诚信价值观教育的内容标准相一致。如1年级能列举说明礼貌、成就、勇气、诚实、可靠的意义；2年级能界定和举例说明作为公民的学生在学校所享受的权利，能举例说明学校和社区的好公民，列举其受人尊敬的品质，如诚实、谦逊、可靠等。在教科书内容呈现方面，《我的社区》第2单元提到“好公民应具备爱国主义、诚实、公平、责任、勇气、同情等品格”，利用榜样教育学生成为好公民，每个榜样都附有其相应的道德品质、个人事迹和名言箴言。同时，某一些州政府还单独设立节日来弘扬诚实这一宝贵精神，如威斯康星政府将5月2日设为“诚实节”，“诚实节”又叫“不说谎纪念日”，是为纪念和弘扬一个8岁的孩子为保持诚实的品格而英勇牺牲的精神而确立的。在社会科教科书中呈现这一内容，旨在培养学生的诚实品质与精神。

二、尊重价值观

尊重作为一种道德价值观，它包含了个体对自身、他人以及社会的尊重。美国作为一个移民国家，在两百多年的历史中之所以能够快速崛起并发展繁荣，尊重差异、包容含纳是其中的关键因素。因此，美国将尊重价值观视为社会发展的前提与基础，并体现在社会发展的各个领域，在学校教育方面尤为凸显。

尊重这一价值观贯穿于西方文化的始终。雅典城邦作为一个古希腊奴隶制国家，其城邦内公民享有一定的民主与自由，自由、开放的价值观也体现在教育领域，雅典的学院教育因此而产生。一些思想家和哲学家开始思考人在自然界中的地位，他们认为人是世间万物的中心，这种思想彰显对人的尊重。普罗泰格拉作为智者学派的代表人物，提出了"人是万物的尺度"[①]这一重要论断，他认为受教育权是人类的基本权利，人人应平等享有。苏格拉底认为"真理潜在于人们的内心"[②]，教育的作用在于唤醒人们内心的自我意识，从而激发人们追求真理的愿望，这是一种引导式教育而非机械性传输。苏格拉底在教学方法层面也有相同理念，他提倡借助对话与交流来启发诱导学生，这就是著名的"助产术"理念。究其本质，这一教育理念充分体现了对人的价值的尊重，是对人的主体作用的肯定，尊重主体的存在与实践行为。

在欧洲，文艺复兴运动的兴起标志着受教会统治的欧洲中世纪的终结。从此，解放人性、呼吁个体实现自我价值的人本主义思想达到顶峰。众多启蒙思想家在与教权的斗争中形成和发展了他们的思想，提出要尊重学生的独立人格，尊重学生的身心发展规律，鼓励学生的个性化发展，倡导因材施教。例如，法国哲学家卢梭在其著作《论人与人之间的不平等起因和基础》中详细论述了"尊重的起源"，他认为，尊重这一概念可用来区分野蛮人和文明人，只有文明人才存在尊重的价值理念，野蛮人之所以不懂尊重理念是因为他们的生活中没有真正意义的正义观念，在原始状态中人类尚未懂得区分优劣，更无好坏概念之分。但随着人类文明向前推进，野蛮人开始群居生活，从而催生情感与观念的发展变化，人类开始懂得关注他人，开始懂得称赞他人，因此，群体中出现了被人欣赏与追随的首领，这些首领具有强壮、聪明、睿智等特征，在欣赏的基础上，人类的大脑中逐渐形成了尊重的概念。[③]休谟在《人性论》中也有关于尊重的论述，他基

① ［英］罗素：《西方哲学史》［M］，吉林大学出版社 2005 年版，第 89 页。
② ［英］罗素：《西方哲学史》［M］，吉林大学出版社 2005 年版，第 89 页。
③ ［法］卢梭：《论人与人之间不平等的起因和基础》［M］，邓冰艳译，浙江文艺出版社 2015 年版，第 67 页。

于道德心理学界定了尊重的本质内涵，认为尊重是兼容爱与谦卑的化合物。经过启蒙运动的洗礼，尊重的观念深入人心。[①]康德在其著作《道德形而上学原理》中阐述了其对尊重的理解。他认为，人之所以区别于自然是因为人是具有理性的，人的实践行为是基于一般道德规律的，他认为人们对于规律的遵循可以视为“尊重”，因此，他认为尊重是基于人类特有的理性而产生的，与理性密不可分。[②]这种人本主义思想不仅对欧洲，而且对全世界都产生了深远影响。

随着生产力的发展，人类步入了现代社会。众多学者开始强调尊重教育、重视人的发展，形成了丰富的教育理论，教育理论家和改革者们虽存在派别差异，但大多以人的发展为基本立场。美国教育家和哲学家杜威的全部教育理论都充满了尊重的思想主张，他提出“教育即生长”的著名论断，强调对受教育者自身发展的尊重，尊重个体生长与发展的全过程。[③]罗杰斯作为人本主义的代表，他认为教育者应给予受教育者充分的尊重、关心与理解，每个受教育者具有个体性与差异性，只有充分尊重其独特性，才能发挥其内在潜能。[④]

在美国学校教育中，尊重教育主要通过校园文化、课外活动、社会科课程等途径和载体来传递，其中，社会科课程是其传授尊重这一民主价值观的主要课程载体。在课程标准方面，《公民与政府学国家标准》明确指出，尊重价值观是每个学生应当具备的民主价值观。例如，在K–4年级，学生应具备相应的公德和私德，私德如道德责任、自律、尊重个人的价值和人的尊严、同情等；公德，如文明、尊重法律、公民意识、批判性、坚持性、协商和妥协的意愿等。在9–12年级，学生应养成文明、尊重、诚实、开放性、批判性、同情和公民操守等品质，标准对这些公民道德作出了详细阐释：文明，就是待人尊重，不管是否赞同其观点；愿意倾听他人观点；避免敌意的、谩骂的、情感性和不合逻辑的辩论。尊重他人的权利，

---

① ［英］休谟:《人性论》［M］，关文运译，商务印书馆 1980 年版，第 43 页。

② ［德］伊曼努尔·康德:《道德形而上学原理》［M］，苗力田译，上海人民出版社 2005 年版。

③ ［美］约翰·杜威:《民主主义与教育》［M］，王承绪译，人民教育出版社 2001 年版，第 110 页。

④ ［美］卡尔·罗杰斯:《论人的成长》［M］，石孟磊译，世界图书出版公司 2015 年版，第 103–110 页。

就是尊重他人在政府中同等的声音，在法律面前平等，坚持和鼓励多样的思想，加入组织以完善他们的观点。尊重法律就是守法的意愿，即使自己不完全赞同每一条法律；通过和平、合法的手段修改自己认为不明智或不正义的法律意愿。开放性就是考虑他人的观点。在州标准层面，各州与国家标准保持一致。例如，《马萨诸塞州历史和社会科学课程框架》中指出："学校必须教、学习和实践人的尊严和自由、平等权利、正义、法治、文明与真理、对差异的宽容、相互尊重和帮助、独立自尊等价值。"① 在教科书内容方面，初中社会科教科书《今日公民学》中明确说明了公民的责任包括知情、发表意见和投票、尊重他人权利、尊重差异性、为公共利益做贡献。② 多样性是美国的民主价值，因而理解和尊重多样的文化也是美国公民教育的目标。美国社会科在文化方面包含美国和世界文化的多样性，并倡导尊重和理解文化的差异性。

三、责任价值观

托马斯·里克纳将尊重与责任视为人们普遍认同并遵循的社会道德。于个人而言，尊重与责任价值观能促进个体健康人格的形成发展，并影响人际间的交往；于社会而言，尊重与责任价值观的形成有利于社会的稳定发展，因此，尊重与责任是人类社会发展最重要的道德价值观。尊重与责任二者关系不可分割，尊重表现为尊重自己、他人及其其他任何生命存在形式，责任是对尊重的进一步延伸，尊重他人意味着尊重他人合法权益，从而产生与之相应的责任。因此，在文化与价值多元的社会中，尊重与责任价值观尤为重要。③ 罗伯特·纳什认为尊重是人类生活中最基本的道德品质，它如同责任、诚实、公正、勤奋等品质，是人生存于社会中所必备的

① Massachusetts Board of Elementary and Secondary Education, *Massachusetts History and Social Science Curriculum Framework* [S], Available online at www.doe.mass.edu/frameworks/hss/2018-12.pdf.

② Richard C.Remy, John J. Patrick, et al., *Civics Today: Citizenship, Economics and You,* The McGraw-Hill Companies, 2003, pp.492-494.

③ ［美］托马斯·里克纳:《美式课堂：品质教育学校方略》［M］，刘冰等译，海南出版社2001年版。

基本道德品质，是学校道德教育的重要内容。①

责任作为一种基本的道德价值观，对一个国家和社会的健康运转至关重要。早在古代西方，哲学家们就有关于责任的讨论。西塞罗曾指出，勇于承担责任是每个人必须具备的品质，同时也是义不容辞的事；培根认为勇于承担责任是人类追求真正善的基本要求；康德认为责任与道德不可分割，负责任的行为才具有真正的道德价值，责任是根本的道德判断标准。②随之而来的启蒙运动更加重视公民的权利责任，法国、美国等资本主义国家将公民的权利与责任概念纳入国家宪法之中。宪法作为国家纲领性文件对公民权利与责任做出了保护以及约束。随着生产力的发展，生产关系的变革也深刻影响着人们的思想和价值领域，公民责任的概念得到了进一步深化与发展。公民责任和公民身份概念在新兴资本主义国家被赋予了新的内涵和意义，公民责任教育由此产生。现代意义的公民责任教育最先出现于法国，1791 年，第一部法国宪法《人权与公民权益宣言》正式诞生，公民教育思想第一次在宪法中被提及。同一时期，美国也发行了许多公民教育读本，其中有大量涉及公民责任教育的内容，要求公民要承担起对国家的责任，增强对国家的认同感。之后学校逐渐成为培养公民责任的主要阵地，教授“自由、平等、尊重、爱国、守法”等价值观成为公民责任教育的主要方式。当今社会，培养公民爱国、承担社会责任、学会尊重仍是公民责任教育的主要内容。

当前，培养积极参与的负责任公民是美国学校公民教育的根本目标。自建国以来，美国人坚信民主运转的根本条件是培养负责任的公民。20 世纪 80 年代，美国公民参与政治生活的热情日渐减退。政府与一些社会组织积极倡导学校教育重视培养负责任的公民，几乎所有重要的教育法案中都强调为国家培养负责任的公民，并对什么是“负责任的公民”做出相关规定。

全美社会科委员会颁布的社会科课程国家标准中出现美国学校公民教育最根本的目标是“为未来社会培养积极参与和负责任的公民”这一明确

① ［美］罗伯特·纳什:《德行的探寻：关于品德教育的道德对话》[M]，李菲译，教育科学出版社 2007 年版，第 187 页。

② ［英］约翰·麦克利兰:《西方政治思想史》[M]，彭淮栋译，海南出版社2003年版，第108&193&234 页。

表述。例如，1994 年国家标准中“公民与政府学”部分明确指出在公民知识层面，应学习何为政治、何为政府、何为公民生活、宪法基于何种民主原则而确立等。在公民技能层面，应培养批判性思维技能与参与技能，批判性思维作为一项核心技能，主要表现为对信息的识别与分析能力，以及对公共事件的评价与辩护能力。参与技能主要包括在政治生活中如何行使自身权利、承担自身责任，在此过程中如何与他人合作交流等能力。在公民品质层面，旨在培养公民具备维护美国宪政民主所需具备的公民品德，主要包括承担责任、尊重他人、信仰法律、自律、具有公共精神等，其中将承担责任作为公民应具备的首要品质。同时，社会科教科书中也大量存在公民责任与义务的直接表述，例如，《公民学：行动中的政府和经济》第 4 章第 3 节就专门设置了以“权利与责任”为主题的板块，这一板块详细阐述了何为美国公民应承担的责任，即参与大选、行使投票权、监督政府、社区服务、追求公共善[①]。教科书以大量的数据、真实案例以及生动的配图来呈现公民应如何承担责任，其中，“参与”是承担公民责任的主要方式，书中以案例形式列举了参与大选与社区服务时学生应如何去做。[②] 在课堂之外，丰富的课外活动是美国责任教育的有效方式，责任教育充分发挥课外活动的隐性教育功能，无论校园内还是社会中，均为学生提供充分地参与机会。在学校中，学校开展模拟政府活动，模拟组建“学生政府”，学生作为公民参与到“学生政府”的选举与决策过程中；在校园外，各种竞选、募捐、节日、典礼仪式让学生可以直接参与其中。美国责任教育更重视学生的参与感与体验感，而不仅仅是知识的传授与灌输。

① James E. Davis, Phyllis Fernlund, *Civics: Government and Economics in Action* [Z], New Jersey:Prentice Hall, 2009, pp.65-67.

② James E. Davis, Phyllis Fernlund, *Civics: Government and Economics in Action* [Z], New Jersey:Prentice Hall, 2009, p.73.

第五章

美国社会科课程价值观教育方法

对一门课程进行科学研究，课程目标、课程内容、课程教学方法是非常重要的三个研究要素。从价值观教育研究来讲，课程目标明确了课程的价值定位和发展指向，是国家意志在教育知识中的价值宣言；在课程目标的规定下，课程内容是国家特定的制度文化和法定知识在课程中的具体呈现；课程教学方法是为了更好地实现课程目标，受课程内容、教学组织形式制约，依据学生的实际情况，灵活综合选用的一系列方式与手段。第三章美国社会科课程目标的研究是基于对“国家—地方—行会”三维目标体系的阐释；第四章美国社会科课程内容的研究是基于对美国社会科课程教材的具体解读；本章旨在探究美国社会科课程教学方法为实现价值观教育目标提供的支撑。

美国社会科课程自创立起来，就十分注重贴合学生实际情况，提倡综合运用探究学习、争议问题讨论、角色扮演、服务学习、榜样示范等方法开展课程教学。有的教学方法在传统课堂中进行知识的学习，提升知识技能；而有的方法则在社会参与中应用知识，在实践中提升综合素质；也有教学方法是贯穿课堂内外的，密切联系学生与周围环境。这些教学方法较传统的讲授法来说，更加突出了学生的课堂主体地位，提高了学生的课堂参与度，增强了课堂的民主性，提升了学生的合作交流技能，培养了学生的自主反思能力。在课堂之中鼓励学生进行独立思考及理性判断，在课堂之外鼓励学生积极参与和体验社会生活，这与价值观教育的培养目标一致。

第一节　探究学习教学法

探究学习一直以来都是美国社会科教育的一项传统，2013 年最新颁布实施的社会科课程国家标准《C3 框架》更是特别强调以"探究穹"统领整个课程标准的设计，将形成问题和探究作为整个学科教学的核心。本节将从探究学习的内涵阐释、理论溯源、操作步骤以及在美国社会科课程中的运用来阐述这一教学方法。

一、探究学习的内涵阐释

"探究"一词最早是由英文单词"inquiry"翻译而来，"探"是"寻求"的意思，"究"是"到底"的意思，根据"究"的造字"穴"和"九"组合来看，其表示"洞穴的终点"。"探究"就是对事物寻求到底，直至终点的意思。美国国家科学院于 1996 年发布的《国家科学教育标准》中指出，探究是一项多方面的活动，包括进行观察，提出问题，通过浏览书籍和其他信息资源发现什么是已经知道的东西，制定研究计划，根据实验数据对已有结论作出评价。也就是运用工具收集、分析、解释数据，提出解答、解释和预测，以及交流结果。[①] 标准中也明确指出探究需要对假设进行鉴定。在这过程中，必须运用批判性思维和逻辑性思维，需要考虑其他解释。标准也强调，开展探究活动不仅是为了学会知识，还是为了锻炼开展探究的能力。

探究与学习结合起来，译为"inquiry learning"。一般来说的探究学习概念是沿用美国芝加哥大学施瓦布（Joseph · J. Schwab）于 1961 年在哈佛大学举行的纪念演讲会上做的题为《作为研究的科学教学》的报告所阐述的："探究学习是在学生主动参与的前提下，学生根据自己的猜想或假设，在科学理论指导下，运用科学的方法对问题进行研究，在研究过程中获得创新实践能力、获得思维发展，自主构建知识体系的一种学习方式。"[②]

社会科课堂中采用探究学习教学法，教师可针对某一社会问题创设合

① ［美］国家研究理事会：《美国国家科学教育标准》［S］，科学技术文献出版社 1999 年版。
② Schwab J, "Teaching Science as Enquiry" [J], *Science*. vol. 170, no. 3965 (1970). p.1394.

理的情境，引导学生在反复提出问题和思考问题的过程中得出结论。对社会科课程进行主题探究，学生可以运用图书馆、互联网等资源搜集文字资料，也可以运用社会资源进行一些社会调查，丰富资料。通过合作探讨，得出结论，让学生可以在掌握知识的基础上在不同背景中运用知识。在探究过程中学生不断锻炼批判性思维和逻辑性思维，同时也提高了观察、模仿、实践、创新能力。

二、探究学习的理论溯源

在探究学习概念正式提出之前，许多著名教育家的思想中就已经蕴含了这一教学方法的内涵，最早可以追溯到古希腊思想家苏格拉底的教学法——产婆术。他认为，教师是“知识的产婆”，教师在教学过程中不应该把答案直接教授给学生，而应该向学生不断提出问题，引导学生不断向正确的知识靠近，激发调动学生思考的积极性和主动性，令其持续进行思考，最终得到正确结论。这为探究学习教学法奠定了重要基础。美国著名教育家杜威主张“做中学”，让学生通过探究自主地建构知识，提高解决问题的能力。他指出，儿童具有四类兴趣，交谈或交流方面的兴趣、探究或发现的兴趣、制作或创建的兴趣以及艺术表现的兴趣。他同时认为，儿童对于抽象的探究不具有多少本能，探究的本能是在建造性的冲动和交谈的冲动相结合时产生的。杜威认为，学校对于学生思维能力的培养是非常重要的，脱离具体行动的技能是不成熟的。他认为教学方法的要素与思维的要素是相同的，其在对思维过程进行科学分析的基础上提出了五步教学法。第一，为学生设置真实的经验情境，激发学生的参与兴趣；第二，引导学生在情境内部提出真实的问题，作为思维的刺激物；第三，引导学生通过占有知识资料，做必要的观察，应对这个问题；第四，引导学生有序展开他所想出的解决问题的方法；第五，引导学生检验评价结果。① 方法强调以学生为中心，以活动的形式开展教学。这种蕴含探究思维的教学方法对美国的教育产生了深远的影响，也为探究学习教学法提供了重要的理论基础和实践经验。

探究学习的提出，依托于一定的时代背景与时代任务。第二次世界大战结束后，新的科学技术和理论不断涌现，世界上兴起了以原子能、电子

① ［美］约翰·杜威:《民主主义与教育》［M］，中国轻工业出版社 2014 年版。

计算机为代表的科技革命，也被称为“第三次科技革命”。科学技术的高速发展也推动着社会的不断进步，而这一切对以科学技术为基础的教育产生了重要影响。面对巨大的人才缺口，传统的以文化知识传授为主的教育体系已经不适应社会的发展需要。将知识视为目的本身，这种静止的、堆积式的知识学习在一定程度上是阻碍学生发展的。1957 年，前苏联第一颗人造地球卫星发射成功，引起了美国教育家们对教育的意义和作用的重新认识，教育家们开始了对以纯知识教育为目的的传统教育的改革运动。1959 年 9 月，美国全国科学院在政府的支持和资助下，召开了一次专门讨论改革中小学数理学科教育的伍兹霍尔会议。会议对各项课程设计的最新进展进行了报告，并加以综合评价。随后分组对“课程设计的程序”“教学的辅助工具”“学习的动机”“直觉在学习和思维中的作用”和“学习中的认知过程”五大主题分别进行讨论，向大会提交报告，会议最终达成一致意见。大会主席、著名教育心理学家布鲁纳做了题为《教育过程》的总结报告，提出应重视科学的知识结构，重视发展学生智力、培养能力的新教育观，并率先倡导“发现法”，强调教师在教学过程中要让学生通过自主发现而获得答案，从而学会如何学习并提升探究能力。与此同时，美国芝加哥大学教授施瓦布在 1961 年做了题为《作为研究的科学教学》的报告，提出了与发现法相似，但更具操作性的教学方法——“探究学习法”。他强调教师应当运用探究的方式来教授知识，学生也应当运用探究活动学习知识，根据自己的探究结果提出科学的解释，从而掌握科学的概念、原理。由于探究学习在解决教什么、学什么方面更具体、适用，因而受到人们的重视。美国科学促进协会（American Association for the Advancement of Science）的教育委员以“探究学习法”为核心编写了小学理科教材《科学——过程的探究》。

进入 20 世纪 90 年代，为了适应时代发展对人才培养的具体要求，美国提出了系列基础教育的改革措施，所有改革措施都把改变学生的学习方式和培养学生的创新能力作为重要突破口。如 1996 年公布的《美国国家科学教育标准》将探究列为学习科学的核心方法。①21 世纪初，美国国家研

① 柴西琴：“对探究教学的认识和思考”［J］,《课程 . 教材 . 教法》2001 年第 8 期。第 16–19 页。

究理事会又出版了第一本专门探讨探究学习法的著作《科学探究与国家科学教育标准——学与教的指南》。直至今日，探究学习法在全球的教育教学实践中依然有着旺盛的生命力，探究学习法已成为当前教育界的一种主流意识，是世界各国教育实践中最重要、最具影响力的方法之一。

三、探究学习的操作步骤

探究学习的操作步骤，主要包括提出问题、决定研究方向、组织开展探究、收集并整理资料、得出结论、采取行动等。在几十年的研究探索中出现了不同形式的教学模式，统称为探究教学。最常见的五种模式如表 5.1 所示。①

表 5.1　探究学习的五种模式

模式 内容 环节	提出问题	决定 探究方向	收集并 整理资料	得出结论	采取行动
萨其曼 探究模式	教师提供问题情境：一个能引起学习者惊异的事件或现象	学习者提出“是”与“否”之类的问题来寻求探究方向	学习者既要收集又要整理资料	学习者推测结论，并运用“是”与“否”之类的提问来检验结论	不作要求
预设结构 探究模式	教师提供需要调查研究的问题，以及解决问题所需要的方法和材料	学习者通过探究结果决定探究方向	学习者只需要整理资料	根据收集的数据进行概括，找到问题答案	不作要求
指导型 探究模式	教师只提供需要调查研究的问题，有时提供材料	学习者确定具体探究方向	一般情况下，学习者既要收集又要整理资料	根据收集的数据进行概括，确定如何回答问题	不作要求
自由 探究模式	学习者完成	学习者完成	学习者完成	学习者完成	不作要求
学习环模式	学习者完成	学习者完成	学习者完成	学习者完成	学习者把新获得的结论运用到不同背景中去

① 郑金洲:《教学方法应用指导》[M]，华东师范大学出版社 2006 版，第 200–201 页。

四、探究学习在美国社会科课程中的运用

探究过程的本质是人类高级思维的最高形式，即批判性思维。[①] 早在百年前，社会科课程的创立者们就已将探究作为社会科教育的重要组成部分。探究式教学一直以来都是美国社会科教育的一项传统。

新社会科课程打破了 1916 年以来建立的社会科课程模式，主张各学科知识的整合，同时也提倡运用探究学习模式进行社会科的学习，社会科的许多专家和教师都在积极研究适合学生学习的探究方法。课程开始着重培养学生的社会研究能力，课程的重点不在于学习的内容而在于学习的过程以及在学习过程中所获得受益终身的技能和思维方式。通过探究教学活动的开展，不断提升学生自身的批判性思维和反思问题、解决问题的能力。新社会科运动的影响一直持续到 20 世纪 70 年代，这场课程改革运动由于一些原因最终没有取得预期成效，同时也没有最终推动社会科教育走向繁荣，但却对当今的社会科发展有着深远的影响，如探究学习成为社会科的一大传统。2013 年最新颁布实施的社会科课程国家标准《C3 框架》中指出，探究为学生提供了强有力的学科思考工具，使他们能够更好地在复杂的社会中发挥作用，特别强调以“探究穹”统领整个课程标准的设计，将形成问题和探究作为学科教学的核心，提出了立足于社会科核心概念与基本技能的探究方式并赋予其全新的意义。

《C3 框架》的组织结构具体包括形成问题与计划探究、应用跨学科概念与工具、评估资源与运用证据以及交流结论与采取行动四个维度。教师选择开放性的，可以给学生解释、描述空间的问题作为探究活动的起点和重点，引导学生跳脱单一学科模式，运用公民学、经济、地理、历史跨学科的知识工具，在交流互动中形成假设，搜集并整理资料，基于分析来评价假设，得出最终结论，最终采取相应的公民行动。这种教学过程是一个完整的探究过程。整个探究学习活动蕴含着丰富的探究技能，同时整合批判性思维、问题解决、交流合作、信息媒介与技术、社交技能等 21 世纪公民应当具备的最基本的技能。

为了强调探究技能在社会科教学中的重要性以及为广大社会科教师提

---

① ［美］沃尔特·C.帕克:《美国小学社会与公民教育（第12版）》［M］，谢竹艳译，江苏教育出版社 2006 年版。

供教学上的辅助和指导，美国社会科全国委员会还专门与15个社会机构合作，组织专家编写了基于《C3框架》和探究教学的《第114期简报》，编写者根据“探究穹”设计了共15门课程，每门课程都围绕着一个特定主题，设计了从提出问题到采取行动的整个探究过程，每门课需要2–5天完成。如《简报》中的一门6–8年级的经济学和历史课程设计，主题为“技术是如何影响生产力和生活水平的？”，用3–4个课时完成。这门课程旨在培养学生经济学的思维方式，即在做决定时要学会考虑成本和收益，并以《C3框架》四个维度进行教学，让学生体验到生动的社会科课程。维度一，教师对班级智能手机的使用情况展开课堂调查，围绕以下三个问题进行小组讨论。“举例说明改变你生活的一项技术是什么？”“你从历史中了解到了哪些技术促进了经济发展？”“哪些现代技术使不太发达国家的人们生活得更好？”维度二，教师引导学生运用成本/效益分析、供求情况分析工具绘制图表来了解伊利运河的历史变革，使学生总结出结论：每一项技术变革都会促进生产力的提高，而生产力的提高又会增加供给，从而导致商品和服务价格的下降；较低的价格提高了消费者的购买力，使他们的生活水平提高。维度三，学生可以通过搜集相关信息作为证据，运用经济学分析工具来检验方才的结论。维度四，学生可以通过分享幻灯片，图片和短片，来相互交流他们关于技术为什么对生产力和生活水平有影响的理解。“基于史料回答问题”是美国社会科中最常见的探究性教学策略。教师通过让学生搜集或直接向学生展示与课程相关的历史文献或资料，通过一系列探究性问题引发学生思考，达到教育目标。例如在本节课的设计中，教师向学生提出三个支撑性问题：“特定的技术是如何影响生产力的？”“具体的技术如何影响生活水平？”“具体的技术如何影响生活质量？”带着这些问题，学生运用经济学分析工具，从分析身边的智能手机的案例，推演到美国历史上的伊利运河案例，最后主动反思生活中的其他案例。学生在历史和现实的交汇中，明晰技术变革给社会生活带来的巨大动力，也激发对科学技术的学习兴趣，同时也对自我与社会关系进行深入思考。

当今社会发展迅速，对教育的质量以及学生的素质要求也越来越高。这对社会科教师来说是一个非常巨大的挑战。许多全球性问题的解决迫在眉睫，督促着学生要积极承担起社会责任。这也就需要教师帮助学生养成积极探究社会问题，将多门课程知识融会贯通，应用和超越原本课堂的课程内容的习惯，努力成为一名合格的公民①。由此可见，社会科课程不仅关注学生学科知识的积累，还通过培养学生逻辑推理、问题澄清、科学的怀疑、价值判断、采取合理行动等能力，使学生具备自我反省、自主思考的精神，成为有效参与社会生活的积极公民。

第二节 争议问题讨论法

讨论式教学法在教学中是较早受到关注的一种教学方法，同时也是运用较为广泛的教学方法。在课堂中引入讨论活动，往往是从问题情境导入开始的。而社会科课程从最初就十分注重运用有争议的问题统领课程内容。争议问题常涉及与学生生活密切相关的公共问题或社会热点问题，如政治问题、环境问题、多元文化问题等。对争议问题进行讨论，可以促进学生以多角度、跨学科的方式思考问题，提高其决策能力和解决问题的能力，增强学生的社会责任感，并权衡其个人利益和公共利益的价值观冲突，为未来成为参与国家与全球事务活跃的、良好的公民作准备。此外，教师应引导学生将已有的学科知识与社会生活中的热点问题结合，促使其在知识的运用过程中加深对知识的理解，促进学生价值观念的形成，从而达到理论与实践相结合的目的。本章将从争议问题讨论法的内涵阐释、理论溯源、在美国社会科课程中的运用来阐述争议问题讨论法。

一、争议问题讨论法的内涵阐释

讨论，从词源学上看，“讨”意为“探索，研究”，“论”意为“议论，陈述”，讨论即为“就某事相互表明见解或论证”“就某一问题交换意见或进行辩论”。讨论实际上是人与人之间对话交流的过程。在讨论过程中不同人会从不同的角度思考问题，进而发表不同的见解或质疑，这使得思考问题更加全面，多方合作、探索研究，最终争取达成一致结论或选择最佳方案。

讨论式教学法作为一种教学方法，是以讨论作为基本教学手段的。讨论式教学法在课堂中常常以问题为导向并以问题的讨论作为主线，在教师

---

① Houser, Neil O, “Inquiry Island:Social Responsibility and Ecological Sustainability in the Twenty-first Century” [J], *The Social Studies*. vol. 96, no. 3 (2005), pp.127-132.

启发指导下，学生对所提出的问题展开思考讨论。生生互动、师生互动，不仅使学生获得知识、提高能力，还能使教师在讨论过程中不断提升自己的知识技能水平。

在美国社会科课程中使用争议问题讨论法时，争议问题通常是没有共识的话题，不同群体会有不同的理解、不同的解释或不同的方案。这些问题常常呈现出社会的分歧与冲突。[①] 争议问题往往是现在或是历史上出现的社会热点问题或与我们息息相关的公共问题，学生可以利用已学的知识与已有的生活经历，围绕问题发表观点、互相交流，在这个过程中加深对问题相关知识的理解以及提升解决问题的能力。

二、争议问题讨论法的理论溯源

争议问题讨论法的历史最早可以追溯到两千多年以前。早在古希腊时期，苏格拉底就创立了“产婆术”。产婆术包括讽刺（不断提出问题使学生意识到自身知识的匮乏）、助产（启发、引导学生展开思考并得出结论）、归纳和定义（使学生逐步掌握正确的知识）等步骤。他认为知识不应该由教师直接传授给学生，而应是通过不断提出问题，与学生不断讨论辩论，最终促使学生自己习得。同样在两千年前的东方，中国著名的教育家、思想家孔子也采用讨论的方法进行传道。《论语》作为儒家经典之一，记录了孔子与其弟子讨论的言行。孔子与学生讨论的内容十分多样，包括道德观念，伦理思想等，一般是基于现实生活的。其形式也十分多样，既有一对一的讨论，也有师生成群的讨论。讨论的地点也十分多样，在课堂上或在周游列国的途中。讨论既有孔子主动发问，也有学生主动提问。通过讨论交谈，教师可以了解到每个学生的不同点，因材施教，师生在讨论过程中共同成长。

讨论式教学法很早就开始运用于课堂教学之中。在课堂中引入讨论活动，可以充分发挥学生的主体作用，培养学生的思维的广泛性以及创新性。建构主义学习理论认为学习是学习者主动建构知识的过程，学习不应是把知识直接灌输进学习者的大脑，而应是以学习者已有的经验为基础，通过与外界相互作用来建构新知识的过程。学生在日常学习和生活中所积累的

---

① Iglesias R, Aceituno D, Toledo, María Isabel, “Student Teachers’ Understandings and Practices for Teaching ‘Controversial Issues’in the High School History Curriculum” [J], *Procedia - Social and Behavioral Sciences*. vol.237 (2017), pp.452-457.

经验具有普遍差异性。教师在教学过程中不应该忽视这种普遍差异性，而应该引导学生从各自已有的知识经验基础上产生新的知识经验。这种普遍差异性往往使学生在思考问题时从不同的角度来认识问题以及解决问题。学生在这个过程中对知识的理解和认同进行主动地建构。通过讨论法来开展教学，学习者可以在交流与合作的过程中使理解更加丰富和全面。

在课堂中引入讨论活动，围绕适宜的问题进行对话交流能促进学生对重要知识进行掌握，学生的认知发展和社会性发展可以通过这种相互作用发展起来。前苏联著名心理学家维果茨基提出“教学三主体”思想，他指出教学过程有三个主体：学生，教师与环境。[①] 在教学过程中，教师需要调动自身积极性，同时，也需要通过教学设计调动学生的积极性并营造积极的教学环境。讨论式教学所创设的合作讨论式活动正是真正贯彻了维果茨基“教学三主体”思想。维果茨基也提出了“最近发展区”的概念，他指出学生的两种发展水平——“现有发展水平”与“最近发展区”。维果茨基指出:“教学的本质特征是教学造成了最近发展区，就是说，教学引起了、唤醒了、启发了一系列内部发展过程，这些过程，对儿童来说，目前只是在他与周围人们的关系中，在与他的伙伴的相互合作的环境里才是可能的，但这些内部发展过程，在他们已经完成了发展进程之后，便成为儿童自身的内在财富了。”[②]“最近发展区”概念强调教学在发展中的主导性、决定性作用，揭示了教学的本质特征不在于训练、强化已经具备的心理机能，而在于激发、形成目前尚不具备的心理机能，在课堂中展开讨论有助于发挥学生主体作用，促进知识掌握。

著名的儿童心理学家皮亚杰提出儿童认知发展阶段理论，他指出儿童的认知和成人有本质的不同，而且不同阶段的儿童认知结构也不完全一样，每一阶段有其独特的认知结构，表现出与前后各阶段不同的认知能力。他认为儿童的认知发展遵循这样的过程：感知运动阶段（0–2 岁）——前运算阶段（2–7 岁）——具体运算阶段（7–11 岁）——形式运算阶段（11 岁至成人）。儿童从 11 岁开始具有的新发展至少有三种外部迹象的标志。[③]

---

① 黄秀兰:《维果茨基心理学思想精要》[M]，广东教育出版社 2014 年版，第 71 页。

② 维果茨基:《维果茨基教育论著选》[M]，余震球选译，人民教育出版社2005年版，第388–389 页。

③ 皮亚杰:《皮亚杰教育论著选》[M]，卢濬选译，人民教育出版社2015年版，第10页。

士比亚将人的一生比作戏剧，我们所生活的世界就是一个大舞台，人们在人生的不同阶段扮演不同的角色。许多的社会学家和社会心理学家都对角色进行了研究。总的说来，科学的角色定义包含三种社会心理学要素：角色是一套社会行为模式；角色是由人的社会地位和身份所决定的，而非自定的；角色是符合社会期望（社会规范、责任、义务等）的。对于任何一种行为，只要符合上述三个特征，都可被认为是角色。因此，角色是一定社会身份所要求的一般行为方式及其内在的态度和价值观基础。①

“角色扮演”，最开始用来指演员根据剧作家创作的剧本来进行戏剧表演。20 世纪初，美国著名心理学家雅各布 · 莫雷诺（Jacob L.Moreno）在心理治疗中运用了角色扮演，创立了“心理剧治疗法”。莫雷诺用两个希腊字——“灵魂”（psyche）和“行动”（drama）来命名心理剧（psychodrama），患者通过心理剧表演的形式进行自我灵魂的呈现②。通过超越现实世界束缚的场景建构，引导患者内心外化，通过言语或者动作表达出灵魂深处的问题冲突。而在心理剧治疗过程中，在情境中的事件展现出来后，治疗师会帮助患者化解冲突、呈现个人问题并寻找解决问题的方法，增强其洞察力、自发性与创造力。心理剧治疗旨在帮助患者自由地表达自己，宣泄情绪，澄清问题，从而看到自己的症结，发现自己的潜能。

角色扮演有两个向度的延展。首先，角色扮演是在类似现实社会的情境中对他人角色及其相应行为进行模仿，从而切实感受所扮演角色的情感态度和行为方式，进而对自身在现实生活中该如何行事、以何种观念进行价值判断产生影响。其次，角色扮演是根据自己所处的社会角色定位，履行好自身社会角色所应履行的义务并承担相应的责任，满足人们对特定社会角色的期待。在这一向度上的角色扮演中，人们按照自身本来的行为习惯去思考问题、解决问题。社会科课程中的角色扮演教学法所运用的角色扮演多是指前者。教师构建一个与现实生活类似的教育情境，学生在情境中模拟出演一定的社会角色，通过自身在情境中的角色进行体验分析，教师的对应指导使学生掌握相应的知识经验，提升发现问题及解决问题的能力，形成一定的道德判断能力和价值观念。

① 乐国安:《社会心理学（第 3 版）》[M]，中国人民大学出版社 2009 年版，第 106 页。
② 石红:《心理剧与心理情景剧实务手册》[M]，北京师范大学出版社 2006 年版，第 6 页。

二、角色扮演教学法的理论溯源

角色扮演作为一种教学方法，最早起源于心理学领域的研究和实践。20 世纪 20 年代，著名心理学家雅各布·莫雷诺在维也纳创建“心理剧疗法”，这是角色扮演第一次从舞台上被搬到现实生活。20 世纪 30 年代中期，社会学家乔治·赫伯特·米德（George H.Mead）将角色引入社会学领域，逐渐将角色理论发展起来，成为社会心理学理论的一个组成部分。

由米德创立的符号互动理论（symbolic interactionism）是一种主张从人们互动的个体的日常自然环境去研究人类群体生活的社会学和社会心理学理论派别。米德认为，角色扮演是互动得以进行的基本条件。人与人之间之所以能够进行互动，就是因为人们能够辨认和理解他人所使用的交往符号的意义并通过角色而预知对方的反应。[①] 米德把这种基本能力称为“扮演他人角色”的能力，这是一种能洞悉他人态度和行为意向的能力。[②] 人们可以根据不同情境和角色定位来调整自身的行为方式，以这一角色的特殊角度去思考问题、解决问题。通过角色扮演人们能够提升一定的能力，进一步增进对现实生活行为规范的理解，提升社会化技能。个人可以在角色扮演的互动中从他人身上汲取大量有价值的东西，了解社会群体中不同的角色定位和行为方式等。米德关于角色扮演的阐释是较为抽象的，并没有触及到角色扮演的实际情形。后续许多社会学家对此进行了更加深入的研究，欧文·戈夫曼（Erving Goffman）在《日常生活中的自我表演》一书中具体而完善地论述了角色扮演的相关问题。戈夫曼将模糊抽象的分析变成了一个戏剧学的描述，提出了拟戏剧论。他运用戏剧表演解释现实生活，他认为“剧本”就像社会生活本身，“场景”就像生活中面临的客观环境和问题情境，“观众”就像生活中的旁观者和人群，“表演”就像是通过特定角色的行动表现出来的各种意义。戈夫曼认为每个社会个体都是根据被赋予的社会地位来进行“角色扮演”的表演者，在角色扮演过程中必须努力使他在特定情境中表现出来的形象符合他所扮演角色应有的素质。这一理论也为角色扮演教学法提供了一定的理论支撑。角色扮演教学法可以从实际生

① 周晓虹:《现代社会心理学——多维视野的社会行为研究》[M]，上海人民出版社 1997 年版，第 369 页。

② 波普诺:《社会学（第十版）》[M]，中国人民大学出版社 1999 年版，第 133 页。

活出发，在课堂中营造一个贴近现实生活的问题情境作为表演场景，指导学生尽快进入角色，用所扮演社会角色应有的态度和行为来行事，从而培养学生的社会责任意识。

在课堂创设的贴近现实社会生活的情境学习中，学生可以参与或者观察角色扮演活动。由美国心理学家阿尔伯特·班杜拉（Albert Bandura）提出的社会学习理论着重研究了行为、人与环境因素三者的交互作用，探究人如何在社会这一大背景中学习。班杜拉把人的学习行为分为由行为结果引起的学习和通过示范过程形成的学习两大类。他认为在社会情境中，观察学习是人社会学习的一个十分重要的途径。人类的大多数行为可以通过对示范过程的观察学会：人们从观察别人中形成了有关新行为如何操作的观念，这一编码的信息在日后的一些场合中就作为行为的向导。因为人们在操作任何行为之前，至少可以以一种近似的形式向榜样学习做些什么，所以他们可以避免一些不必要的错误。[①] 婴儿在无意识的情况下通过模仿大人学会了说话、走路；学生同样更多是在观察——模仿——再观察——再模仿的模式上进行学习和再创造。这一理论为角色扮演教学法提供了一定的理论支撑，在课堂上采用角色扮演教学法，学生可以在观察他人的行为之后，通过模仿习得他人的经验，加深对模拟角色的理解并强化自身的行为，从而完成自身的社会学习。

三、角色扮演教学法于美国社会科课程中的运用

美国是最早将角色扮演作为一种教学方法运用于课堂教学的国家之一。1966 年，马克·切思勒（Mark Chesler）和罗伯特·福克斯（Robert Fox）在《课堂中的角色扮演方法》一书中首次提出将角色扮演作为一种教学方法，并指出这种方法在学生体验人际关系以及修正行为方面具有显著作用。1967 年，范尼·沙夫特（Fannie Shaftel）和乔治·沙夫特（George Shaftel）在《关于社会价值的角色扮演》中提出了“角色扮演教学模式”，书中基于五个前提假设提出通过直接感受来培养角色意识的教学理念：一是对真实问题情境的切身体验，可以帮助学生对现实世界中各种人物角色的不同行为的表征与特点进行感知；二是完全投入的角色扮演，能够激发学生进行分析、想象、判断和创造等高级思维活动；三是对角色表演的自我分析，

---

① ［美］阿尔伯特·班杜拉：《社会学习理论》［M］，中国人民大学出版社 2015 年版，第 17–18 页。

可以促进学生内省，检查自己的态度、行为和信念，进行自身价值观念塑造；四是角色扮演者之间的相互配合，能够唤起学生激情，激发其内心深处的情感；五是对表演情境的讨论和评价，能够促进整个班级的群体互动和彼此指导，有利于共同建构价值观念体系，进行正确的价值内化。①2002年，布鲁斯·乔伊斯（Bruce Joyce）在《教学模式》中对角色扮演教学法在课堂中的实施进行了更加深入的研究。布鲁斯重点介绍了将角色扮演归入社会型教学模式的价值观教育，社会型教学模式的倡导者认为教育的基本任务是培养公民的民主行为，既要改善个人和社会的生活质量，又要保证有创造性的民主社会秩序。他认为，角色扮演是价值观教育的一种重要教学方法，可以使价值观成为具体可见且易懂的东西。他在书中将角色扮演教学法的实施划分为九个阶段并深入阐述相应阶段的活动内容。②

表 5.2　角色扮演活动的结构

阶段	活动内容
阶段一：小组准备活动	确定问题并进入情境 明确问题 讲述问题，探究事件 解释所要扮演的角色
阶段二：挑选参与者	分析角色 挑选角色扮演者
阶段三：布置场景	确定表演程序 再次说明所要扮演的角色 进入问题情境
阶段四：组织观察者	明确观察任务 分配观察任务
阶段五：正式表演	开始表演 继续表演 表演结束
阶段六：讨论与评价	评论角色表演（事件、地点、真实性） 讨论扮演中存在的问题及所揭示的问题 决定下次表演

① Larry C.Holt, Marcella Kysilka, *Instructional Patterns* [M], Sage Publications, 2005. pp.189-204.

② ［美］布鲁斯·乔伊斯:《教学模式》［M］，荆建华，宋富钢，花清亮译，中国轻工业出版社 2009 年版，第 149–153 页。

续表

阶段	活动内容
阶段七：再次表演	表演修改过的角色 提出下一步或行为转变的建议
阶段八：讨论与评价	同阶段六
阶段九：分享经验与总结	把问题情境与现实经验、当前问题联系起来探究行为的一般原则

由于角色扮演可以模拟社会情境，给予学生很大的操作空间去发挥创造，让学生为未来成为合格公民作准备，因此在美国社会科课堂中运用十分广泛。角色扮演教学是体验式公民教育的一种表现形式。这种教学方法的具体活动形式主要有模拟法庭、模拟选举、模拟立法、模拟联合国等。《学校的公民教育使命》中提出六种有前景的公民教育方法，除上一节阐述的争议问题和时事问题讨论外，鼓励学生参与民主程序的模拟实战也是其中之一。报告指出，近年来的研究证据显示，模拟选举、模拟法庭、立法审议、校园外交能够显著提高学生的政治知识和兴趣。根据全国教育进步评估（NAEP）关于公民学的评估结果，模拟法庭、戏剧表演是社会科课程中常见的教学方式，参与调查的25%的4年级学生，32%的8年级学生，34%的高中生参与了这些活动。①

模拟法庭是角色扮演教学法一个十分具有代表性的体现，被广泛应用于美国各阶段学校教育。根据《美国宪法》第五、六条修正案，每名美国成年公民都有担任陪审员的义务。学生以在校学习的法律知识为基础，由持有执照的律师给予指导和训练，在州或地方法院亲自参与庭审，扮演律师、证人、法庭人员等角色。整个过程遵循真实的审判程序，有真正的法官和陪审团参与其中，让学生在亲身体验中树立法律意识，做知法守法的公民，同时训练学生维护立场、逻辑思维、言语表达等公民参与的技能和意识。梅拉·莱文森在《不让一个公民掉队》一书中详尽描述了她作为中学历史教师时，带领8年级学生到波士顿联邦法院参与模拟法庭审判，以及在班级组织模拟法庭辩论的教学案例，如安德鲁·杰克逊是否应当被纳入

① Carnegie Corporation of New York and the Center for Information and Research on Civic Learning and Engagement (CIRCLE), *The Civic Mission of the Schools* [R], Available online at www.civicmissionofscools. org.

总统名人堂。在参加和组织模拟法庭审判之前，传统的做法是让学生学习宪法保证同侪陪审团参与审判的相关条例，借此向学生传达此项政治权利的重要意义，然而这种方式很难激起学生的兴趣，更不能说服这些未来的新一代公民加入陪审团履行法律义务。而参加模拟法庭的过程能够帮助学生实地应用在学校学习的知识和技巧，理解相关法律话语，权衡证据，提出具有逻辑性和合理性的论据支撑自己的观点，在公众场合与人有效交流，相互尊重，并让学生发现自己有权决定他人的命运，亲身体验到了公民赋权。由此可见，模拟法庭通过透明、可信和可传递的公民体验，使参与者能够意识到年轻人作为集体行动者的力量和积极有效参与公民活动的能力，是十分有效的角色扮演教学手段。① 一些专门的项目为角色扮演教学的实施提供了便利，如"孩子们，为美国投票"（Kids Voting USA）就基于学校的教学项目将模拟选举与公民权的历史和现实问题结合起来，参与到该项目中的父母比其他成年人更多参与了实际生活中的选举和投票。对"宪法权利基础城市工作"（Constitutional Rights Foundation City Works）课程的评估表明，角色扮演教学能够激发学生对政治、服务和当地政府运行的兴趣，帮助他们建立社交网络，提升他们的社会信任以及进行公民参与的责任和能力。

近年来，随着互联网的应用和普及，计算机辅助的角色扮演教学开始兴起，既节省成本又操作便利，更多的、来自不同地区甚至是世界各地的学生可以同时参与其中。如在"国际交流与协商模拟"这一项目中（International Communication and Negotiation Simulations），来自世界不同国家的学生使用相关软件模拟外交交流，评估结果证实，该项目提高了学生对政治问题复杂性的思维和思考能力。② 犹太法庭（The Jewish Court of All Time，JCAT）是一个为中学课堂设计的网络模拟项目。在这里，学生扮演着世界各地、历史和文学中的各种角色，以处理一个个涉及道德决策的虚构法庭案件。在社会、历史和文化背景下，模拟体验增强了学

① ［美］梅拉·莱文森:《不让一个公民掉队》［M］，李潇君，李艳译，人民出版社2016年版，第 202–209 页。

② Carnegie Corporation of New York and the Center for Information and Research on Civic Learning and Engagement (CIRCLE), *The Civic Mission of the Schools* [R], Available online at www.civicmissionofscools. org.

生的写作、批判性思维能力、透视、历史移情与沟通、主体素养。教师以及其他社会人员也可以参与模拟，作为角色导师与学生进行互动交流[①]。

此外，角色扮演教学法在进行时事教学的课堂中可以使复杂的问题和事件以吸引、活跃和启发学生的方式呈现。学生不仅可以对这些问题有更深入的理解和见解，还可以学习处理自己生活中的冲突和可能性的新技能。人们在看待世界和应对挑战性情况上常常陷入困境，角色扮演为学生提供了打破旧的思维和行为模式的机会，让学生以不同的角色身份进入模拟情境，同时体验到一套策略的局限性和/或另一套策略的潜力。在现实角色背景下练习新的行为有助于学生直面现实矛盾冲突中最难处理的心理和人际反应。同时，角色扮演给学生提供了一个安全的环境，允许学生进行实验、反思、给予和接受反馈，为学生真正进入社会作准备。围绕社会公共问题进行谈判角色扮演，可以发展和示范积极参与公共审议所必需的民主技能。学生可以通过了解各种角色的身份和观点，以及与他人进行对话或协商来了解这些问题背后的复杂性和多样性，不但加深了对社会公共问题的认识，也培养了社会责任感。[②]

也有一些学者从理论角度指出了运用角色扮演教学对公民参与方面的不利影响，认为让学生伪装成法官、外交官、诉讼人意味着他们没有做好真正参与公民生活的准备，而学生在未来的生活中也很少能真正成为这些曾经扮演过的角色，角色扮演会让他们感觉到政治与他们真实的生活及预期相距甚远。因而，教育者需要创建可控的、虚构的环境，保证角色扮演中的角色扮演者能够直面复杂的、富有挑战性的问题，将他们的发展需求与教育目标更好地结合起来。[③]

---

① Rector-Aranda A, Raider-Roth M, "'I finally felt like I had power':student agency and voice in an online and classroom-based role-play simulation" [J], *Learning Technology*. vol. 23, no. 1 (2015), p.13.

② Smith S N, "Teaching for civic participation with negotiation role plays" [J], *Social Education*. vol. 68, (2004), p.4.

③ Peter Levine, *The Future of Democracy: Developing the Next Generation of American Citizens* [M], Medford:Tufts University Press, 2007, p.142.

第四节 服务学习教学法

20 世纪 60 年代美国产生了一种与实用主义教育学家杜威等倡导的“将公民责任根植于真实的情景中的学习和体验”相契合的经验式教育理念和模式，它将富有意义的社区服务和教导与反思结合，从而丰富学习体验，教授公民责任，加强社区团结，这种教学方法被称为服务学习（service learning）。这种教学方法在美国被广泛使用，也一直受到政府的普遍支持，许多州将服务学习作为学生的必修课。本章将从服务学习教学法的内涵阐释、理论溯源以及在美国社会科课程中的运用来阐述服务学习教学法。

一、服务学习教学法的内涵阐释

1967 年，美国南部地区教育委员会（Southern Regional Educational Board）最早提出“服务学习”一词。在过去的几十年里，对服务学习的概念界定和内涵阐释多达上百种，学界目前仍未对此达成共识。

关于服务学习的内涵也有不同的说法。出现不同内涵阐释的原因有两个：第一，服务学习这一概念由“服务”和“学习”两个概念组合而成，两个概念主次关系问题导致了服务学习内涵阐释的多样，强调以服务为主还是以学习为主，在实践过程中也指向不同成果；第二，学校、政府和社区往往从不同角度认识服务学习，有的将其看作是一种教育哲学，有的认为它是一种方法，也有人将其理解为一种项目。[①] 那些认为它是一种教育哲学的人，常常从教育改革的角度来讨论它。此时的服务学习被视为一种在培养负责任、有爱心的公民方面可以发挥核心作用的方式，或一种实施建构主义学习理论的方式。那些认为它是一种方法的人，将其视为一种积极的互动教学形式，并讨论了将服务学习完全纳入课程并与标准保持一致的必要性。那些认为它是一种项目的人更有可能将其看作学生的选修课、课后课程或一项强调通过提供服务促进学生对社区的关心和联系的短期活动。

---

① Shelley H. Billig, “Research on K-12 School-Based Service-Learning:The Evidence Builds” [J], Phi Delta Kappan, 2000.

尽管学者基于不同视角对服务学习的内涵阐释有一定差异，但对其基本内容的理解存在一定的共识性认识。例如，服务学习强调“学习”与“服务”并重；注重学校与社区密切合作；强调对服务经验进行批判性反思；培养学生的公民责任意识和关爱他人的情感等。①

服务学习深含公民教育的价值意蕴，坚持培养权责统一的合格公民，使学生在服务中对自身权利、价值和社会角色定位等形成准确认知，也对他人社会角色定位有一定了解，学会尊重和包容他人；服务学习强调反思的重要性，服务必须是反思与参与并行，通过批判性的反思做出相应的价值判断；服务学习理念也一直坚持个人价值与社会价值相统一。国家在青少年出现责任感缺失的社会背景下推进教育改革，在继续尊重个人权利的基础上更加重视培养青少年的社会责任感。使青少年在实践活动中通过不断反思而理解责任，不是仅仅考虑到个人意愿和利益，而会对社会问题加以理解，尊重和维护社会公共利益，进而增强社会责任感。

二、服务学习教学法的理论溯源

服务学习是一种体验式或经验式的教育。杜威的实用主义教育思想是服务学习非常重要的理论来源。杜威认为生活和经验是教育的灵魂。离开生活和经验就没有生长，也就没有教育。②其也强调，经验是最好的学习方法，一切真正的教育都是从经验中产生的。学生应该从现实生活的经验中获取知识，通俗地讲，就是“从做中学，从学中做”。他认为一切教育都是通过个人参与人类的社会意识而进行的。学校作为教育的主要场所，是一个“雏形的社会”。“当学校能在这样一个小社会里引导和训练每个儿童成为社会的成员，用服务的精神熏陶他，并授予有效的自我指导的工具时，我们将拥有一个有价值的、可爱的、和谐的大社会的最强大而且最好的保证。”③服务学习的概念正是体现了杜威的经验教育思想。

学生对于经验的吸收往往需要经历一个周期过程。大卫·库伯（David

① 刘献君：“论高等学校社会服务的体系化”［J］，《高等教育研究》2014年第12期。第1–6页。

② ［美］约翰·杜威：《民主主义与教育》［M］，王承绪译，人民教育出版社2001年版，第14页。

③ ［美］约翰·杜威：《学校与社会·明日之学校》［M］，赵祥麟等译，人民教育出版社2005年版。

Kolb）在总结杜威、皮亚杰等前人经验学习的基础上构建了自己的经验学习模式。模式提出了四个循环往复的学习环节：具体经验（concrete experience）、反思性观察（reflective observation）、抽象概念化（abstract conceptualization）、主动实践（active experimentation）。[①] 整个模式是一个循环圈的形式，因此这种经验学习模式又被称为经验学习圈理论。当一个具体的经验通过反思而丰富，通过思考赋予意义，通过行动改变时，所创造的新经验就会变得更丰富、更广、更深。这一过程循环的进一步叠加将继续深化并转移到其他环境中的经验。学习作为一种连续性活动，在这个过程中，与其他知识相结合并推广到其他情境中。服务学习吸收了经验学习模型的优点，在实施过程中注重将学生的体验和反思相结合。通过反思，学生能够加深对体验的认识。

上世纪美国的自由主义强调个人的权利，特别是个人自由的权利，以自我和个人为出发点，只关注个人价值而忽视了社会价值取向，对国家事务、社会问题等保持消极的参与态度，遭到许多理论流派的批判。社群主义是在批评以约翰·罗尔斯为代表的新自由主义的过程中发展起来的，它与新自由主义形成了当代西方政治哲学两相对峙的局面。它极力反对自由主义的个人权利中心论，倡导公民所追求的价值应是社群价值，而非是个体价值。从方法论方面看，“社群主义的出发点是社群，各种各样的群体而不是个人成为分析和解释的核心范式，社群主义的方法论从根本上说是集体主义，它把社会历史事件和政治经济制度的原始动因最终归结为诸如家庭、社区、阶级、国家、民族、团体等社群”[②]。从价值观方面看，社群主义强调“普遍的善和公共的利益，认为个人的自由选择能力以及建立在此基础上的各种个人权利都离不开个人所在的社群。个人权利既不能离开群体自发地实现，也不会自动导致公共利益的实现。反之，只有公共利益的实现才能使个人利益得到最充分地实现，所以，只有公共利益而不是个人利益，才是人类的最高价值。”[③] 社群主义的产生与发展已经逐渐地改变了美国个人权利中心论的极端自由主义倾向。社群主义的思想开始渗透于美

---

① Kolb D A, *Experiential Learning: Experience As The Source Of Learning And Development* [M], 1984.

② 俞可平：《社群主义》[M]，中国社会科学出版社 2005 年版，第 3 页。

③ 俞可平：《社群主义》[M]，中国社会科学出版社 2005 年版，第 4 页。

国国家生活的方方面面。服务学习也深受社群主义的影响，鼓励学生参与社会活动，直接接触到多元社会，培养学生的社群意识，提升学生的社会责任感，增进对他人的关爱和包容，培养积极参与社会生活的合格公民。

三、服务学习教学法于美国社会科课程中的运用

服务学习作为一种教学法，深受美国教育研究理论以及教育改革原则的影响。通过参与社区服务或者基于社区的研究项目，学生可以以充沛的热情和洞察力来进行学习，更好地掌握主题。同样重要的是，校园与社区通过服务学习建立起了互惠互利的伙伴关系，更好地合作解决问题。服务学习与社区服务不同，它与课程紧密联系，贯穿于许多学科领域，将课程任务、讨论、反思融入到社区服务和解决实际生活问题之中，而不是仅仅关注服务内容本身。

大量实践表明，服务学习能够增进学生对课程涵盖主题的理解；能够培养学生批判性思维；能够鼓励学生探索和澄清关于世界的价值观和理念，并提供采取行动的机会；能够促进学生对多种文化和社区的了解与欣赏；能够加深学生对社区面临的社会问题的了解，并鼓励其探索根本原因以及社会、政治和经济结构；能够提高学生处理歧义的能力和适应不断变化的情况的灵活性；能够为学生提供宝贵的工作实践经验；能够发展和/或增强学生沟通协作和领导力等重要能力；能够鼓励学生反思如何在职业道路上整合技能，兴趣和价值观；能够灌输给学生对终身学习和公民参与的欣赏及其所需的技能。[①]服务学习一直受到美国政府和学校的高度重视与提倡，成为学校教育的重要组成部分。美国联邦政府还相继出台了与公民教育和公民服务相关的政策法规，如《国家和社区服务法案》（1990），《民主教育法案》（2006）等，服务学习和公民行动教育策略得到了立法和资金方面的大力支持。

近年来，美国公民教育学界和教育实践者倡导一种建立在服务学习基础上的新的公民教育策略——公民行动（Action Civics）。大多数服务学习是不问政治的，以服务为导向的行为动机通常是向他人表达关切，提升参

---

① Chenarani, Kiarash, "An Introduction to Service Learning Pedagogy" [J], *Online Submission*, 2017.

与者作为某一人群或关爱他人时的自我认同感，以传达一种普遍的道德关切，而不是一种强烈的政治敏感或政治承诺，如为小学生补习功课，公园清扫等，这类服务通常不是为了解决体制或结构问题，学生更容易获得即刻或短暂的成功体验。因而，服务学习也隐含了一种政治伦理，即赞成维持现状，弱化社会变革。相反，公民行动是一种有指导的体验式的公民教育方式，旨在促使“公民能够积极有效地参与到社区和更大范围的社会政治活动中。”[①] 通过这种模式，学生不但能够解决自己关心的问题，同时能够了解到有效参与公民行动尤其是政治行动的原则，从而参与长期的、有组织的政治和其他推动变革的活动，如参与公共政策的制定、建立联盟、提升公共意识等，而不是短期的志愿服务和改良措施。与此同时，公民行动教学策略在实施过程中，还创设了一种合作的、积极的同伴关系，对价值观教育也具有重大意义，是民主社会对公民的必然要求。民主社会不仅需要自信而独立的公民，还需要人与人之间的沟通、合作、商议、妥协来促进自身的稳定和发展。

为了推广公民行动这一教育模式，一些示范性的组织和项目相继成立，如“公共成就”（Public Achievement）、“地球卫队”（Earth Force）、“麦克华挑战”（Mikva Challenge）、“海德广场特别行动队”（Hyde Square Task Force）、公民教育中心的“我们人民：公民养成方案”（We the People: Project Citizen）等。这些组织或项目都指导年轻人针对自己关心的问题采取广泛而具有赋权作用的措施，帮助他们掌握公民行动的知识、技能和信念并形成习惯，将其运用到今后的政治参与中。它们通常采取六阶段的公民行动组织方式，例如“麦克华挑战”的“采取行动”（Issues to Action）项目教导学生“对社区进行调研；选择问题；对问题进行调查并设定目标；进行权力分析；制订策略；采取行动以影响政策制定”。这些步骤能够鼓励学生全身心投入到某个他们关心的公民问题上，支持他们学习采取有效行动所应具备的知识和技能，促使学生采取行动，团结协作，并多以自己的经历进行反思，巩固他们学到的知识，赋予他们权力以期未来采取有效行动。这种途径让他们在行动中学习公民权利而不是向他们传授关于公民

---

① National Action Civics Collaborative, *Action Civics: A Declaration for Rejuvenating Our Democratic Traditions* [EB/OL], from www. centerforactioncivics. org.

身份的知识。此外，采取公民行动教育的优秀组织和教育者鼓励学生在反省个人经历和采取行动时，要了解和表现出社会的正义取向。他们教授媒体素养、权力分析、女性主义观点和批判的立场来帮助青年人重新思考关于他们生活的和他们想要做出的改变。因而，通过改变年轻人对自己所生活的世界的理解，这些项目具有了赋权性，不仅针对年轻人关心的某个问题，而且促使他们对更广泛的社会政治问题进行重新思考，这也是拒绝短期改良，支持更具创造力的改革的有益途径。[①]“我们人民：公民养成方案”是一个中学公民教育课程，旨在促进学生有能力和负责任地参与地方政府。该项目通过一个互动、合作的过程，让学生积极参与学习如何监督和影响公共政策。通过一个班级项目，学生们一起确定和研究一个公共政策问题，然后制定一个执行该政策的行动计划。最后的产品是展示学生作品的档案袋。在班级项目的最后一个活动中，班级在模拟立法听证会上展示自己的作品集，从而展示他们对公共政策如何制定的知识和理解。班级也可以参加与当地或国家其他班级的比赛。公民项目最初由公民教育中心于 1992 年以美国青年公民组合项目的名义开发。该项目由美国教育部资助，由公民教育中心在全国范围内加以协调。在 1995–1996 学年，该方案以公民项目的形式在十余个州作为试点实施，后在美国被广泛运用，在全球也被翻译为多种语言交流运用。

公民行动教学策略得到了政府部门和国家政策的大力支持。美国前任联邦教育部长阿恩·邓肯（Arne Duncan）在 2011 年白宫“行动纲领”（Call to Action）中号召“将公民学习和民主参与作为美国各阶段教育的重要组成”。关于公民学习，他运用了“公民行动”一词，认为“和传统的公民教育不同，当今的公民学习和民主参与比过去目标更加明确也需要更大的参与性，新一代的公民教育超越了你们‘祖父母’时代的公民教育，被称之为‘公民行动’。传统公民教育的目标——增长公民知识，参与选举，志愿服务仍旧是基础性的。但是新一代的公民学习应当以学生为中心，既包含学习也包含实践，而不仅仅是机械记忆。公民教育者应当利用技术

① ［美］梅拉·莱文森:《不让一个公民掉队》［M］，李潇君，李艳译，人民出版社2016年版，第 217–219 页。

和社会网络的力量让处在不同时空的学生加入进来。”①

也有批评者指出，公民行动教育策略会将学生转变成激进主义者，促使其更多地关注美国社会存在的问题，而不是形成积极的民主价值观。另有学者认为，公民行动将教育重点放在提升公民技能上，忽视了基本的公民知识的传授。无论如何，这种教学策略倡导学生通过集体行动解决生活中的实际问题，是服务学习教学策略在当今社会课程教学中的新的发展，具有一定的积极意义。正如莱文森教授所言：模拟的公民经历可能会帮助学生提升他们的公民技能、缩小公民赋权差距，但是正式的经历可以帮助学生形成参与的、有效能感的公民身份和积极行动的习惯，为未来的公民参与做准备。②

第五节　榜样示范教育法

榜样蕴含着丰富的价值内涵，榜样外在表现出来的行为及内在具备的道德品质、价值观念和精神品格对他人具有行为示范和精神激励作用。榜样示范教育主要经历树立榜样，宣传榜样人物，学习榜样事迹，内化为自身思想与行为四个过程。美国的榜样示范教育法的运用也十分广泛，倡导以积极的，以建立关系为导向的，体验式的学习方式开展榜样示范教育。同时也强调教师作为学生的榜样，其行为具有道德含义。本章将从榜样示范教育法的内涵阐释、理论溯源以及在美国社会科课程中的运用来阐述榜样示范教育法。

一、榜样示范教育法的内涵阐释

榜样示范，即用“榜样”来进行示范学习。从词源来看，“榜”意为公开张贴出来的名单、文书、告示;《说文解字》中“榜”也意为一种矫正弓弩的工具。正如《韩非子·外储说右下》中所说：“榜者，所以矫不正也。”

---

① The Center for Information and Research on Civic Learning and Engagement (CIRCLE), *Civic Learning through Action: The Case for Generation Citizen* [R], Available online at www.civicmissionofscools. org.

② ［美］梅拉·莱文森:《不让一个公民掉队》[M]，李潇君，李艳译，人民出版社2016年版，第181页。

而“样”用作名词，解释为形状、种类，也意为做标准的东西。“榜”与“样”结合起来，可以理解为是一种用于矫正的标准。榜样最早作为一个词语出现是在宋代张磁的《俯镜亭》一诗中，“唤作大圆镜，波纹从此生。何妨云影杂，榜样自天成”，意为“样子”或“模样”。现代的“榜样”多解释为“楷模”，“典例”。《新华词典》将“榜样”解释为“作为仿效的人和事例（多指好的）”。《现代汉语大辞典》的解释是“值得学习的好人或好事。”

榜样的内涵中具有一定的价值判断，是值得学习的标杆。虽然身份、性格不同，榜样的事迹不同，但都是由当时的社会或统治阶级树立起来的，都是对当时主流社会的价值取向和道德规范的彰显。随着时代不断发展，榜样的外延也在不断扩大，榜样不再局限于领袖、英雄、大圣人等，而是逐渐发散在我们每个人的生活中。榜样的行为常内含个人和社会发展所需的道德规范和价值观，除社会树立的榜样，也存在个人自主选定的榜样。总而言之，无论是社会组织树立的榜样，还是个体自主选定的榜样，榜样存在的基本意义在于其对他人具有行为示范和精神激励的价值。榜样表现出来的行为及内含的道德品质、价值观念和精神意蕴对他人具有行为示范和精神激励的作用。

《教育学辞典》中将榜样定义为：“榜样又称示范教育，是用他人的好思想、好行为、好道德来影响学生的教育方法、德育方法之一。”[①] 榜样常是被人从情感上、心理上均认定为值得效仿和学习的个人或群体，其独特的人格魅力和品质会使人不由自主地被感染，使人产生一定的情感认同，这种认同会引导和激励人不自觉地巩固或者改善原本的价值观念。榜样示范教育法作为一种教育方式，主要经历树立榜样，宣传榜样人物，学习榜样事迹，内化为自己思想与行为四个过程。榜样示范教育法通用榜样进行示范，使一些枯燥的知识变得鲜活和生动起来，引起共鸣，引导人学习和效仿榜样行为，自我内化榜样的精神品质，完成自身道德品质、价值观念的巩固或改善。榜样示范教育法区别于传统课堂的教学方法，它可以贯穿课堂内外，深深地融入学生的生活。学生可以在日常生活中发现榜样，学习榜样，内化为自身的思想和行为，不断提升自己。

① 张念宏：《教育学词典》[M]，北京出版社 1987 年版，第 463 页。

二、榜样示范教育法的理论溯源

观察学习是榜样示范教育的一个重要过程，班杜拉的社会学习理论探讨的观察学习、自我调节等理论为榜样示范教育奠定了重要的理论基础。

在社会学习理论看来，人既不完全受内部力量的驱使，也不完全受环境刺激的支配。人是用人的因素与环境因素双方连续不断的交互作用来解释心理机能的，同时理论赋予了自我调节能力以突出的地位，只要安排好环境诱因，提供认识支柱，以及提示他们自己的行为结果，人们就能采取某种措施来控制自己的行为。人的本性本身是具有巨大潜能的，能在生物学限度内通过直接的和替代的经验被塑造成不同的形式。在社会学习理论看来，示范作用可以产生学习，人只靠自身行动的效果来告知他们做什么的话是十分吃力的。人类的大多数行为是通过示范过程而观察学会的。人们通过观察别人形成了有关新行为如何操作的观念，这一编码的信息在以后场合中就作为一个行动的向导。人们在操作任何行为之前，至少可以以一种近似的形式向榜样学习做些什么，这样可以避免出现一些不必要的错误[①]。整个观察学习由四个过程所决定[②]。首先是注意过程，该过程决定了一个人在显示给他的大量范例中选择什么来进行观察，以及在这些示范原型中把哪些东西抽取出来。不同原型所呈现出来的行为的功能价值对于人们会观察哪些原型和忽略哪些原型都十分重要。观察学习的速度和水平也一定程度上由示范行为本身的性质，比如它的特殊性和复杂性所决定。人们对过去经验和情境需要中形成的知觉定式会影响他们在观察中抽取什么特征以及如何对所见所闻作出解释。其次是保持过程，该过程涉及对某个时刻所模仿的活动的保持。当原型不再出现提供方向的时候，观察者要想继续从原型的行为中得到益处，就必须在记忆里以符号的形式把那些反应模式表现出来。由于符号的媒介作用，瞬时的示范经验可以被永久保存在记忆里。再次是运动再现过程，该过程是将符号的表象转换成合适的行动。人们在建立自己的反应时，他们与示范的模式在时间和空间上保持一致，就可以获得行为的再现。观念在第一次转化时常会出现错误，观念和行为

---

① ［美］阿尔伯特·班杜拉：《社会学习理论》［M］，陈欣银，李伯黍译，中国人民大学出版社 2015 年版，第 10–11 页。

② ［美］阿尔伯特·班杜拉：《社会学习理论》［M］，陈欣银，李伯黍译，中国人民大学出版社 2015 年版，第 17–23 页。

的完全一致通常是需要通过不断尝试并正确调整而得到的。最后是动机过程，行为的产生需要足够的动因，人们大多接受示范行为所产生的他们自己认为有价值的结果，而不大接受没有奖赏或者具有惩罚效果的示范行为。总而言之，借助于榜样对个人行为进行强化，一方面可以吸引观察者的注意力，另一方面也提高榜样行为的发生率，所有行为都是在观察中习得的。

以马斯洛、罗杰斯为代表的人本主义心理学家倡导关心人的本性、价值和尊严，认为人具有一种自我实现的本能和潜力。人本主义心理学倡导的课堂区别于传统的以教师为中心的灌输式课堂，是以学生为中心的灵活性课堂。教师应关注每位学生的个性，不断激发每个学生的独特潜能。马斯洛于 1943 年在《人类激励理论》中提出了需求层次理论，他将人的需要从低到高分为五个层次，依次为生理的需要、安全的需要、爱和归属的需要、尊重的需要和自我实现的需要。如果较低层次的需要不能得到满足，就会影响到较高层次的需要。当基本需要都被满足时，自我实现的需要才有可能被满足。榜样示范教育的终极目标——实现人的全面发展与人本主义心理学所倡导的自我实现在某种程度上是一致的。需要是动机产生的内部条件，需要的驱动力使人不断地完善自己。人本主义心理学为榜样示范教育法的理论基础做了重要的补充。榜样示范教育的目标不是培养出榜样的精美复制品，榜样示范教育的意义也不是完全由教育者所决定。人对榜样的选择应该符合自身的内在需求，对榜样的模仿学习只是一个出发点，应由此激发出更多的学习需要，不断进行潜能的开发，为最高层次的自我实现创造条件。

三、榜样示范教育法在美国社会科课程中的运用

美国社会科课程是对美国中小学生实施道德教育和价值观教育的重要课程。历史和地理的内容在社会科课程中占有很大的比例，课程不只是使学生掌握学科知识，其中也渗透着美国精神和民族文化的丰富内涵。在美国，历史成为一门独立的学科是在南北战争之后，“原因是新时代需要启发儿童的爱国思想和拥护团结而不是南北分裂的国家。在教材中，充满着美国英雄人物、美国在政治和战争中的光荣业绩以及美国各种建设的辉煌成就。在欧陆国家中，德国学校通过历史进行政治教育，对美国是甚有影响

的”[①]。以历史教学的手段来进行爱国主义教育、传授美国精神、突出美国在世界上的重要作用的教育思想，一直影响着美国的当代教育。美国中小学低年级的历史课本多以传说、历史故事、人物传记以及文化、地理知识为其主要内容。相对而言，这些内容多富有文学色彩，文笔优美，情节生动，再加上平日的耳濡目染，很容易激发学生的学习兴趣[②]。历史故事中的英雄人物常传递着国家的价值观，通过激励学生对英雄的模仿，逐渐使学生成为一个善良的、正直的、有道德的公民[③]。

另外，美国还建立和强化了一种包容性的叙事，让国家全体人民去扮演各种各样的英雄角色，有意识地、兼收并蓄地塑造和教授公民英雄的方法能够帮助建立一个共同的“国家故事”，在这个故事中，每个公民都能找到自己的位置，都能感受到自己是其中的一份子。2005 年版的《公民学：行动中的政府和经济学》（*Civics: Government and Economics in Action*），这部具有代表性的初高中公民学教科书就展现了这种逻辑。书中重点收录了 15 个“公民档案”，从米奇·利兰、詹姆斯·麦迪逊、卡罗尔·莫斯利布劳恩、路易斯·布兰代斯到钟彬娴、爱丽丝·瑞福林、瑟古德·马歇尔、马德琳·奥尔布赖特。每个档案都有一段话，都在强调这些英雄是非白人、非基督教或者女性身份，并且附有照片，以及一个问题，来强化这些英雄人物对国家公民事业的贡献[④]。对英雄的认同和宣扬可以达到的公民教育的目的，通过激发学生的潜能，让学生以某些特定的方式，在有限的程度上去模仿他们心目中的英雄，最终也不是完全成为与心目中英雄一模一样的人，而是成为更优秀的自己。

1983 年安娜梅德洛克和约翰格莱姆夫妇倡议开展了“长颈鹿英雄计划”（Giraffe Heroes Project）活动。该活动旨在寻找具有“强烈同情心和勇气的普通人”，也就是“那些为了公共利益挺身而出的人们”。人们通过这个活动，发现新英雄，讲述新故事，学习英雄精神，更好地提高个人品德。

---

① 滕大春：《美国教育史》［M］，人民教育出版社 1994 年版，第 372 页。

② 浦卫忠：“美国精神与青少年教育”［J］，《中国青年政治学院学报》1991 年第 1 期。第 16–21 页。

③ ［美］梅拉·莱文森：《不让一个公民掉队》［M］，李潇君，李艳译，人民出版社 2016 年版，第 132 页。

④ ［美］梅拉·莱文森：《不让一个公民掉队》［M］，李潇君，李艳译，人民出版社 2016 年版，第 137 页。

许多学校根据这个活动的基本思想，采取多种生动的形式，组织学生参与“长颈鹿英雄计划”活动。有的学校会与“长颈鹿英雄计划”建立联系，获得《长颈鹿公报》，也会购买或租赁不定期出版的录像材料，组织观看并交流观后感，写阅读笔记；有的学校会发起征稿活动，鼓励学生书写在学校和社区见到的助人为乐的好人好事，贴在《公告板》上，为学生创造一个相互交流、表扬道德行为及向人致谢的阵地，过程中也培养了学生良好的道德敏感；也有学校为了发扬“长颈鹿”精神，在学校和邻校开展“跨年级联谊”活动，由高年级跟低年级的班挂钩，订出活动计划，每月活动两三次，一起讨论学习问题，一起参与社会实践活动等。活动使得高年级学生意识到自己的成长，自己需要成为学弟学妹的好榜样。低年级学生也在活动中看到了自己的不足，树立起向榜样看齐的意识。各年级学生通过参与活动对自己的价值观有了更多的思考①。

人们在日常生活中开始越来越重视推崇接地气的榜样（role model），而不再是超现实的英雄人物。榜样的概念自 20 世纪 50 年代被首次提出，意为我们尊敬并试图去模仿的人。这些身边的榜样都是平凡的人，与人们的差别仅仅体现在某一特定维度。正是他们平凡中的伟大行为激励着人们去效仿他们，使人们能不断提升自己。美国总统奥巴马在 2009 年秋季对全美中小学生的讲话中列举了德克萨斯州罗马城的佩雷斯、加尼福尼亚州的舒尔茨等生活中平凡人物的事迹，向青少年宣扬美国精神并进行责任感的榜样示范教育。经调查显示，越来越多的美国人选择自己的家庭成员和朋友来成为自己的榜样。社会科课程教师在树立榜样时，榜样的特征应该在种族、文化、宗教、原籍、居民地以及阶层方面与学生拥有共同点，从而提高学生将他们视为榜样的几率，激发学生进行效仿。教师将榜样人物引入现实课堂，使他们与学生亲切交流，使学生有真正的机会来逐渐了解他们，并且与他们心灵相通，如同感受到与家庭成员和朋友一样亲密的关系，而这样的家人和朋友常会被学生视为楷模。同时，学生还需要了解一些日常的、平凡的行为是如何影响整个社区的。教师可以引导学生找出并学会运用这些平凡的榜样身上体现的关键技能。这样，学生更可能积极、有效

① 路石：“从小培养良好品德——美国的‘长颈鹿’计划及道德教育活动简介”[J]，《天津教育》2002 年第 02 期。第 37–38 页。

地参与到公民和政治活动中，在整个榜样示范教育过程中一直以积极的、以建立关系为导向的、体验式的方式开展学习，通过榜样示范教育，改变他们对公民身份的理解，更好地参与公民实践①。

学校教育是人一生所受教育的重要组成部分，学校教育一直以来的一项任务就是要传授道德美德，这要求教师要具有良好的道德水平与责任感。学生会通过观察教师的教学方式和教学过程来评估教师的品质。在教师和学生的普遍互动中，教师可以且应该作为榜样，传授品格和道德美德②。第一是诚实教育，教师可通过讲真话，维护学生记录的机密性，履行职责时不说谎、作弊或偷窃等方式来做诚信的榜样示范。第二是信任教育，教师可以通过建立和维护班级期望来使学生和教师达到双向信任。当学生信任教师时，不可避免的错误就从对失败的恐惧转变为一个学习的机会。第三是公平教育，教师应做好榜样示范，给予学生平等的机会，相信每个学生的学习能力并鼓励每个人尽可能达到最高水平。第四是尊重教育，教师应对学生表现出尊重，无论他们的种族、性别、社会经济地位或个人特征及能力如何，都给予充分的尊重与照顾。第五是责任教育，教师通过在道德上对自己的行为负责并履行职责来表现出责任感，以此教师可鼓励学生勇于承担更大的个人和社会责任。总而言之，教师可以通过课堂内外的互动来进行诚实、信任、公平、尊重、责任的榜样示范教育。有品格的教师会以值得信赖的方式诚实地对待学生，培养学生之间的相互信任与尊重，通过维护每个人的固有尊严来尊重他人，并以道德负责的方式履行职责，以身作则，教学相长。

美国社会科课程提倡以积极的、以建立关系为导向的、体验式的学习方式开展榜样示范教育。在教育的过程中，教师应具有优秀的道德品质，以身作则，感染学生，鼓励学生以某些特定的方式在有限的程度上向榜样学习，激发学生的潜能，使其不断提升自身素质。

为了实现价值观教育的目标，美国社会科教师十分重视综合运用多种教学方法来渗透民主社会所需要的价值观。一是参与性，即重视学生的主

---

① ［美］梅拉·莱文森：《不让一个公民掉队》［M］，李潇君，李艳译，人民出版社2016年版，第150–152页。

② Lumpkin, Angela, "Teachers as Role Models Teaching Character and Moral Virtues" [J], *Journal of Physical Education*. vol. 79, no. 2 (2008). pp.45-50.

动参与和实践体验，培养学生的参与意识。社会需要对公民角色充满热情的公民，愿意为保护所有人的生命、自由、平等和追求幸福的权利而奋斗的坚定公民，愿意积极参与公共事务的公民。美国社会科课程中采用的角色扮演教学法、服务学习教学法等都充分发挥了体验式教育的优势，使学生跳脱开传统的教学课堂，在“做”中学，进行真正的价值观体验和实践，发展协商、合作等未来社会公民所必备基本公民技能，为未来生活做准备。二是民主性，即重视师生平等和学术自由，培养学生的民主意识。学生在课堂上与同伴、教师进行平等对话，而不是感受压力、威胁和权威，这能够激发学生积极思考问题并勇敢表达观点，培养学生互相欣赏、包容、分享的情感、态度和价值观，使学生逐渐形成宽容、理解等公民品性。平等的师生关系、开放民主的课堂氛围都潜移默化地影响和塑造着学生的价值观。三是合作性，即在课程活动中重视个体责任和同伴认同，培养学生的合作意识。小组探究学习、服务学习等多种教学方法都离不开团队合作，合作的、积极的同伴关系以及团队协作精神是学生未来生活的必然要求。民主社会不仅需要自信而独立的公民，还需要通过人与人之间的沟通、合作、商议、妥协来促进社会的稳定和发展。同时，在团队合作和集体行动中，个体责任和个人对集体的贡献也是价值观教育所积极倡导的。四是反思性，即重视学生的独立思考和理性判断，培养学生的反思意识。传统的品格教育是基于社会化和行为主义的方法灌输价值观和美德，而个体独立推理、批判性思维能力是民主社会必备的道德素养，是公民生活的重要组成部分。社会科教育不仅应当向学生传授历史、地理、政体结构、宪法等知识，更重要的是使学生在处理政治、社会问题时能够独立分析、判断并采取公民行动，这就要求学生需要具备独立思考、批判和反思精神以及做决定的能力。教师通过在教学中设置有争议的问题，鼓励学生深入探究和分析各种观点和解决问题的方法，并自由发表不同见解。

第六章

美国社会科教师教育

教师是一个民族最根本的职业，是立教之本、兴教之基、强教之源；教师的职业素养和道德水平是关乎学生教育和发展的关键性因素。美国社会科教师发挥着连接社会科课程理念与课程实践的枢纽作用，教师自身的素养和能力是社会科教育质量的重要保障。教师作为价值观教育的引领者，能够通过多种方式承接和传递特定的价值信息，对学生的价值塑造、价值养成具有重要的引导作用。

美国社会科教师教育发轫较早，历经从无到有、从无序到有序、从低级到高级的发展历程，目前，美国社会科教师教育受保守主义思潮、进步主义思潮和新自由主义思潮的影响，重视教师的知识传授与价值传递，提倡教师重视社会意识与合作精神，鼓励教师通过自身的行为示范来引导学生进行有效的公民行动。本章聚焦美国社会科教师这一主体，从教师教育维度切入，首先通过梳理影响社会科教师教育的三大社会思潮——保守主义思潮、进步主义思潮和新自由主义思潮，系统把握社会科教师教育的基本主张，明晰社会科教师教育的目的和任务。其次，选取美国社会公认的、具有重要影响力的两大社会科教师培养标准——《美国社会科教师国家培养标准》（*National Standards for the Preparation of Social Studies Teachers, 2017*）和《美国优秀社会科－历史教师专业标准》（*National Board for Professional Teaching Standards: Social Studies-History Standards for teachers of students ages7-18+, 2016*）的最新版本，通过文本分析，深入探究美国社会科教师教育的具体要求，剖析美国社会科教师的行为规约与价值追寻。最后，从社会实践的维度出发，从政府、行会、学校三个层面纵向、系统、直观地把握美国社会科教师教育的具体实践，从而增强对美国社会科教师教育的真实认识。本章力图从思想理论与具体实践两个维度对美国社会科教师教育进行系统分析，期冀能够揭示美国社会科教师在价值观教育过程中所扮演的角色，明确社会科教师教育的意识形态性和价值取向性。

第一节 美国社会科教师教育的思想基础

每个民族在某一特定时期的社会思想活动总是表现为诸多形式，而其中能够表现出某种社会发展趋势或倾向的思想，我们称之为社会思潮。社会思潮反映了人们对于社会的要求，凝聚了当时社会发展的需要，指明了社会发展的方向，对社会生活的各个方面均产生了广泛而深远的影响。当前，美国社会科教师教育深受保守主义、进步主义和新自由主义三大社会思潮的影响，在此起彼伏的动态发展过程中，对美国社会科教师教育提出了不同的内容要求和价值指向。

一、保守主义：重塑“美国信条”的价值需求

“美国信条”是美国发展所依赖的民众的共同信仰，是国民特性的集中体现，也是国家增强内聚力的传统之所在。美国前总统罗纳德·里根（Ronald W. Reagan）曾提出，“一个国家的伟大不是由其国民生产总值或军事力量来衡量的，而是由其致力于将人民联结在一起和界定其特定的原则和价值观念的程度来衡量的。归根结底，国家的伟大依赖于——也体现在——我们人民的特性。反过来又依赖于：我们对作为一个民族是什么和我们相信什么的认识……我们据以塑造下一代美国人的价值观念。”[①] 美国保守主义认为，美国能够成为移民同化非常成功的国家，根本原因在于文化上的同化，在于民众对美国价值、美国信仰的坚定认同。而目前，随着全球化的发展，多元文化主义、世界主义、移民、贬低和反对民族特性的情绪冲击着美国人的意识，“美国人数典忘祖，不明白美利坚民族价值观的特殊性，更不清楚美利坚民族肩负创建‘山巅之峰’的‘神圣使命’”，[②] 成为保守主义者们一直担忧的问题。在此基础上，美国保守主义提倡要重塑

① 转引自马文琴：《美国学校公民教育的转向》[M]，浙江教育出版社2015年版，第88页。
② 王恩铭，王卓：《战后美国保守主义》[M]，上海外语教育出版社2018年版，第10页。

“美国信条”，尊重传统、历史和经验，反对绝对自由主义，坚持社会至上，反对极端个人主义，具有浓厚的政治色彩。在保守主义思潮的影响下，美国社会科教师教育重视教师对传统知识的传授与传统价值观的传递，倡导教师具备良好的公民意识和有效的政治参与能力。

（一）保守主义的基本理论主张

美国保守主义认为，现代社会人们往往没有对传统知识、传统道德、传统文化和传统价值观的重视，以各自所坚持的价值观念为原则行事，遵循相对主义价值观，从自我的维度出发进行社会参与，由此导致了现代社会普遍存在的道德危机和价值危机。对此，保守主义强调尊重传统，尊重历史和经验，反对绝对自由主义；坚持社会利益至上，主张从社会发展的维度而非个人维度出发进行社会参与，反对极端个人主义。

1. 尊重传统、历史和经验，反对绝对自由主义

美国保守主义强调对传统、历史和经验的尊重，反对绝对的自由主义。在保守主义者看来，传统是历史和经验的根基，是历史的凝结，汇集了人类发展过程中的智慧和经验；人类的历史是伴随着传统发展的历史，而经验则是在传统基础上形成的产物。美国保守主义明确表现出对传统文化的深度眷恋。在保守主义看来，传统、历史和经验是现代社会得以发展的重要政治、文化和精神根基，保守主义强调“现代社会的经济、政治、文化、教育的变革不可能根绝传统所承载的精神基因而独立自衍……现代性的迅速发展及其所带来的种种弊端恰好可以通过人类历经千年所积累的传统文化与文明智慧得以解除。”[①] 同时，美国保守主义提倡尊重传统，但并不意味着对传统的盲目遵从。保守主义提出要在传承的过程中将传统与社会发展的现实要求相结合，批判地看待传统、历史与经验，积极发掘其中所蕴含的现代价值，“用传统所内蕴着的伦理、道德、社群、秩序、宗教来克服现代社会所带给人们的精神漂泊、心灵空虚、无所归依、无家可归、意义丧失等流弊”。[②] 在这一思想的影响下，20 世纪上半叶美国新传统教育思想逐渐兴起，要素主义、永恒主义等流派逐渐开始盛行，在社会中掀起了回归传统的社会潮流。

① 唐爱民：《当代西方教育思潮》[M]，山东人民出版社 2010 年版，第 36 页。
② 唐爱民：《当代西方教育思潮》[M]，山东人民出版社 2010 年版，第 37 页。

保守主义认为自由主义过度以自我为中心，认为绝对的自由主义纵容个人过度夸大自我的自由，从而将个人自由转化为个人随心所欲的放纵与我行我素的肆意；这种不受约束的自由使得个人的欲望极度膨胀，人们盲目、片面地追寻个人自由、个人利益、个人价值，从而造成社会价值的折损，使得社会道德追求日益模糊，社会道德水平急速滑坡，人们缺少价值目标与追求，过度纵容自己，在教育中造就了美国历史上“垮掉的一代”。对此，美国保守主义强调回归传统，在传统、历史和经验中寻找精神慰藉，找到价值追求。保守主义认为，传统历史文化中蕴含的道德美德经久不衰，尤其是道德秩序，更是现代社会摒弃自我放纵，对抗道德堕落，提高道德感与责任心的良策。保守主义思潮对美国教育的发展产生了重要影响，要素主义、永恒主义、新品格教育运动在此影响下应运而生。要素主义强调对人类世代积累的共同经验和文化价值的继承，认为教育的本质就是传授这些知识经验，提出学校要加强对学生的约束，提倡严厉教育。永恒主义比要素主义更具保守的色彩，认为教育的本质是普适的、永恒的，理性是人之为人的根本标志，教育的根本目的在于帮助学生合理地运用自己的智力，同时认为对学生道德层面的关注也是防止学生沉迷堕落的有效手段；永恒主义坚持认为经典文献具有永恒的精神和文化价值，应该成为学校教育过程中永恒的课程内容，教师要引导学生在经典文献的学习中增长才智。新品格教育运动关注学生的道德养成，主张学校通过特定的品格教育课程，向学生传递社会道德共识，并通过阅读经典文献、榜样示范等方式，引导学生树立正确的价值观，养成良好的道德品质。

2. 坚持社会至上，反对极端个人主义

保守主义强调社会的整体利益高于个人利益，坚持社会至上。保守主义认为，个人是社会中必不可少的一部分，个人的发展蕴含于社会整体的发展过程中，离开了社会系统的支持，个人的发展无从谈起；同时，个人作为社会中的个人，应该服从社会的整体发展需要，只有社会正常运行、快速发展，才能为个人的发展提供必要的物质支撑和制度保障。保守主义坚持社会至上，坚决反对个人至上的价值观，认为绝对的自我并不存在，抽象的自我是理论理性的自我，而非现实理性的自我，也绝非现实实践中的自我，个人是隶属于社会整体发展背景下的个人，个人是社会的一分子，是社会中必不可少的一部分。保守主义认为个人主义象征着孤独、异化和分离，个人一旦脱离社会便陷入孤立无援、无所归依的地步。正是片面追求个人自由、个人价值的自由主义，将个人对物质赤裸裸的贪欲逐步引申到道德领域，滋生美国社会中的享乐主义与虚无主义。对此，保守主义学派提出学校教育要引导学生树立正确的个人观，对学生不断扩张的自由进行必要的限制，引导学生正确认识自我与社会的关系，树立社会整体意识，坚持社会整体利益高于个人利益，在促进社会整体发展的过程中实现个人价值。

与此同时，美国的保守主义思潮势必会引起社会对国家意识形态引导的高度重视，具有明显的政治倾向性。保守主义重视权威的力量，强调社会整体利益，提出个人对社会规范、秩序的遵守，提倡公共伦理、传统美德和传统价值，能够在一定程度上冲淡极端个人主义和绝对自由主义的影响，树立一定的规范意识，有助于更好地凝聚社会价值共识，重塑“美国信条”。但与此同时，这种对传统的崇尚、对权威的维护，对社会稳定的追求，对激烈的社会变革的反对，在一定程度上维护了当权者的利益，具有浓厚的政治色彩。在教育过程中，受保守主义的影响，要素主义强调纪律对教育的保障性作用，提出学校要制定严格的管理纪律，对学生的行为进行管理约束；教师要能够合理地运用必要的教学手段，如奖励、惩罚等，严格规范学生的学习行为，为学生学习创造良好的环境。永恒主义强调教育肩负塑造社会精英的重要职责，而作为学校教育主体的教师要对学校、社会、国家的发展负责，做学生发展的智力导师。新品格教育在处理个人与社会关系中提出社群是个人体现道德和利益关系的共同体，强调社群对个人品格的影响，主张个人通过自身所在的社群生活来理解美德或品格，通过社群的影响和教育来对个人品格进行引导，通过将社会规范、要求的自我理解、体验与实践，逐步实现道德品格的内化。

（二）保守主义对美国社会科教师教育的影响

美国保守主义重视传统知识与传统价值观的传递，强调传统价值和社会意识，提倡通过个体合作实现社会整体利益与个人发展。在此思想的影响下，美国社会科教师教育重视教师传统知识传授与传统价值观传递的角色定位，强调教师要具备良好的公民意识和有效的社会参与能力，通过社会科教师的行为示范，帮助学生树立正确的公民意识，提高学生的社会行动力。

1. 重视美国社会科教师的传统知识传授与传统价值观传递

在保守主义的影响下，美国社会科教师教育高度重视社会科教师在传授传统知识，传递传统价值观方面的引导作用，要求教师扮演好知识传授、情感指导、价值观传递的社会角色。

首先，在社会科教师传授传统知识方面。保守主义认为美国传统文化，尤其是犹太—基督教文化是美利坚民族发展的基石，在任何时期都要坚持，不能有任何动摇；提出“一切教育都具有保守的性质”[①]，教育的基本功能之一就是“重复”，而教师在教学过程中居于主导地位，发挥着权威的作用。在学生学习的过程中，知识是永恒的，经典著作展现着永恒的真理，应该成为教师传授的主要素材。社会科教师要通过向学生传递传统知识，帮助学生获得真理。1994 年 3 月，美国国会通过了《2000 年目标：美国教育法》，明确规定了社会科教师在教育过程中的任务和使命，明确提出“到 2000 年，所有 4、8、12 年级的学生都应该能够掌握英语、数学、外语、公民学和政府等学科中具有挑战性的内容，具备一定的能力，从而为承担公民责任、进一步学习和有效工作作好准备。”[②] 这就以教育立法的形式确定了社会科教师教育的责任。社会科教师作为传授公民学、政府等学科知识的主体，必须承担起向学生传递专业知识的使命，帮助学生了解相应的学科专业知识，以便能够更有效地进行社会参与。同时，布什总统还发起了“我们的文献”项目，通过提供网站资料、课程教案、举办教师讲习班等形式，增强教师对传统知识的理解认识，提高教师的教学能力和水平；并在国家人文基金中设专项资金来支持教师培训，为教师提供更多机会去研究美国历史上的重要文献，专门学习美国历史、文化等传统知识。在保守主义的影响下，美国社会科教师肩负着通过引导学生阅读经典文献，传授传统知识，塑造民族性格，重塑“美国信条”的重要历史使命。

其次，在社会科教师传递传统价值观方面，美国保守主义普遍认为，学校肩负着向下一代传授美国传统精神的职责与使命。“9・11”事件后，美国保守主义势力崛起，一些保守派人士开始出任国家内阁要职，高度重视美国的传统价值观，主张大力宣扬美国传统价值观与体制优势，加强 K–12

① 唐爱民：《当代西方教育思潮》［M］，山东人民出版社 2010 年版，第 46 页。

② *Goals 2000: Educe American Act* [EB/OL], https://ishare.iask.sina.com.cn/f/34463520.html.

阶段社会科教育，将弘扬美国传统价值观作为国家发展的一项重要任务进行。美国保守主义认为面对全球化时代多元文化的挑战，国家最重要的任务在于塑造美国的国民性，教师要向学生传递美国的传统价值观，向学生宣扬美国制度的优越性。美国前总统乔治·布什提出，价值观具有普适性，并认为"美国的责任就是确保这些价值观永远延续并得到遵从。"[①]在其影响下，全国教师教育鉴定委员会（National Council for Accreditation of Teacher Education，NCATE）与美国社会科教育领域最大的专业组织——全美社会科委员会联合制定了专门针对社会科教师的《美国社会科教师国家标准》，明确规定了社会科教师要在教学实践和教学策略中体现价值观教育的目标，能够"引导学生思考事物的道德维度，解决争议性问题，关注反思共同利益，为社会价值观的应用提供平台，对相关社会问题做出基于价值观的决策；使学生意识到事物中蕴含的价值观念极其复杂，在行动过程中，考虑对个人和不同群体的利弊，形成与民主社会政治观念相一致的合理立场"。[②]社会科作为传递国家价值观念和民族意识形态的重要课程之一，授课教师更担负着向学生灌输美国传统价值观、培养学生爱国主义情感的重要任务。

2. 强调美国社会科教师的公民意识和政治参与能力

保守主义在处理个人与社会的关系上，主张社会整体利益至上，反对抽象、孤立的自我，主张个人在追求社会整体利益的过程中实现个人价值。同时，与自由主义相比，保守主义具有浓厚的意识形态属性，尤为强调教师的政治引导力。受此影响，美国社会科教师教育高度关注教师良好的公民意识和有效的政治参与能力，希望教师能够通过自身的行为示范，引导学生树立正确的公民意识，帮助学生有效地参与社会生活。保守主义认为，美国社会科教师的教学工作承载着为美国社会培养"好公民"的教育任务，而这"好公民"不仅仅指道德上品格高尚的公民，更是指在经济、政治、文化等方面对美国社会发展有所贡献的公民。因而，培养良好的公民意识，促使学生能够有效地进行社会参与，尤其是政治参与，是社会科教育的关

---

① ［美］托马斯·帕特森:《美国政治文化》［M］，顾肃，吕建高译，江苏人民出版社 2002 年版，第 260 页。

② National Council for the Social Studies, *National Standards for Social Studies Teachers* [S], 2002.

键，也是社会科教师的重要教学目标与任务。《美国社会科教师国家标准》中明确指出，社会科教师要培养学生“将社会、历史、哲学、法律、政策等方面的理解应用到现实生活”的能力，使其具有责任意识、公德意识、民主意识等基本意识，以及“对文化相似性和差异性保持敏感，具有社会责任感”；突出强调社会科教师在教学过程中，“要将知识、技能、信仰、价值观、态度和有效的社会、政治行动联系起来”，使学生能够利用公民知识和参与技能，有效地参与到社会生活、公共生活、政治生活中，真正践行美国传统价值观。①

二、进步主义：服务社会、实用民主的价值导向

进步主义思潮是迄今为止美国教育史上持续时间最长、影响最深远的一种社会思潮。在其影响下，实用主义、改造主义纷纷涌起，深刻影响了美国教育理论与实践的发展，成为美国教育传统最深厚、最沉重的根基或表征。美国进步主义关注教育的社会服务性，强调教育的目的在于对社会的改造，主张教育的本质是生活，关注学生的教育体验，倡导教师为学生的发展创设良好的教育环境。在此影响下，美国社会科教师教育强调教师具备引导社会参与的能力，引导学生积极参与社会活动；要求教师关注学生的个人体验，注重教学环境对学生的影响，为学生的健康成长创设尊重、全纳、真实的社会环境。

（一）进步主义的基本理论主张

美国进步主义高度重视教育的社会服务性，将教育视为促进社会发展的第一工具；主张教育要直面社会问题，关注社会生活的方方面面，重视教育的社会性、实用性。同时，进步主义强调直接经验对教学的意义，认为学生的个人体验是教育的一手材料，能够帮助学生了解事物，形成最直观的认识，其基本理论主张如下：

1. 关注教育的社会服务性

美国进步主义认为，教育是社会改良的工具，是促进社会发展的第一服务工具；主张教育要直面社会问题，以反思、解决社会问题作为教育的

---

① National Council for the Social Studies, *National Standards for Social Studies Teachers* [S], 2002.

着眼点，重视教育的社会性、实用性，将教育限定在人的现实生活和学生经验所及的范围内，强调行为、过程和效果，强调个人与社会的协调，重视人的实践和行动的社会性。杜威提出“教育即生活”，教育与生活、社会相联系，而学校则是小型的社会，是社会生活的一种形式，学校应该能够反映并呈现现实的社会生活。为此，学校要承担起简化、纯化、平衡社会生活这三项职能。美国进步主义提倡教育的主要任务在于服务社会、改造社会，教育只有主动面对社会问题，才能真正解决社会问题，使社会正常运行。西奥多·布拉德梅尔（Theodore Brameld）提出，教师是连接社会发展和学生进步的桥梁，教师的职责在于劝说学生，引导学生来改造他们所生活的社会，通过教育使学生具有“社会一致”精神。教师在教授学生必要的学科知识和专业技能之外，更应该注重培养学生的社会适应能力。教师应该成为学生社会精神的引导者，帮助学生树立集体意识和集体观念，形成符合社会发展要求的思想信念、价值理念和行为习惯，成为民主社会的促进者。

2. 强调学生的个人体验

进步主义重视学生的个人感受，以体验指向为材料，强调学生的个人体验，提倡从“做中学”。杜威认为，教育是经验的改组或改造，“教育必须从学习者已有的经验开始，这种经验和在学习过程中发展起来的能力为进一步的学习提供起点。”①学生的体验是学习的一手资料，是学生学习的基础，能够为学生学习提供最为直观、深入的认识。直接的个人体验能够使学生获得最生动、最深刻的知识，这些知识可以付诸实践，并转化为学生的内在品性；这种知识与日常生活紧密相连，并具有深刻意义。同时，进步主义重视环境所具有的教育性，认为“社会环境能够通过个体的精神活动，塑造个人行为的智力和情感倾向”。教育依靠环境来塑造人，依靠环境向其成员传递特定的价值观，塑造个人的行为习惯，引导个人行为与社会活动标准相符合。杜威在《民主主义与教育》中提出，“更深刻的价值判断标准，是一个人习惯性参与的情景所构成的”，但是“一个俗气的、没有秩序的和装潢过度的环境会败坏美感，正如贫乏而荒芜的环境会饿死

---

① ［美］约翰·杜威：《民主主义与教育》［M］，王承绪译，人民教育出版社2001年版，第313页。

美德愿望一样。”[①] 因此，进步主义主张教师通过创设良好的学习环境，加强学生的个人体验，从而对学生进行教育和引导。

（二）进步主义对美国社会科教师教育的影响

美国进步主义高度重视教育的社会服务性，认为教育是社会发展的第一服务工具，倡导教师要注重培养学生的社会适应意识和提高学生的社会适应能力；关注学生的个人体验，重视环境对人行为习惯、道德品格的塑造作用，主张教师通过创设良好的教育环境来促进学生的发展。在此影响下，美国社会科教师教育注重社会科教师组织社会服务的能力，强调社会科教师应该具备创设适合学生学习的尊重、全纳、真实的教学环境的能力，以此为支撑，提高教师的教学质量和水平。

1. 注重美国社会科教师组织社会服务的能力

美国进步主义强调教育对社会的改造，认为教师是促进社会发展和学生进步的催化剂，肩负着引导学生进行社会参与，培养学生社会参与意识和能力的重要职责和使命。在进步主义思潮的影响下，美国社会科自成立之初便提出社会科是“与人的生活、社会生活相联系、使传统的各学科相互关联和统一起来的一门综合性课程”[②]，关注社会生活的方方面面，研究日常生活和社会问题，为社会的发展培养合格的、积极参与的公民。对此，《美国社会科教师国家培养标准》在社会科教师具备必要的专业知识的前提下，在教师熟悉学科概念、事实和工具的基础上，更加强调教师对内容知识的应用，侧重于培养社会科教师对学习活动的规划能力，明确要求社会科教师要“对社会事件保持一定的教学敏感性，能够敏锐地把握可能对社会科教学产生影响的现实因素，及时根据实际教学情况有策略地进行调整”[③]，以提高社会科教学效果。同时，社会科教师还应该积极引导学生参与学校、社区、社会的活动，在社会参与中增强对社会的基本认识，建构知识体系，培养学生进行有效的公民参与所应该具备的知识和能力，以此为未来的公民生活做准备。

---

① ［美］约翰·杜威:《民主主义与教育》［M］，王承绪译，人民教育出版社2001年版，第24页。

② 高峡:“社会科和公民素养教育——从美国和日本社会科的建立谈起”［J］，《全球教育展望》2002年第09期。第14页。

③ National Council for the Social Studies, *National Standards for the Preparation of Social Studies Teachers* [S], 2017.

2. 强调美国社会科教师的环境创设技能

美国进步主义重视学生的个人体验，强调环境对人行为习惯、道德品格的塑造作用，主张教师通过创设良好的教育环境来促进学生的发展。在此影响下，美国社会科教师教育要求社会科教师应该具备创设适合学生学习的尊重、全纳、真实的教学环境的能力，以此为支撑，提高教师的教育质量和水平。进步主义认为，教学有效性的提高依赖于一定的外部环境，对于社会科教师而言，创设尊重、全纳、真实的教育环境，能够帮助学生更好地树立正确的价值观，提高价值观教育效果。基于此，《美国社会科教师国家培养标准》中指出，社会科教师要“尊重自身的教师角色以及作为学校社区成员的角色，起到榜样示范作用；尊重学生的想法，形成合理的论证，而不是不假思索、不负责任地提出观念；尊重和关怀学生个体和多元化的学生群体，以及一切合理的立场和观点。”① 同时，社会科教师在教学过程中应当注重将专业知识和技能转化为学生实际的行为表现，因此社会科教师应该努力创设真实的教育情境来进行社会科教学，从而提高教学的有效性。《美国社会科教师国家培养标准》中还提到了社会科教师应该“鼓励学生成为独立自主的学习者，并在真实情景中运用知识和技能，而不是向学生直接提供、解释相关知识”②。对此，为更好地实现社会科教育的效果，在社会科教师教育过程中，美国高度重视社会科教师对于学生学习环境的创设能力，要求教师能够为学生发展创设出尊重、全纳、包容、真实的环境。

三、新自由主义：“后全球化”时代美国主流意识形态的思想表征

“新自由主义是资本主义全球化意识形态的理论表现”③，是当今包括美国在内的西方资本主义世界主流意识形态最突出的哲学思潮。伴随着“后全球化”时代的到来，新自由主义思想对世界的影响越来越广泛，深刻影

① National Council for the Social Studies, National Standards for the Preparation of Social Studies Teachers [S], 2017.

② National Council for the Social Studies, National Standards for the Preparation of Social Studies Teachers [S], 2017.

③ 何秉孟：《新自由主义评析》[M]，社会科学文献出版社 2004 年版，第 34 页。

响着资本主义国家人们的行为选择与价值判断。新自由主义在古典自由主义的基础上，面对社会和民众的发展需求，放弃了极端自由、绝对放任的观点，提出了新个人主义的主张，重视个人合作和集体利益，强调国家的积极干预，坚持个人价值与国家价值的有机统一。在新自由主义的影响下，美国社会科教师教育关注教师的社会意识与合作精神，注重社会科教师对学生进行价值观教育的职业要求。

（一）新自由主义的基本理论主张

美国新自由主义在古典自由主义的基础上，放弃了其中关于极端自由、绝对放任的观点，提倡新个人主义，重视个人合作与集体利益，强调国家的积极干预，坚持个人价值要与国家价值相契合。

1. 提倡新个人主义，重视个体合作和集体利益

古典自由主义在处理个人与集体的关系中坚持个人主义，将个人自由、个人利益与权利置于神圣且不容挑战的地位，过度关注个人的自由与尊严，强调自我的积极性。然而这种不限约束的自由无限夸大，必将导致个人私欲的无限膨胀，过度关注自我利益与感受，致使个人不断放纵自我，藐视集体利益。对此，新自由主义在处理个人与集体利益的关系时，坚持新个人主义，在继承传统自由主义重视个人自由的基础上，改变了自由主义对个人与社会存在不可调和矛盾的传统预判，主张个人与社会相辅相成，共同发展。新自由主义认为个人的发展离不开社会，脱离了社会与集体的利益，个人根本无法保证自身利益的存在。个人被赋予的自由与权利是依托于社会的发展而存在的，个人在享受社会所赋予的自由、权利的同时，也应该为社会集体利益的发展履行应尽的义务。同时，在社会生活中，个人的力量是微弱的，孤立、封闭的个体必须相互合作，通过与他人合作，积极融入社会，才能在复杂的社会生活中找寻到自我，实现个体所追求的价值目标。在学校教育方面，新自由主义认为学校对学生所进行的自由教育是有所限制的，学生自由意识的增长和自由精神的发展在任何时候都不能有损社会和国家的利益，学生的个人自由不能阻碍国家和社会的发展，国家出于社会整体利益的考量，对个人自由的规定实质是对个人自由与利益的保障。

2. 强调国家干预，坚持个人价值与国家价值相契合

古典自由主义的主张大多是基于外在约束威胁个人自由的行为预判，认

为国家、社会会对个人自由造成干扰，妨碍个人自由、个人利益的实现，侵犯个人自由。这种观点割裂了个人自由与国家、社会之间的联系，将二者视为二元对立、不可调和的矛盾；使个人将社会视为其对立面，不利于个人的进步和社会的发展。新自由主义认为无节制的自由主义只会导致极端个人主义的泛滥，使个人自行其是、各自为政；而要摆脱这种困境，必须发挥国家积极干预的力量，国家需要制定相关法律，为大多数人的自由提供法律保障和制度支持。迈克·杰尼斯（Mike Janis）提出，“新自由主义是我们这个时代明确的政治、经济范式——它指的是这样一些政策和过程：相当一批私有者能得以控制尽可能多的社会层面，从而获得最大的个人利益。”① 对此，杜威从哲学维度出发，提出自由是相对的，绝对的自由是不存在的，他认为“自由是相对于既有的行动力量的分配情况而言的，这意味着没有绝对的自由，同时也必然意味着在某一地方有自由，在另一地方就有限制。在任何时候存在的自由系统总是在那个时候存在的限制或控制系统。”② 因此，新自由主义不再将个人自由置于至高无上的位置，而是主张个人自由要与社会的公众利益相统一，与社会发展相协调；提出国家的干预并非是限制、阻碍个人的自由，相反，避免了个人自由的无限夸大，压抑了个人不合理的、不断膨胀的私欲，规避了个人盲目放纵、肆意妄为的风险，保障了大多数人合理的自由与利益。同时，新自由主义强调国家的适度干预，主张政府要关心公民的福祉，积极有为，国家是实现个人自由与社会自由的基本保障，在政策制定过程中要考虑到社会整体的利益，坚持民主、平等、自由的理念，保护社会绝大多数人的自由和利益，自觉采取积极理性的措施，防止极端个人主义的出现，促进社会整体的和谐发展。

同时，新自由主义主张个人价值要与社会价值相契合，认为自由主义的核心价值在于公共利益与社会和谐，并非古典自由主义所宣扬的个人纯粹的意志与利益。伦纳德·T. 霍布豪斯（Leonard T. Hobhouse）曾提出，“自由与其说是一种个人权利，不如说是社会的一种必要。”③ 他认为自由的

---

① ［美］诺姆·乔姆斯基：《新自由主义和全球秩序》［M］，徐海铭，季海宏译，江苏人民出版社 2000 年版，第 1 页。

② ［美］约翰·杜威：《人的问题》［M］，傅统先，邱椿译，上海人民出版社 2006 年版，第 93 页。

③ 转引自徐大同：《现代西方政治思潮》［M］，高等教育出版社 2006 年版，第 10 页。

基础并非是个人主义，自由不是个人不容干涉的权利，而是对他人权利的理性尊重。新自由主义认为公民的自由是在一定范围之内的自由，需要政府对此进行保障，只有国家对公民自由进行适度干预，才能真正保障公民的自由与权利。新自由主义还强调要赋予个人自由以社会意义，使个人价值与社会价值、国家利益相契合，而不是相抵触，只有这样才能使自由具有现实意义，才能使公民自由真正得以实现。

（二）新自由主义对美国社会科教师教育的影响

美国新自由主义积极引导个人自由与社会整体利益相结合，提倡新个人主义，注重个体合作与集体利益；强调国家干预，坚持个人价值与国家价值相统一。在此影响下，美国社会科教师教育关注教师的社会意识和合作精神，注重社会科教师价值观教育的引导作用。

1. 关注美国社会科教师的社会意识与合作精神

新自由主义主张教师要具有社会意识，要能够积极引导学生将个人利益与社会利益相结合，在社会整体的框架下考虑个人的自由与权利，积极引导个人发展与社会发展的和谐统一。在此思想的影响下，美国社会科教师教育注重教师的社会意识，强调社会科教师的专业行动要符合社会发展的要求，教师的公开言论要对社会负责，教师要积极引导学生适应社会，为社会的发展培养负责任的公民。“9·11”事件后，针对恐怖袭击对美国自由民主观念所带来的重创，美国国家和社区服务社团主席、执行干事伦科夫斯基（Lenkowsky）提出，“我们需要一种积极的公民意识，我们需要每个人高喊‘上帝保佑美国’，我们需要展示国旗、支持美国军队，但我们也需要做更重要的事，那就是在我们自己的生活中成为一个积极的参与公民。”[①] 在此事件的影响下，美国教育界呼吁重新重视社会科教育，并将历史和公民科教育作为培养美国公民责任感、塑造美国国民性的重要途径，提高学生评价中社会参与、社会服务的占比，要求社会科教师具备敏锐的社会意识，关注社会的发展，能够根据社会发展的要求培养合格的、负责任的公民。

同时，新自由主义认为，个人的力量是微弱的，在复杂的社会生活中，孤立、封闭的个人的力量微不足道，因此，个人应该加强与他人的合

---

① 马文琴:《美国学校公民教育的转向》[M]，浙江教育出版社 2015 年版，第 131 页。

作，将个人利益与社会利益相结合，实现个体与自我和社会的和解。在此影响下，美国社会科教师教育重视教师的合作精神，认为学校是一个学术共同体，教师要关爱学生和同事，要能够与他人合作交流，提升教育的效果。同时，除了直接的知识传授、价值观的全面渗透之外，对学生精神品质的培养也是社会科教师教学的重要目标。而合作精神被美国社会认为是教师应该向学生传授、学生在未来的公民参与中必备的精神品质。《美国社会科教师国家培养标准》提出，社会科教师要“对教学设计、实施和评估进行反思和调整，能够反思在教学过程和策略中所体现的价值观……和学生、家庭、同事、社区协同合作，具备与其建立积极关系的职业领导力”①，并且将团队合作精神品质的培养贯穿教学的全过程。2000 年，美国州际新教师评价与支持联盟（Interstate New Teacher Assessment and Support Consortium，INTASC）发布的十项基本原则中明确指出教师要“利用有效的言语和非言语技术，培养课堂中积极探索、协作和支持性交互的氛围”。② 这就要求社会科教师具备协作意识，并在专业教学中利用一定的教学技能，为学生创设合作发展的学习氛围，帮助学生树立团队合作精神，增强学生团队协作能力。

2. 注重美国社会科教师价值观教育的引导作用

美国新自由主义是当代美国社会主流意识形态的思想表征，主张个人价值与社会价值相统一，强调赋予个人价值以社会意义，积极引导个人价值与美德和社会价值、国家价值相契合，认为只有这样才能使自由具有意义。在此影响下，美国社会科教师教育不可避免地具有一定的意识形态属性，重视社会科教师对学生的价值引导，并通过教师教育、教师专业伦理规范等方式，约束教师的行为，使教师树立正确的价值观，以保证教师对学生价值观教育的正确引导。其中，1992 年美国州际新教师评价与支持联盟在《新任教师许可、评估与发展的模型标准：一份州际交流的材料》中首次提出教师的“专业品性”这一概念，将教师的专业能力界定为“知识、

---

① National Council for the Social Studies, *National Standards for the Preparation of Social Studies Teachers* [S], 2017.

② Interstate New Teacher Assessment and Support Consortium, *Interstate New Teacher Assessment and Support Consortium (INTASC) Standards* [EB/OL], https://www.bsu.edu/academics/collegesanddepartments/Teachers-college/faculty-staff/intasc-standards, 2010.

技能、专业品性”三个维度。2008 年全美教师教育认证委员会（National Council for Accreditation of Teacher Education，NCATE）在重新修订的《教师教育机构鉴定的专业标准》（*Professional Standards for the Accreditation of Teacher Preparation Institutions*）中教师的“专业品性”被列为教师教育“六项标准”的第一项，与学科知识、专业技能共同构成教师教育的三大要素，提出“专业品性是教育者在与学生、家庭、同事、社区交往中，通过语言和行为表现出来的专业态度、价值观、信念。”① 由此可见，美国社会科教师教育强调教师的“专业品性”，重视社会科教师对学生价值观的引导。同时，《美国社会科教师国家培养标准》也提出，教师在教学实践和教学策略中要体现价值观教育的目标，将价值观教育理念进行跨学科整合，实现立体化、全方位的价值观教育。

综上所述，美国社会科教师教育深受保守主义思潮、进步主义思潮和新自由主义思潮的影响，在教师教育中重视教师的传统知识传授与传统价值观传递，强调教师的公民意识和社会意识，重视教师政治参与和社会服务的引导能力，注重教师的环境创设技能，关注教师的社会意识和合作精神，重视教师价值观教育的引导作用。

第二节　美国社会科教师教育的培养标准

美国教师教育在百年发展进程中，实现了从无到有，逐步完善和科学化的发展过程。在社会科教师教育中，美国除了制定针对全体教师的法律政策，如《教育法》（*Education Act*）、《义务教育法》（*Compulsory Education Act*）、《国防教育法》（*National Defense Education Act*）、《初等教育法》（*Primary Education Act*）、《中等教育法》（*Secondary Education Act*）、《师资能力培养法》（*Teacher Capacity-Building Act*）等，对教师的培训、考核进行具体约束外，还积极发挥行业协会在教师教育中的指导性作用，出台了《美国社会科教师国家培养标准》《美国优秀社会科－历史教师专业标准》等，对社会科教师教育进行系统规定。本节选取在美国社会科教师

① National Council for Accreditation of Teacher Education, *Professional Standards for the Accreditation of Teacher Preparation Institutions* [S], 2008.

教育中具有广泛影响力、目前仍在使用的两大培养标准——《美国社会科教师国家培养标准》《美国优秀社会科－历史教师专业标准》，对其进行文本分析，深入解读行会组织制定的社会科教师培养标准。

一、《美国社会科教师国家培养标准》(2017年)

2017年，全美社会科委员会出台并实施了《美国社会科教师国家培养标准》。该标准以2002年全美社会科委员会发布的《美国社会科教师国家标准》(*National Standards for Social Studies Teachers*)为基础，于2016年3月正式获得批准通过。该标准迎合社会发展的总体趋势，突破对社会科教师所应具备的展示主题知识和专业表现能力的关注，肯定了2013年发表的《C3框架》精神，围绕着专业知识、专业技能、专业品性三个方面，对社会科教师进行“有抱负的教学”提出了五项核心能力，突出强调社会科教师的教学实践能力，主张社会科教师应通过建立学生实践公民生活的研究型课堂，为学生面对未来持久且未知的挑战提供有意义的学习体验。

(一)《美国社会科教师国家培养标准》的总体框架

《美国社会科教师国家培养标准》主要包括两大部分，一是背景信息的简单介绍，概述了该标准制定的社会背景，框定了该标准的受众群体和指导框架；二是对标准本身具体内容的详细论述，主要涉及专业知识、专业技能、专业品性三个维度，提出了社会科教师所应符合的五项标准，分别是“社会科教师所应具备的内容知识、内容知识的计划应用、教学和评估的计划与实施、社会科学习者和学习、专业的责任和知情的行动”[①]。

第一部分对该标准的发展状况、制定背景、培养目标、受众群体、支撑文件、六种评估方式分别进行了详细介绍；明确提出该标准具有一定的挑战性，其目的在于培养“有抱负”的社会科教师。该标准肯定了《C3框架》中所蕴含的教育原则:“①社会科使青少年为大学、职业和社会生活作好准备；②探究是社会科的核心；③社会科涉及跨学科的应用；④社会科由学科内深刻且持久的理解、概念和技能构成；⑤社会科注重民主决策的技能和实践；”每项标准都以《C3框架》的理念为框架，“通过培养批判

① National Council for the Social Studies, *National Standards for the Preparation of Social Studies Teachers* [S], 2017, p.3.

性思维、提高解决问题和社会参与技能，使学生成为知情公民，从而提高社会科教育的准确性”。同时，该标准还对“有抱负”的社会科教师作出了明确阐释，认为他们应该具备扎实的专业知识，充分了解所教授的主题，并能将其与学生实际生活相联系；教师要了解学生，了解他们的生活方式和价值观念，具备在困境中为学生发展创设良好学习环境的技能。

在第二部分提出了对教师培养的五项标准。在“内容知识”中，要求社会科教师展示社会科学科专业知识，熟悉学科的概念、事实、工具、调查结构和表现形式。这是社会科进行专业教学的基础，也是社会科教师专业标准中最基本的要素。在“内容知识的计划应用”中，强调社会科教师能够结合自己的教学需要，预设学习顺序，利用社会科专业知识和文学、技术等技能，培养学生的公民能力，为学生未来参与公民生活作准备。在“教学和评估的计划与实施”中，标准强调社会科教师要能够根据自身的数据素养和学生的自我评估，设计并实施教学和真实评估，以提高学生的公民能力。在“社会科学习者和学习”中，强调教师要有能力利用学生已有的知识，制定和实施响应式教学，创建跨学科协作的学习环境，为学生未来的社会参与做准备。在“专业的责任和知情的行动”中，要求社会科教师能够通过自身的知情行动，反映和拓展自身的专业知识、探究技能和公民素养，以促进社会正义、增进和保护人权。

（二）《美国社会科教师国家培养标准》的具体要求

《美国社会科教师国家培养标准》明确提出了社会科教师所应具备的五大核心能力，具体要求如下：

1. 掌握学科内容知识

学科内容知识是学科教学的基础和前提，教师只有自己具备扎实的学科内容知识，才能够向学生传授规定的学科知识，传递主流价值观。因此，学科内容知识是社会科教师专业标准中最基本的构成要素，是师者为师的最重要的基础和前提。同时，社会科是由多门科目组成的一门综合性学科，其内容既具有跨学科性，又具有独立性，这就要求社会科教师能够熟悉学科内容知识，熟悉社会科的概念、事实和工具，探究学科结构以及教学表现形式。《美国社会科教师国家培养标准》明确提出“每一门学科——公民学、经济学、地理学和历史学——都提供了一种独特的思维方式、组织知识以及验证知识的系统”①；要求社会科教师必须具备丰富的内容知识，了解社会科的学科概念、事实和工具，包括公民学、经济学、地理学和历史学的核心领域，以及社会行为科学等，能够利用“独特的探索素养——策略、常规、技能、语言或实践——来使内容具有意义。”②《美国社会科教师国家培养标准》提出，对于社会科教师而言，要想促进、维持和评估对学生进行“有意义”的社会科教学，必须具备相关概念、事实和工具的知识，熟悉如何通过特定的调查方式来创建内容，精通社会科研究所必须的探究方法，能够从学科的维度展现调查研究结果，并引导学生改善公民生活。

2. 制订内容应用计划

有效的教学策略和计划是教学质量和效果的保障。《美国社会科教师国家培养标准》重视社会科教师制定教学计划的能力，提出社会科教师在具备一定的知识，拥有熟练掌握概念、事实、工具、调查结构和表现形式等学科构成要素的基础上，还能够综合运用社会科知识和素养，制订学习规划，合理安排学习顺序，培养学生的公民能力，为学生未来的公民生活做准备。标准 2 侧重培养社会科教师的能力，使其能够规划出“有抱负”的学习序列，综合利用社会科知识和素养，培养学生的公民能力。同时，该标准中还将社会科教师的规划能力细化为五项基本元素，分别是“计划学习顺序，与《C3 框架》的联系、国家要求的内容标准及理论、与研究相一致的社会科知识”“计划学习顺序，使学生从社会科中学习学科概念、事实和工具，以促进公民生活的社会科素养”“计划学习顺序，使学生参与学科探究，以发展公民生活的学科素养”“计划学习顺序，使学生在其中创建表达社会科知识和公民能力的学科表现形式”“计划使用技术，来提高公民能力的学习顺序”。③标准认为社会科知识具有跨学科性，“有抱负”的社会科教师应该能够超越孤立的学科内容，向学生传授综合性、实践性的学科概念、事实和工具，以培养学生的公民能力。首先，社会科教师要对课程、教学策略和教学资源进行合理规划，结合学科知识、学生需求和不同背景

① National Council for the Social Studies, *National Standards for the Preparation of Social Studies Teachers* [S], 2017, p.12.

② National Council for the Social Studies, *National Standards for the Preparation of Social Studies Teachers* [S], 2017, p.13.

③ National Council for the Social Studies, *National Standards for the Preparation of Social Studies Teachers* [S], 2017, p.15.

的交叉，设计教学情境，最大限度地为学生创造学习机会，帮助学生在思想上、在互动中获得知识体验。其次，社会科教师具体深入地了解学科知识，具备积极的公民参与的能力，帮助学生为积极的公民生活作准备，这是社会科教师的责任和义务。社会科教师要在具备扎实的专业知识的基础上，保持一定的教学敏感性，意识到社会科教学效果情境的偶然性，能够根据实际情况，及时调整教学策略，设计教学顺序，引导学生进行积极的公民生活。最后，社会科教师要引导学生进行学科探究，进行学科知识构建，从而提高学生的公民素养和能力，帮助学生为积极的公民生活作准备。标准强调社会科教师的资源综合利用能力，提出社会科教师要通过整合社会科知识、数字资源、数字学习工具和其他现代技术，为学生创设增强公民素养和能力的机会。

3. 计划并实施教学和评估

真实的教学评估与反馈是教师进行社会科教学、及时调整教学策略的前提，直接关乎社会科教学的质量和效果。只有获得了真实的评估反馈，教师才能制订出合适的教学计划，采取恰当的教学策略进行教学。对此，《美国社会科教师国家培养标准》中提出社会科教师应该能够根据学习者的自我评估，设计并实施教学和真实的评估，以提高公民能力。社会科教师能够设定并实施一系列教学评估，并确保其真实性，“以衡量学生对学科知识、调查和公民能力表现形式的掌握程度”；同时设计并实施教学体验，“让学生参与学科知识、调查和公民能力的表现形式”；①能够根据评估结果来指导教学决策，反思教学效果，让学生参与到自我评估的实践过程中，分析学生的学习需求，进而做出基于教学评估反馈的教学调整，以提高社会科教学的质量和效果，提升学生的公民生活能力。该标准强调了对学生参与评估的重视，不再将学生视为被动的知识接受者，而是积极学习的参与者，要求学生能够对公民生活进行批判式的提问和探究，积极传达个人观点并采取知情行动。此外，该标准还要求社会科教师具备解释能力，即通过基于技术的研究工具，分析形成性和终结性数据的含义，并利用这些信息指导教学和促进学习。这要求社会科教师在评估数据素养以及分析数

① National Council for the Social Studies, *National Standards for the Preparation of Social Studies Teachers* [S], 2017, p.18.

据的当代技术应用方面做好充分准备。

4. 了解学生的学习情况

学生是教学的主体和对象，社会科教师对学生的学习情况进行深入了解，既是教师的基本职业要求，也有助于充分挖掘教育的价值，提升教育的效果。《美国社会科教师国家培养标准》中提出，社会科教师要能够了解并运用学生的学习情况，“合理规划、实施相关的和灵活的教学方法，创设协作性、跨学科的学习环境，为使学生成为包容和公平社会的倡导者做准备。”为此，社会科教师首先要根据“学生的社会文化资产、学习需求和个人身份的知识，规划和实施相关的、具有针对性的教学法。”[①] 社会科教师要深入了解学生的学习和社会生活背景，了解学生的知识文化水平，选择恰当的教学策略和教学方法。同时，社会科教师在教学过程中，还应该考虑学生的学习需求，为学生选择适当的教学和学习方法；针对社会科课程所具有的意识形态性，社会科教师在教学过程中要考虑到学生的种族、信仰、社会地位等问题，尊重学生的个人身份，谨慎地使用相关教学材料，在尊重、平等的基础上对学生身份的多样性进行合理运用。另外，社会科教师还需要创设跨学科协作的学习环境，这种学习环境有助于学生“使用学科事实、概念和工具，进行学科探究，创建学科表现形式”[②]。社会科教师在深入了解学生学习情况的同时，还应该积极引导学生进行道德评论，通过对社会、政治和经济问题进行讨论，交流意见，并采取知情行动，以促进创建一个更具包容性和公平性的社会。

5. 承担专业责任和采取知情行动

社会科教育的目的在于培养积极参与的公民，其使命是培养学生为未来的公民生活做准备；而社会科教师作为社会科知识的传授者、价值观的引导者、公民行为的示范者，应该自觉承担专业责任，为学生树立公民行动的榜样，在学校和社区中采取知情行动，促进社会公正。《美国社会科教师国家培养标准》强调社会科教师的实践倡导能力，明确指出社会科教师应该“通过在学校和社区中采取知情行动，反映并扩大社会科知识、探究

① National Council for the Social Studies, *National Standards for the Preparation of Social Studies Teachers* [S], 2017, p.22.

② National Council for the Social Studies, *National Standards for the Preparation of Social Studies Teachers* [S], 2017, p.22.

技能和公民素质，以促进社会正义，增进和保护人权。”[①] 对此，社会科教师首先应该为自己的知情行为做好充分的理论准备，利用相关的理论和专业研究不断提高自己的知识储备，增强自身的学科探究能力和公民素质，以满足实践发展的需要。其次，《美国社会科教师国家培养标准》提出，“成为倡导型教师的一个基本前提是教师必须对自己的文化参照系进行批判性的审问和反思。”[②] 因此，社会科教师要努力构建自己的知识文化体系，不断探索、审查和反思自己的文化架构，关注社会问题，积极为学校、社区乃至世界范围内涉及的人权、公平、权力、社会公正等问题提出自己的意见和见解。最后，社会科教师要实践公民领导和倡导，在学校、社区中积极采取知情行动，努力成为学习者、教师职业或社会科的倡导者，促进社会正义，增进和保护人权。因此，社会科教师必须考虑到对学生进行宣传的方式，考虑到受众的接受度，积极消除阻碍学生获得教育机会或削弱学生未来民主参与的障碍，如贫穷、种族歧视、性别歧视、文化霸权、政治剥削和其他形式的不公正。

二、《美国优秀社会科－历史教师专业标准》(2016 年)

在卡内基教育专业工作组所发表的报告《国家为培养 21 世纪的教师作准备》和全社会的共同倡议下，美国国家专业教学标准委员会（National Board for professional Teaching Standards，NBPTS）于 1987 年正式成立，是美国权威的教师认证组织。该委员会由一线教师、教授、专家、教师教育家以及该领域的相关专业人员组成，是一个独立的、非营利性的民间组织，通过建立各学科专业标准来认证优秀教师并授予其高级证书。该组织旨在通过制定优秀教师的优秀教学标准来促进教师专业化发展，提升教育质量。目前，美国已有 50 个州超过 700 多个学区承认该协会所制定的教师专业标准，并在教师教育中自觉以此标准来要求受教育的教师；已有超过 11 万名教师获得专业认证。同时，国家专业教学标准委员会还在该协会所提出的五大核心理念的基础上，针对社会科教师，尤其是历史教师的职

① National Council for the Social Studies, *National Standards for the Preparation of Social Studies Teachers* [S], 2017, p.25.

② National Council for the Social Studies, *National Standards for the Preparation of Social Studies Teachers* [S], 2017, p.25.

业特色，结合青少年的认知发展水平、心理特征和教育需求，制定了适用于七岁以上儿童的《美国优秀社会科－历史教师专业标准》，从教学准备、教学行动、专业化发展三个维度对社会科教师提出 8 项具体要求。

（一）《美国优秀社会科－历史教师专业标准》的总体框架

《美国优秀社会科－历史教师专业标准》共分为三部分。第一、二部分是对国家专业教学标准委员会的整体状况和教育理念的宏观阐述，具有一定的普适性；第三部分聚焦社会科教师这一群体，更具针对性。其中，第一部分是前言，对美国国家专业教学标准委员会的整体状况进行了简要概述，强调国家专业教学标准委员会始终坚持的五项核心理念，突出教师对学生的责任，注重教师的教育实践，并将其视为判断教师教学成就的关键性因素；同时，从整体上对该组织制定的教师专业标准、认证过程进行全景式把握，突出了教师专业标准的公平性、合理性和多样性。第二部分是对国家专业教学标准委员会的支持系统——国家教师资格认证基金会的具体介绍，并对其五大核心理念的具体要求进行相关论述，对教师的知识、技术、能力等进行详细的规定，要求教师在教育实践中自觉践行这五个核心理念。第三部分是对社会科教师专业标准进行详细论述，提出了社会科教师，尤其是历史教师所应该具备的 8 项专业标准，并根据教学过程将其分为教学准备、教学行动、支持专业化发展三个维度，强调社会科教师在“了解学生；发展社会理解、参与和公民身份；熟悉内容知识；课堂教学；学生多样性；学习环境——教室和社区；专业发展和反思”八个方面所应具备的能力。

第一部分是对组织机构、教师专业标准和教师认知制度三个方面的介绍。在组织结构的介绍中，有着该标准被公认为教师资格认证的“金标准”，其认证标准受 NBPTS 于 1989 年所发布的纲领性文件——《教师的知与行》（*What Teachers Should Know and Be Able to Do*）的影响，始终坚持五大核心理念，即教师要投身于学生及其学习；教师要通晓所教授学科的学科知识并知道如何将这些知识传授给学生；教师有责任管理和监督学生的学习；教师对教学实践进行系统反思并从经验中学习；教师是学习社区成员。标准强调实践是判断教师教学成就的关键性因素，认为“每一份标准文件都代表了一种专业上的共识，即实践的属性是区分这一领域教学成就的关键”，[1]强调教师专业标准规避了认证过程中可能会出现的因个体偏见所造成的误差，突出了教师专业标准的公平性和可操作性。在评估认证方面，标准强调教师的自主性，目的在于使教师将五项核心理念转化为自觉的专业行动，从而提高教师教学的质量和水平。

第二部分对五大核心命题进行详细论述。在“教师要投身于学生及其学习”方面，提出教师要在尊重学生多样性的基础上，平等地对待学生，针对学生的个体化差异，有针对性地进行教学，注重培养学生对他人自尊、动机、性格、毅力、公民责任感等方面的尊重。在“教师要通晓所教授学科知识并知道如何传授给学生”方面，主张教师应对所教授的学科具有丰富的理解，熟知其背景知识，通晓本学科知识的产生和架构；在保持学科方法、内容和组织结构完整性的同时，注重培养学生的批判性和分析能力，使他们能够独立思考。教师还需具备教育学知识，能够根据学生的学习需求、教学时间，调整教学策略，协调教育资源，运用多种途径实施教学，启发学生的探索与思考。在“教师有责任管理和监督学生的学习”方面，强调教师对教学环境的创设与维护，要求教师为学生创设积极、安全的学习环境，激励学生进步，同时帮助学生进行自我评估，善于利用他人的意见反馈助力学生成长。在“教师对教学实践进行系统反思并从经验中学习”方面，教师专业标准强调反思性学习，要求教师树立终身学习的意识，鼓励学生学习，积极培养学生的学习能力，运用教学反馈和评估批判性地审思自我教育实践，扩展、加深教学知识和技能，提高教学的判断力，使教学不断适应新发现、新思想和新理论。在“教师是学习社区成员”方面，教师专业标准强调教师积极的社会参与，提倡教师通过与其他专业人士合作，在教学政策、课程开发、专业学习等方面做出贡献，评估学校的进步和学校资源的分配，为了学生的利益，合理利用教育资源。

第三部分主要包括背景介绍、声明、认定委员会及致谢四个方面，强调社会科教师要为学生参与民主生活做准备，不仅教授公民知识，还要积极促进民主实践，使学生了解各个时期的社会性质，学习如何与他人协作。同时，标准从教学准备、教学行动、持续的专业化发展三个维度对社会科

---

① National Board for professional Teaching Standards, *Social Studies-History Standards for teachers of students ages7-18+* [S], 2016, pp.4-6.

教师提出八项具体要求，分别为了解学生；发展社会理解、参与和公民身份；熟悉内容知识；课堂教学；学生多样性；学习环境——教室和社区；专业发展和反思。

（二）《美国优秀社会科－历史教师专业标准》的具体要求

《美国优秀社会科－历史教师专业标准》从教学准备、教学行动、支持专业化发展三个维度对社会科教师尤其是历史教师提出了严格的专业要求，具体内容如下：

1. 教学准备：了解学生、目标和内容

《美国优秀社会科－历史教师专业标准》提出社会科教师尤其是历史教师要了解学生、了解教学目标、熟悉教学内容，这是社会科教师能够完成课程教学的基础，也是其他教师专业标准的基础和前提。社会科教师要了解学生，了解学生的生活环境和社区，将教学内容与学生的教育体验相联系，帮助学生将历史学、经济学、地理学和公民学等方面的概念和材料与自身的生活实践相联系，“有目的地发展学生的社会理解和公民参与，帮助学生塑造公民身份。”对此，该标准对社会科教师提出三项基本要求，分别是了解学生；发展社会理解、参与和公民身份；熟悉内容知识。

第一，了解学生。了解学生主要包括了解学生自身；了解学生的家庭和社区环境；了解学生理解社会科学科的方式方法三个方面，具体要求如下：①了解学生自身。标准肯定了学生背景的多样性对课堂学习的积极促进作用，强调教师在做出教学决策时要考虑到学生的认知、社会、身体和情感的发展需要，能够依据教师对学生的了解，创设和谐稳定的教育环境，制定教学方法和教学策略，有针对性地进行教学，不断扩展学生的专业知识和能力。同时，为了更好地了解学生的发展需求和优势，教师可以利用学习记录，使用正式和非正式的方法来评估学生的知识和技能，以此来指导自身的教学实践。②了解学生的家庭和社区。《美国优秀社会科－历史教师专业标准》强调家庭和社区对学生发展的影响，提出“家庭是学生学习和成功的关键”，认为了解学生就要了解学生的家庭和社区，了解他们的性质、文化、信仰；要求社会科教师了解学生的家庭信息，了解并尊重学生所处社区的历史文化、风俗习惯、宗教信仰等，寻找机会、使用正确的方式促进家庭－学校－社区三者的有机结合；在处理争议问题时，尊重学生的信仰与文化，尊重学生在其家庭、社区中所形成的特殊观点。③了解学生理解社会科的方式方法。标准提出，优秀的社会科教师除了了解学生如何理解社会科内容，帮助学生纠正错误的价值观念外，还要能够根据学生的个人学习经历和体验正确引导学生，提高学生的理解和分析能力。对此，社会科教师要熟悉“个人受文化规范、经济文化或政治机构影响的方式”，在透彻了解教学内容和学生的基础上，准确预测教学过程中可能会出现的误解，制定合理的教学计划，以提高学生的解释和分析能力。同时，社会科教师还要能够判断各种教学材料、信息所蕴含的价值导向，在准备和呈现材料时，注意筛选，引导学生树立正确的价值观念。①

第二，发展社会理解、参与和公民身份。这主要包括发展社会理解；培养理性决策、参与公共讨论；促进公民参与；建构公民身份四个方面，具体要求如下：①发展社会理解。标准强调，社会科教师要能够帮助学生分析和评价个人在社会中的作用，正确认识社会和个人的关系，认清个人行动对他人和社会的影响，培养学生的社会责任。另外，社会科教师要能够帮助学生理解社会的运作方式，利用教学工具和方法，加深学生对社会和公民身份的理解。社会科教师要努力扩展学生的知识、观点和技能，在课堂中创设情景，引导学生的社会参与。②培养理性决策、参与公共讨论。标准提出，优秀的社会科教师要将学生培养为反思型的思考者和决策者。对此，社会科教师要引导学生积极参与，提高学生的推理、探究和概念理解能力，鼓励学生反思自己的思维形成过程，帮助学生形成“用证据来审视自己和他人的行为、参照系和思维方式”的认知方式，重视公共话语在国家公民生活中的重要地位，引导学生通过练习和示范，提高参与公共讨论的必需技能，促进学生积极的公民参与。③促进公民参与。该标准强调学生的公民参与，提出“民主社会有赖于公民参与公共生活，行使公民的权利和义务”，要求社会科教师帮助学生理解美国宪法、人权法案、州和地方法律以及《世界人权宣言》（*The Universal Declaration of Human Rights*）和《日内瓦公约》（*The Geneva Convention*）等国际文件中规定的权利，引导学生理解这些权利如何为当今世界的公民参与提供基础，培养学生参与各种形式的公民行动的能力，以维护有价值的社会制度和实践，

① National Board for professional Teaching Standards, *Social Studies-History Standards for teachers of students ages7-18+* [S], 2016, pp.19-23.

并实现预期的社会变革。同时，标准要求社会科教师重视培养学生的个人责任感和个体积极能动性，积极为学生的公民参与创造机会。④建构公民身份。标准强调社会科教师要帮助学生理解公民身份，增强身份认同，包括“对民族传统、理想和基本原则的深刻理解，以及在多元民主社会中发挥作用的重要知识、技能和价值观。”对此，社会科教师要为学生提供探索国家认同的机会，让学生理解民主愿望和理想，认识到美国历史上对美国身份的定义不断变化。社会科教师还应该帮助学生树立世界公民意识，努力维护世界的民主和平等。

第三，熟悉内容知识。《美国优秀社会科－历史教师专业标准》主张内容知识是社会科教师教学的基础和前提，认为优秀的社会科教师的教学实践建立在“对贯穿其职业生涯的学科内容专业知识的深入了解上”。因此，标准要求社会科教师具备扎实的内容知识，通过对构成社会科的多个科目（包括历史、地理、经济学、公民学等）的主题、概念结构、学科知识的理解和把握，为学生提供实质性的学习机会。这种对内容的熟悉和把握，强调社会科教师的教育规划和践行能力，要求教师不能仅依赖于简单的内容教授，而是为学生创造持续的学习机会，让他们参与到历史、经济、地理、公民学等学科概念和材料的复杂性中。①

2. 教学行动

有意义的教学行动是评判教师优秀与否的关键。《美国优秀社会科－历史教师专业标准》强调教师的情境教学，重视教师准备和实施教学的方式，即关注课堂的多样性，确保学生在安全、动态的学习环境中成长。同时，该标准还对社会科教师的课堂教学、学生多样性、学习环境——教室和社区，进行了详细的要求和论述，具体内容如下：

第一，教学。标准强调，优秀的教学取决于教师熟练的课程组织和定位，评估教育资源、选择和实施教学策略的能力，教师要通过一定的教学策略和手段，合理利用教学资源，提高学生的学科参与度，为学生的专业发展提供有意义的指导和反馈。对此，社会科教师应该“在组织课程，定位和评估资源，选择和实施教学策略以及发展多种形式的评估时谨慎地做

---

① National Board for professional Teaching Standards, *Social Studies-History Standards for teachers of students ages7-18+* [S], 2016, pp.25-28.

决定”，[1]依据正式和非正式评估所收集的数据，审视教师课程选择和计划，并根据对学生、主题、标准和课程要求的深刻理解，结合学生的专业发展需要和认知发展水平将教学内容与学生的已有知识、生活体验相联系，帮助学生更好地理解和掌握社会科的知识、技能和方法。

第二，多样性。多样性是社会科教师进行优秀教学的基础。标准肯定了“意见分歧、学生需求和教师自身偏见是影响课程内容和课程选择的中心因素”[2]，强调社会科教师要承认学生的多样性，积极在课堂中融入不同的观点和经验，并使用有助于实现学生平等的教学策略，为课堂带来不同的视角和经验，最大限度地发挥学生的贡献，从而丰富整个课堂，创造尊重、平等、包容的课堂氛围，引导学生尊重差异，承认相似。对此，社会科教师要承认学生的多样性，尊重学生在语言背景、文化、种族、性别、性取向、社会经济地位、宗教信仰、政治意识形态、身体和认知能力、识字和计算能力、交流模式、学术成就等方面的差异，尊重学生的行为选择，鼓励学生调整互动、交流或教学方法，进行积极的意见表达，为学生未来的社会生活作准备。

第三，学习环境——教室和社区。教室是社会科教师进行知识传授、价值传递、能力培养的重要场域，是学生学习、发展的重要场所。教室的学习氛围与学生教学质量和效果密切相关。《美国优秀社会科－历史教师专业标准》强调教师要积极创设安全和充满活力的学习环境，营造相互尊重、互动交流的良好氛围，进而促进学生之间多角度、多方面的交流合作。同时，社区是学生社会生活的重要场域，是学生践行社会科知识、观念和技能的重要场所，社区的氛围、文化对学生的价值观念、思想观念具有潜移默化的影响作用。教师还应该关注家庭和社区对社会科教育的重要作用，积极建立与家庭和社区的合作伙伴关系，帮助学生更好地理解个人与他人、家庭、学校、社区之间的关系，提高学生的社会参与感，增强学生的社会责任感。对此，社会科教师要积极创造安全和动态的学习环境，让学生在安全、尊重和理智的学习氛围中探讨问题，鼓励学术独立思考和协作学习。

---

① National Board for professional Teaching Standards, *Social Studies-History Standards for teachers of students ages7-18+* [S], 2016, pp.44.

② National Board for professional Teaching Standards, *Social Studies-History Standards for teachers of students ages7-18+* [S], 2016, pp.51.

同时，社会科教师还要积极与家庭、社区建立联系，帮助学生认识到个人的情感和智力发展并不局限于课堂的物理边界，认识到家庭、社区对学生发展和成长的重要意义。

3. 持续的专业发展

《美国优秀社会科－历史教师专业标准》强调，持续的专业发展对于促进学生的学习至关重要，要求社会科教师重视协作和领导机会，主动反思自我发展的有效性、教学的有效性和学生成绩的有效性，进一步提炼教师的教育理念，提高教学质量。该标准对社会科教师的专业发展和反思进行了详细的规定，具体内容如下：

第一，专业发展。《美国优秀社会科－历史教师专业标准》认为，社会科教师应该是学科内的专业人士，教师自身的专业成长对于其所在社区的社会生活、学生学习成绩的提高至关重要。因此，社会科教师应该对自己严格要求，树立终身学习理念，不断提高自己作为教育工作者的效力，为自我、学生、同事和社区的持续发展做贡献。首先，社会科教师要不断发展自我，自觉成为终身学习者。要对其所教的内容领域充满热情，在智力上充满好奇，不断更新该领域的最新研究和有效教学方法，积极参加专业培训和社会实践，不断探索新的教学策略和方法，以提高课堂的质量和水平。其次，社会科教师要积极改善学校和地区的教育环境。努力探索、创造教师领导机会，积极与同事合作，交流思想、理论和教学资源，努力改善学校和地区的区域文化，了解并积极支持同事的成长，共同促进专业成长。最后，社会科教师要继续加强社会科领域的相关研究。在个人和专业成长经验的基础上，继续加强社会科领域的相关研究，积极分享个人意见和经验，通过合理的方式方法，在社会中积极发表自己的意见和主张，为培养未来的领导者贡献自己的力量。

第二，反思。反思是一种有目的的、系统的自我检查，是教师作为专业人员的责任和专业发展的核心，能够帮助教师系统回顾教学过程中的方方面面；标准主张社会科教师要自觉进行有目的、有计划的反思，“以扩展知识、改进教学、完善其实践和教育哲学。”[1] 标准要求社会科教师反思自

---

① National Board for professional Teaching Standards, *Social Studies-History Standards for teachers of students ages7-18+* [S], 2016, pp.61.

己的实践、反思学生的表现、反思自己学科领域的发展，以便不断扩大知识面、改进教学、完善教育理念。此外，社会科教师要不断反思自己所教授的科目、反思自己的教学方法和策略，不断采取措施增加自己的知识和技能；利用当代教育理论、实践、当前的争论和有前途的研究成果，不断改进自己的专业教学。

总之，由行业协会和专业认证机构制定和颁布的《美国社会科教师国家培养标准》和《美国优秀社会科－历史教师专业标准》具有代表性地体现了社会科教师教育的培养目标，廓清了社会科教师教育的重点和任务，指明了社会科教师教育的培养方向。整体来看，美国社会科教师教育重视教师的专业知识、专业技能和专业品性，强调社会科教师应当具备扎实的结构知识，能够引导学生建构学科体系，增强对社会和公民参与的理解；保持学科敏感性，能够创设尊重、平等、民主、包容、稳定的学习环境，依据学生的专业发展需求和认识发展水平，及时调整教学方法和策略，将教学内容与学生的已有知识、生活体验相联系，帮助学生更好地理解和掌握社会科的知识、技能和方法，为学生参与公民生活作准备。同时，美国社会科教师教育专业标准中蕴含着一定的价值取向，积极培养民主政治下积极参与的公民，努力将主流价值思想内化为学生的道德、情感与信仰，重视教师的价值引导作用，充分体现了国家的意识形态性，具有一定的价值取向性。

第三节 美国社会科教师教育的实践路径

美国是一个典型的教育分权的国家，在长期的历史发展过程中，逐步形成了国家－行业协会－学校分级自治的管理体系。在美国社会科教师教育的实践过程中，政府通过制定相关教育政策，明确社会科教师教育在国家教育中的战略地位，通过财政拨款引领社会科教师教育的发展方向；行业协会通过制度规约，凸显社会科教师教育的价值取向，通过对教师进行项目培训关切社会科教师教育的前沿问题；学校注重教师的专业教育和监督管理，通过专业教育传递社会科教师教育的价值主张，在对社会科教师职业行为的监督管理中，注重教师的职业道德，加权社会科教师的专业伦理。

一、政府层面：政策支持与物质保障相结合

教师教育一直被视为教育改革与创造的动力源泉，事关教育发展的成败。美国社会科教师教育一直高度重视教师的专业知识、专业能力和专业品性，关注教师教育的质量与水平。在教师教育发展过程中，联邦政府自19世纪末20世纪初才开始关注教师教育工作，主要通过立法和财政拨款两种手段对社会科教师教育进行干预和控制，将社会科教师教育的改革与发展放在关系到国家未来的战略地位，并通过一系列相关政策与法案试图切实解决社会科教师教育实践过程中所面临的问题，提高教育的质量和水平，为国家的公民教育和培养提供重要的物质保障和人才支撑。

（一）教育政策：明确美国社会科教师教育的战略地位

随着经济的不断发展，教育对经济的创新推动作用日益凸显，各国政府在教师教育改革上逐渐达成共识，纷纷承认国家在优先发展教育的目标框架下，要逐渐转变对教师发展的要求，从过去对教师数量增长上的片面、单一的追求逐步转变为对教师质量、道德品质的高度重视。在此认识下，美国政府制定了一系列教育发展计划，关注教师、社会科教师的专业发展，将社会科教师教育、专业化发展放在关系国家发展的重要战略地位。

美国政府颁布了一系列具有法律效力的文件，对包括社会科教师在内的美国中小学教师的培训与考核等问题做出明确的规定和约束，为社会科教师教育提供了法律保障，如从宏观角度对所有教育问题进行系统化要求的《教育法》《义务教育法》《国防教育法》《初等教育法》《中等教育法》《教育改革法》（*Education Reform Act*）等；也有针对教师群体，对教师教育进行专门立法的法律法案，如《师范学校政策声明》（*Statement of Policy for the Normal School*）、《师资能力培养法》（*Teacher Capacity-Building Act*）等。这些法案高度重视教师对于国家发展的重要作用，将教师质量作为保障国家经济发展、政治稳定、社会繁荣的关键性因素。

对社会科教师教育而言，美国政府虽未出台专门的政策文件，但在其教育法案、国情咨文、教育发展报告中都提到了社会科教师的教育目标、教育内容，明确了社会科教师在国家教育战略中的核心地位。1983年，美国高质量教育委员会（National Commission on Excellence in Education，NCEE）发表了题为《国家处于危难之中：教育改革势在必行》的质量报

告，将英语、数学、自然科学、社会科学、计算机归为学生教育过程重点中的五门“核心课程”，要求提高五门“核心课程”的教育标准和要求，改进教师教育。报告厘清了政策指导思想，明确了公民教育的目标和内容，强调社会科教师教育应该致力于以下方面：①帮助学生在较大的社会和文化结构中确定他们所处的位置和发展前途；②广泛了解形成世界的古今思想；③了解经济、政治制度发挥作用的基本原理；④掌握自由社会和压迫人的社会之间的区别。[①] 报告明确了社会科教师教育的任务与发展方向，将社会科教师的教育教学作为影响国家教育改革的重要因素加以重视。随后，1994 年美国颁布了《2000 年目标：美国教育法》。该法案在《美国 2000：教育战略》的基础上，增加了“教师教育”和“家庭参与”两项全国教育目标，这就以国家教育立法的形式确立了教师教育的战略性地位，明确了社会科教师在培养公民中所肩负的使命，为美国社会科教师教育的发展指明方向。

同时，2002 年美国联邦政府出台《美国教育部 2002–2007 战略规划》（*U.S. Department of Education Strategic Plan 2002-2007*），强调教育对国家利益的重要作用，将教育作为国家优先发展的紧急任务之一，提出“我们承诺，改善教育质量，提高学生成绩；我们承诺，不让一个儿童掉队。作为回报，我们的国家应该要求我们的年轻一代运用他们的知识和技能来保卫我们的公民，为经济发展做出贡献，重建我们的社会并捍卫我们的民主制度。”同时该计划重申要加强公民教育，主张“发展学生良好的道德品格与公民能力，强化公民意识，培养新时期负责任的具有爱国主义精神的高素质公民，建立安全的、有序的、无毒品的教育环境”，并提出学校要加强对学生爱国主义和公民意识的培养，主张教师在教学过程中传授美国理想和民主原则，努力培养公民品性。这就以国家政策的形式将公民教育与国家利益紧密联系起来，明确了社会科教师教育的目标和内容，将社会科教师教育置于关乎国家利益发展的重要战略地位。

2004 年 12 月 21 日，布什总统签署通过了《2004 年美国历史和公民学教育法案》（*American History and Civics Education Act of 2004*），提出为

---

① National Commission on Excellence in Education, “A Nation at Risk:The Imperative for Educational Reform” [J], *The Elementary School Journal*. vol. 84, no. 2 (1983), pp.112-130.

新老教师建立美国历史和公民学总统学会，以增强教师的公民学和美国历史方面的相关知识，提高教学技能。法案最初的提出者拉马尔·亚历山大（Lamar Alexander）明确强调美国历史和公民学教育中的意识形态性，主张美国主流价值观是国家发展存亡的根基，要求社会科教师在教学过程中对教育内容进行判断、筛选，引导学生树立正确的价值观。他提出，“在美国，尽管存在着不同的文化，但有着一个统一的信仰，存在着一套共同的价值观，这些价值观需要大家共同认同”，“要使美国历史和公民学课程回到学校应有的位置，使我们的孩子在成长过程中明白作为一个美国人意味着什么。”[①] 亚历山大还认为社会科教师在教学过程中将面临着多种意识形态价值观的选择，而其中真正能够代表美国价值理念、体现美国精神、彰显美国意识形态的价值观只有一个，这才是应该教授给学生的，因此，社会科教师在教学过程中要对教学材料进行选择，不能让学生接触到多种意识形态价值观的文本。这就将社会科教师教育与国家意识形态、价值观传递相联系，将社会科教师教育置于传递国家意识形态，重塑美国国民特性的重要战略地位。

（二）财政拨款：把控美国社会科教师教育的发展方向

社会科教师教育是一项长期而艰巨的任务，单凭国家政策的支持和呼吁，其成效和过程毕竟有限。美国联邦政府通过财政拨款，设立项目基金，为社会科教师教育的发展提供物质保障，把控发展方向。具体内容如下：

1957 年，苏联人造卫星成功上天，美国朝野震惊并在次年通过并颁布了《国防教育法》，呼吁提高教育质量，加大教育方面的财政支出。之后，美国出台了《教育专业发展法》（*Education Professions Development Act*），提出要对历史、社会科学、社会科等科目加大物质支持，以提升公民教育质量。美国国会通过了《联邦初、中等教育法》，明确了公民教育的意义与地位，规定了各州要资助中学开设公民教育课程，资助公民教育教师进行定期进修，这就为社会科教师教育的发展提供了物质支持，同时也指明了教师教育的发展方向。

进入 20 世纪，2001 年，面对美国中小学历史教育效果不佳的现状，美国国会批准通过了“美国历史教学”（Teaching American History，TAH）

① 转印自马文琴：《美国学校公民教育的转向》[M]，浙江教育出版社 2015 年版，第 95 页。

拨款项目，通过提供给学校、博物馆、历史学会以及一些历史学家一些物质支持，帮助教师理解和认同美国历史，从而使教师积极传授美国历史，引导学生认同、喜爱、赞扬美国历史。该项目2001年至2006年所获财政拨款分别为2.5亿美元、1亿美元、1亿美元、1200万美元、1.2亿美元、1.19亿美元，共资助了全国289个子项目，为3000多名社会科教师提供了物质支持。

随后，为了加强爱国主义教育，强化国民认同，提升美国公民的自豪感，2002年布什政府倡议"我们人民""我们的文献"项目，以改善公民教育现状，增强公民参与，培养爱国主义情感。其中，"我们人民"项目通过向个人（包括学者、教师等）和机构提供资金，改善美国历史教学，提升公民对美国历史的了解；支持开发高质量的课程项目；为中小学教师举办夏季研讨会和学会，为教师提供内容丰富的专业发展计划，帮助教师提升自己的专业素养；鼓励教师研究美国历史和文化的重要议题，召开"我们人民"主题年度会议，对公民教育、历史知识和相关教学方法进行探讨。"我们的文献"项目通过提供网站资料、制定课程计划、举办教师研讨班等形式，向社会科教师提供全美最重要的100个法案、演说、论著等文献资料，帮助社会教师丰富专业知识，提高教师的专业素养，提升社会科教师的教学质量和水平。

同时，为提升美国历史和公民学教育的质量和水平，2004年，布什总统签署通过的《2004年美国历史和公民学教育法案》中也明确要求教育部实行竞争性拨款，为教师建立美国历史和公民学总统学会，为学生建立历史和公民学国会学会，明确提出该项拨款为"2005财政年度6.25亿美元；2006财政年度6.5亿美元；2007财政年度6.75亿美元"。这就以财政拨款的形式，为美国社会科教师教育发展提供了物质保障，同时也通过基金的竞争与赠与，明确了政府所支持的社会科教师教育的发展方向，具有一定的意识形态性和价值倾向性。

奥巴马政府执政期间，在经济危机冲击下，美国教育经费严重短缺、大批教师即将失业，众多学校面临倒闭的风险，奥巴马政府高度强调教育投入对驱动美国未来经济繁荣的关键性作用。在此基础上，奥巴马政府2009年2月17日签署了《美国复苏与再投资法案》（*American Recovery and Reinvestment Act of 2009*，ARRA），将刺激美国经济增长、创造工作岗位促进就业、投资关键领域作为主要目标。其中，美国政府提出了竞争性的财政拨款项目——“力争上游”（Race to the Top Program）计划，这也是美国历史上投入经费最多的教育改革资助项目之一。该项目计划采取各州竞赛的模式来争取政府43.5亿美元的教育拨款，以此来重建各州的教育系统，提升教育的质量和水平。“力争上游”计划主张“更好的标准，更好的教学，更好的学校和基于数据的结果”①，整体围绕着“采用国际学业评价标准；招募和维持高质量的教师队伍；建立跟踪学生学业情况的数据库系统和改造表现不佳的学校”四个维度来展开，激励各州为教育改革和创新提供良好的教育环境。在“培养高质量的教师队伍”中，该项目主张在充分发扬民主精神的基础上，积极改进教育评价和支持系统，加强教师培训，提高教师的沟通交流、课堂观察、教学设计能力，以培养民主、开放、包容的专业教师。

由此可见，美国政府主要通过制定教育政策、设立基金项目、进行财政拨款等方式为社会科教师教育的发展提供了必要的物质基础和法律保障。同时，政府的教师教育政策、财政拨款项目均是为了维护美国的国家利益，体现了国家性质和主张，具有浓厚的意识形态性和价值倾向性。

二、行会层面：制度规约与项目培训相结合

美国教育的领导权结构使得美国政府高度重视社会群体、专业团体的意见，行业协会能够最大限度地凝聚组织成员的意志和愿望，代表某一社会群体通过集体的力量来维护自身的利益，具有凝聚代表、协调自律、咨询服务等功能，在教师教育过程中发挥着重要作用。美国行会组织主要通过制度规约凸显社会科教师教育的价值取向，通过项目培训关切社会科教师教育的前沿问题，以此来提高社会科教师教育质量，促进社会科教师的专业化发展。

（一）制度规约：凸显美国社会科教师教育的价值取向

虽然美国各行会组织具体的宗旨和职能不同，成员构成、核心理念各异，但都在最广泛的程度上代表了教师群体的利益，旨在促进教师专业化

---

① U.S. Department of Education, *Race to the Top Fund* [EB/OL], https://www2.ed.gov/programs/racetothetop/index.html.

发展、提升教师职业地位、增强教师社会认可度、维护教师的根本利益，都以促进国家教育发展为目标，具有鲜明的价值倾向，在教师教育中至关重要。具体而言，美国教师行会组织一般通过制定社会科教师专业标准、制定并发布一系列教育质量改革发展报告来约束教师的专业行为，规范社会科教师教育的内容与方向，引导社会科教师树立正确的价值观，凸显社会科教师教育的价值取向。

美国行会组织制定了社会科教师专业标准，强调社会科教师的专业知识、专业技能和专业品性，注重社会科教师的价值取向，规范社会科教师的专业行为。其中，美国国家教师教育资格认证委员会制定的《教师教育机构鉴定的专业标准》（*Professional Standards for the Accreditation of Teacher Preparation*）针对培训机构从六个维度进行评价，对教师教育进行系统规范，分别为“所培养的职前教师的知识、技能和专业情感；教师教育项目的评估体系；职前教师实习和临床实践；教师专业素质、表现和发展；项目管理和资源”，对教师的专业品性进行定义，认为“专业品性是教育者在与学生、家庭、社区交往中，通过语言和行为表现出来的专业态度、价值观、信念”，并将公正作为对教师专业品性的总体要求。① 州际教师评估与支持联盟，于 2011 年修定了《普通教育和特殊教育教师资格认证示范标准》（*Model Standards for Licensing General and Special Education Teachers of Students with Disabilities: A Resource for State Dialogue*），从实践、知识、情感三个维度对普通教师和特殊教育教师进行相关规定，对教师在“学生及其学习、学科内容知识、教学能力和专业责任”这四个方面的相关标准进行了详细论述，强调教师尊重、接纳、多样性的价值观点，提倡教师尊重学生在身体素质、智力水平、兴趣爱好上的差异，接纳尊重学生，承认学生的多样性和独特性。另外，针对社会科教师的专业特性与群体特征，全美教师教育认证委员会和美国社会科全国委员会制定了专门的《美国社会科教师国家培养标准》，如前文所述，从学科知识标准和教学策略标准两个维度对社会科教师进行了相关规定，明确了社会科教师教育的教育内容、培养目标和发展方向，突出强调教师价值传递的作用和功能，明

① National Council for Accreditation of Teacher Education, *Professional Standards for the Accreditation of Teacher Preparation* [S], 2008.

确教师促进学生政治参与的教学目标，重视教师的尊重、真实、全纳、批判、反思、合作等价值观，凸显了社会科教师教育的价值取向。

美国行会组织还制定和发布了一系列的教师发展改革报告，明确社会科教师教育的内容、观点和方法，重视社会科教师的价值观教育，提高社会对社会科教师教育的重视，凸显社会科教师教育的价值取向。2003 年，公民学习和参与信息研究中心（CIRCLE）和卡内基基金会合作，在公民教育领域众多专家学者的努力下，出版了题为《学校的公民教育使命》报告，明确指出学校在公民教育中所担负的重要使命，强调学校要努力增加学生的公民知识、公民技能、公民态度和公民参与，提出社会科教师要"帮助学生成为有知识、有技能、有品性的公民"[①]，社会科教师要具有批判精神、社会参与意识和社会责任感，具备宽容精神，尊重他人，并对自己的专业能力有信心。

（二）项目培训：关切美国社会科教师教育的前沿问题

美国行业协会还通过相关的教师项目培训，围绕社会前沿问题对社会科教师进行项目培训，提升社会科教师的专业敏感性，引导社会科教师用专业、思辨的视角看待社会前沿问题，帮助社会科教师树立正确的价值观，提升社会科教师的专业素养，提高社会科教师教育的质量和水平。

相关行会组织定期组织相关的教师培训项目，关切社会科教师教育的前沿问题。一般而言，全美社会科委员会设计特定的主题举行社会科教师专业培训，利用发布新闻、公告、文章，举办主题教育培训或讲座等方式，促进社会科教师之间的专业沟通和交流，形成具有代表性的专业思想与观点，以此加深社会科教师对前沿问题的理解，深化教师对专业知识的认知，提高社会科教师的理解和思维能力，引导社会科教师树立正确的价值观，提升社会科教师的专业素养和水平，促进社会科教师教育的发展。如美国社会科全国委员会针对"2019 年亚马逊森林火灾"一事，组织了专门的项目培训，提出了不同年级、不同科目教师教育的目标与任务，如 4 年级地理学科教师应该在教学过程中使学生认识到保护环境的重要性；初中阶段的教师应该引导学生意识到在全球化社会中，个人所具有的世界公民意识

① Carnegie Corporation of New York and the Center for Information and Research on Civic Learning and Engagement, *The Civic Mission of School* [R], New York:Carnegie Corporation of New York and CIRCLE, 2013.

和公民责任。同时，针对“2020年世界范围内爆发的新型冠状病毒肺炎”一事，美国社会科全国委员会发起了题为“比战争更致命：当我们合而为一时，我们如何教授流行病毒的教训”[①]的专题活动，对社会科教师教育的内容进行反思，通过简要回顾流行病的历史，重点讨论第一次世界大战期间西班牙流感大流行对美国和世界所造成的影响，明确社会科教师思维教育内容与任务，分别是“历史上最致命的流行病是什么？大流行如何扰乱社会？政府在应对和管理流行病方面扮演什么角色？历史上的战争死亡与疾病死亡相比如何？当政府撒谎或接受错误信息和错误的优先事项时会发生什么？西班牙流感的具体教训是什么？我们应该告诉学生什么？”[②]，共同探讨更为合理的教师教育方法，帮助社会科教师理性、直观、专业地看待此次事件，培养社会科教师理性、反思的思维能力，提高社会科教师对实事的专业敏感性，形成积极的社会参与态度；同时也帮助社会科教师寻找更为合理的方法来进行教学，提高社会科教师的教学能力和水平，促进教师的专业化发展。

综上所述，美国教师行会组织主要通过制度规约、项目培训的方式，凸显美国社会科教师教育的价值取向、关切美国社会科教师教育的前沿问题，引导社会科教师树立正确的价值观念，提升教师的专业知识、专业技能和专业品性，以此来促进社会科教师教育的发展，维护社会科教师的整体利益。

三、学校层面：专业教育与监督管理相结合

学校是教育改革的重要场所，也是进行社会科教育的关键场域，是推动民主教育发展的理想机构。美国学校主要通过对社会科教师进行专业教育，传递美国社会科教师教育的思想观念和价值主张，监督管理并加权美国社会科教师专业伦理在教师评价中的比重，提高社会科教师的专业知识储备与伦理水平，促进教师教育的高质量发展。

---

① National Council for the Social Studies, *More Deadly Than War: How We Teach the Lessons of Pandemics-While We Are in One* [EB/OL], https://www.socialstudies.org/professional-learning/online/more-deadly-war-how-do-we-teach-lessons-pandemics-while-we-are-one.

② National Council for the Social Studies, *More Deadly Than War: How We Teach the Lessons of Pandemics-While We Are in One* [EB/OL], https://www.socialstudies.org/professional-learning/online/more-deadly-war-how-do-we-teach-lessons-pandemics-while-we-are-one.

（一）专业教育：传递美国社会科教师教育的价值主张

美国学校主要通过专业教育，即通过课程教学、专题社会实践研究等方式，向社会科教师传递主流的价值观念和思想主张，帮助社会科教师深化知识理解，树立正确的价值观，提升自身的专业素养和水平。

首先，美国学校通过课程教学对未来的社会科教师进行教育，教授社会科教师所应具备的专业知识，培养社会科教师所应具备的专业能力，传递社会科教师教育所崇尚的价值观，以提升学生（未来的社会科教师）所应具备的专业素养。近年来，美国许多高校开始重视自己的公民教育使命，重视受教育者的道德和公民素养的提升和发展。克里斯托弗·墨菲（Christopher C. Morphew）和马修·哈特勒（Matthew Hartley）对全美 300 多所高校的公民教育使命进行深入分析，发现美国高校普遍重视“服务、博雅、公民责任、全球化、多元性、领导能力、共同体意识和参与世界的价值，要求学生具备人文素养，服务本地与全球，履行公民责任”[①]。哈佛大学作为世界知名学府，为本科生设置了核心课程、专业课程、自由选修课程供其自由选择，这一课程体系被誉为“世界上最精致的教育课程体系”。[②] 其中，核心课程又称为通识课程，是哈佛大学提高学生人文素养的集中体现，是学生在专业领域深入研究、学习的必要基础和理论前提，为学生的科学研究和专业学习描绘出全景图样。目前，哈佛大学的“核心课程”共分为七大板块，分别是外国文化、历史研究、文学艺术、道德推理、数量推理、科学、社会分析，开设了“民主与平等”“正义”“共和政府的理论与实践”“语言与政治”“信任与民主”等课程，要求每位学生必须从中选择几门作为必修课，这些课程帮助学生建立有关世界的理性认识，帮助学生建构起人文知识体系框架，扩展了社会科学的相关知识。同时，哈佛大学还提供了丰富的专业必修课程，提高学生的专业知识和能力，向学生传递该学科内的主流价值观，为学生的未来社会科教学奠定坚实的理论和思想基础。

美国高校还通过开展专题实践研究，指导课题组成员进行多样化的教

---

① Christopher C. Morphew, Matthew Hartley, “Mission Statements:A Thematic of Rhetoric Across Institutional Type” [J], *The Journal of Higher Education*, vol. 77, no. 3(2006).

② 吴坚：“哈佛大学与复旦大学通识教育课程设置比较研究”［J］,《高教探索》2016年第02 期。第 28–33 页。

学实践，帮助其成员形成专业化发展所必须的思维方式和教育方法，加深对社会科教师教育的理论主张、价值观念的理解和认同，促进社会科教师教育的发展。其中，哈佛大学文理学院在专业教育过程中，以研究为基础，积极开发针对幼儿、K–12 和高等教育阶段的教师教育项目，旨在“提高教育专业人员的技能，并最终为他们所服务的学生的生活和学习产生积极的影响。”[①] 针对有志于未来从事社会科教育的教师，哈佛大学关注社会科教师课堂整合技术和学校领导力方面的培养，设立了“领导力发展、系统改进的协作方法、公平与机会、21 世纪的教学、特殊机会”[②] 等多个高影响力的项目，为未来的社会科教育工作者提供了社会实践的机会，帮助他们加强对专业知识的深入了解与把握，提高其对社会科教师教育的主流思想观念与理论主张的认同，引导他们树立正确的价值观，从而为未来有效的社会科教育做准备。

（二）监督管理：加权美国社会科教师的专业伦理

教师的专业伦理水平直接关乎教育的质量与学生的发展，全美教师教育认证委员会提出优秀教师所应该具备的三个核心要素，即专业知识，专业技能和专业品性。其中，专业品性是“教师在与学生、家庭、同事、社区交往中，通过语言和行为表现出来的专业态度、价值观、信念”[③]，是更具专业性、约束性和道德性的教师专业伦理；教师专业伦理是更具体化、底线化的教师专业品性，对教师行为具有普遍的约束性。学校通过对社会科教师进行监督管理，加权社会科教师专业伦理在其中的占比，促进社会科教师注重提升自身的专业素养、专业品性，帮助社会科教师实现专业化发展。

美国注重对教师的监督管理，学校通过对社会科教师的专业行为进行监督管理，加权教师专业伦理的占比，规范约束社会科教师的专业行为，提高社会科教师的专业素养和伦理水平，进而提升社会科教师教育的质量和成效。其中，美国全国教育协会（NEA）是美国最大的全国性教育团体，其制定的《教育专业伦理规范》（*Code of Ethics Profession*，简称NEA准则）被美国教育界和广大教师普遍接受和遵循，以此来规范约束教师的专业伦

---

① Harvard University, Our Programs [EB/OL], https://www.gse.harvard.edu/ppe/programs.

② Harvard University, Faculty & Research [EB/OL], https://www.gse.harvard.edu/faculty.

③ National Council for Accreditation of Teacher Education, *Professional Standards for the Accreditation of Teacher Preparation Institutions* [S], 2008.

理行为。NEA 准则规定了包括社会科教师在内全体教师的教学伦理、科研伦理和交往伦理，要求社会科教师具备责任意识和服务精神，崇尚自由、民主、平等、诚信、包容、全纳、多元等价值观，主张教师要“具备探究精神，能够获得知识和理解，精心制定有价值的目标”[①]。学校也将此作为标准，对社会科教师进行规范监督。

美国学校对社会科教师的监督管理具有浓厚的意识形态性，体现了一定的政府目的和倾向，如美国“9·11”事件后，为了表示对美国政府反对恐怖主义战争的支持，美国一些公立学校纷纷表示支持美国发动伊拉克战争，通过制作“荣誉墙”、向英雄写信等方式，引导学生的政治倾向。同时，学校对反战教师进行管理和约束，禁止他们佩戴反战饰品，限制他们的言论自由，并将公开发表批评意见的教师予以谴责、停职甚至解雇。在社会科教师的教学过程中，爱国主义的言论被认为是“好”的，是可以自由、公开讲授的，反战言论则被判为是“不爱国”的，社会科教师所主张批判性反思在教学管理的重压下名存实亡。由此可见，一方面美国学校通过对社会科教师的监督管理，加权社会科教师的专业伦理，提高社会科教师的专业素养和专业品性，提升美国社会科教育的质量；另一方面，美国学校的教师管理监督具有明确的政治任务性，违背了教师专业伦理所提倡的“自由”，教师的专业行为受政府、学校的约束，具有浓厚的意识形态性，社会科教师沦为国家机器的奴隶，为国家的政治目的和政治任务服务。

综上所述，美国社会科教师教育是社会科教育中的关键一环，教师教育成果、职业能力和专业素养直接关系到社会科教育的成败，是社会科教育研究过程中必须重视的重要领域。美国社会科教师教育作为社会生活的重要组成部分，其教育内容、教育标准、教育方式深受社会思潮的影响，为特定的政治目的服务，传递着统治阶级的思想观念和价值主张，具有明显的意识形态性和价值倾向性，是当前美国摆脱经济危机所带来的阴霾情绪，重塑“美国信条”、重振“美国精神”的必要价值需求，被国家和政府置于关系国家生死存亡的重要战略地位予以高度重视。

---

① National Education Association, *Code of Ethics of the Education Profession* [S], Available online at www.nea.org/home/30442.htm.

第七章

美国社会科课程价值观教育的理性审思

美国社会科课程承载着意识形态灌输与教化的功能，是 K–12 阶段价值观教育显性课程载体，经过一百多年的发展，已经形成了自己的教育特色与实践特征，值得深入思考。本书系统研究了美国社会科课程的目标、内容和方法三位一体的价值教育体系，旨在彻底分析这一体系中的美国学校教育如何挖掘价值观教育要素、渗透价值观教育思想、实施价值观教育活动。与此同时，本书将结合我国当前教育改革和发展现状，为基础教育阶段培育和践行社会主义核心价值观提供借鉴与参考。

第一节　美国社会科课程价值观教育的主要特征

美国社会科教育的基本目标是为年轻人提供积极参与社会所必需的知识、技能和价值观，体现在课程标准的制定、教材的编写和教学方法的运用上。总体上看，美国社会科课程在传递价值观的过程中主要有以下三个显著特征，一是课程结构的“横纵衔接”，社会科课程结构设计的过程中注重各分支学科、各教育学段之间的有效衔接，形成了一个统一、完整的课程结构体系；二是教育形式的“课内外衔接”，既注重课堂上价值观教育内容的讲授，又注重课堂外价值观教育实践，二者有效衔接；三是价值主导的“显隐衔接”，在“中立”和“价值无涉”的表象下，通过立法、课程标准的颁布等明确解释学校教育的价值目标，干预和控制公共教育的价值取向。

一、课程结构：学科之间、学段之间有效衔接

美国社会科课程结构在学科之间和学段之间形成了有效的衔接。美国

社会科课程中的国家标准和地方标准为学生在各领域必须达到的水平和目标提供了指导，并且在宏观层面提供了整体方案和设计原则，以此来保障各分支学科间知识的密切关联和重复呈现，并依据学生的认知水平，在知识难度上形成呈现螺旋上升式的有效衔接，从而形成了统一完整的课程结构体系。

横向上看，美国社会科课程尤其注重学科间的知识关联，即在社会科课程框架内的全部学科在内容上安排合理、关系密切，在整体上体现出价值观教育的强化性和系统性。美国的社会科课程是一门综合性课程，受教育分权制度的影响，社会科在不同州和学区的名称不尽相同。总体而言，历史、地理、经济学和公民学是开设最广泛的课程。其中，历史学科通常分为美国历史和世界历史，一些课程还同时融合了历史、地理、经济学和其他多学科的知识内容，例如有些州设置的“全球研究”（Global Studies）课程，无论其科目和名称有何不同，其共同的特点便是将体现特定价值观的教学内容融入每个科目的教材中，以便教师在课堂中能够进行明确地传授。例如，这一价值观反复出现在历史和公民学的教科书之中，集中体现为法治观念和法律教育，如“法治”在历史课程中为对美国宪法及修正案的介绍，在公民学课程中则表现为对法律内容的讲解和对法律义务的强化等。此外，对同一教学内容和事件的讲授也重复出现在同一学段的不同教科书中，如加利福尼亚州 8 年级的美国历史、世界历史、公民学等多门课程中会同时讲到宪法、民权运动、苏联解体、越南战争等问题，通过将这些立场鲜明、意识形态色彩浓重的内容反复呈现在不同教科书之中，在课堂中以明确的方式进行传授，其中所蕴含的价值观在学生头脑中得到不断巩固和深化，使之逐步内化为学生的思想观点和行为准则。与此同时，部分州还采用了“主题”的形式将多学科的关联落实到标准文本的层面上，例如《纽约州课程社会科学习标准》规定了十大主题，多数主题的学习需要多学科的知识习得方可达成目标，这些在多维度将学科知识关联的做法体现了在实践过程中价值观教育的强化性和系统性。

纵向上看，美国社会科课程十分注重学段间的课程衔接，体现价值观教育的阶段性和连贯性。美国社会科教育自幼儿园起至 12 年级采用一贯式的教育模式，是为学生接受高等教育以及成为合格公民做准备的教育。在美国社会科委员会颁布的《C3 框架》中，按照 K–2、3–5、6–8、9–12 年四个阶段划分，规定了每个段学生须要达到的水平。课标是设计教材的“风向标”。根据课程标准的要求，社会科各个学科的教科书设计依据不同年级学生的认知水平，合理安排了不同难易程度的教学内容，体现出螺旋式上升的特征。例如，小学社会科教科书中“爱国主义”通常被表达为对家乡的热爱以及对诸如国旗和国徽等国家象征的理解与辨识；初中的课程则更加偏重对历史文献和历史事实的学习与记忆，课程内容包括对独立宣言、宪法以及美国立国法案的原文讲解，对美国的“国父”以及历史名人的颂扬；高中和大学先修课程（AP 课程）中则引入了对争议性问题的讨论，运用批判性思维和理性思考的方式潜移默化地向学生传递以“美国优先”和“美国中心”为代表的民族优越感和自豪感。因而，美国社会科课程从课标到教材的设计，在遵循青少年认知规律的基础上进行了整体性规划，将小学、初中和高中视为有机整体，体现了价值观教育的阶段性和连贯性。

学科之间、学段之间的有效衔接的最终指向是加强学生对特定价值观的理解，学科之间的反复强调、学段之间的由浅入深能够帮助学生更加有效地接受教材文本中蕴含的价值观教育内容。可以看出，美国社会科课程注重对课程体系的构建，通过合理的课程内容结构安排和课程难度设计，达到了提升教育效果的目的。

二、教育形式：课堂教学、课外实践有机融合

美国社会科课程注重课堂中的价值观内容讲授与课堂外的价值观实践的有效衔接。课堂上的价值观教学以教科书为主要载体，集中表现为对公民知识的传授，主要的形式是对价值观教育内容的直接呈现，通过系统的知识讲解达到价值观教育的目的。课堂之外，价值观的教育实践遵循“以学生为中心”的立场，拉近学生与社会生活的距离，尤其重视学生主观的价值观体验，通过一系列的课外活动、社会实践和志愿服务为学生提供成长锻炼的平台。教育学、心理学对美国的学校教育影响深远，因此实践教学和体验式教育在美国的学校教育中由来已久。从杜威的“教育即生活”，到布鲁纳的“发现式学习”，再到当今美国中小学社会科课程中广泛采用的“公民行动”，每一次教育理论创新都能够以最快的速度转化到教学实践当中。课堂外的体验式公民教育目前已经成为向青少年进行价值传递的

重要途径，是美国社会科价值观教育的“第二课堂”。

美国社会科课程各分支学科的教科书都重视对于系统公民知识的直接传授，通过明确的价值观灌输达成教育的目的，是其主要的教育方式。例如，历史和公民学等科目要求学生对于重要的历史事件、法律法案内容全面了解，要求对《独立宣言》《美国宪法》及其修正案等重要的法案及文献均通篇学习。为了达到价值观教化的目的，社会科教师注重运用多种教育手段和方法，如模拟情境教学法、服务学习教学法等，尽可能拉近课堂公民知识与具体社会情境之间的距离，这一方面极大地激发了学生对于学习的兴趣，提升了知识习得的效率；另一方面锤炼了学生的实战能力，为其进一步参与社会生活打下了坚实的基础，为其形成特定的公民品性提供了实践的平台。这类教学方法中较为著名的是建立在服务学习基础上的新的公民教育策略——公民行动，这是一种有指导的体验式公民教育方式，至今已经形成了较为成熟的教育模式，培育了诸如“公共成就”“地球卫队”“麦克华挑战”“海德广场特别行动队”等示范性的组织和项目，为学生广泛参与政治活动，提升课堂以外的公民知识习得搭建了广泛的平台。另外，课堂教学与课外体验之间的这种有效联系，离不开家庭、社会资源的协调与互动以及不同社会群体的影响，美国各级政府机构、企业和公共服务机构为学生实践课外价值观提供了条件和设施，例如，许多地区的博物馆和纪念馆对中小学生免费；政府通过有关服务学习的立法，为体验式教学提供了财政上的支持；建立相应的评估体系，使学生的课外学习直接与高等教育和就业关联起来。

三、价值传递：“价值无涉”表象下的价值主导

多元文化是美国最突出的国情特征之一，对于多种族的国家而言，共同的价值认同是构建稳定社会秩序的前提和基础，因此，如何在多元文化和多种族之间凝聚统一的“美利坚”价值共识，一直以来是美国政府面临的重要挑战。这既需要兼顾多种文化的独特性，又要在多种异质文化间寻求妥协与折衷，以此建立统一的价值纽带。对此，美国政府一直积极寻求出路，采取了多种方式和手段，在“价值中立”和“价值无涉”的表象下在程序上实现了政府力量对于价值观教育的主导。国家层面，美国通过立法、颁布课标、发布国情咨文等方式，直接阐述学校教育的价值观目标。

美国许多历史文献都将对公民的价值观教育提升到国家安全、政治安全的高度，认为公民教育事关国家的战略安全。此外，美国还通过许多隐性的途径和手段实现对价值观教育的影响和控制，尤其是对于教科书发行、审定、供应程序的把控，以此来干预和控制公共教育的价值取向。虽然美国的社会科教科书采用了市场化管理的模式，选择教材的权力归属于地方教育部门，而这会对内容的统一性造成障碍，但总体来看社会科课程的教科书反映的依然是统治阶级和特定社会群体的核心利益。社会科课程是美国K–12阶段最重要的价值观教育课程载体，是统治阶级实现政治社会化的重要途径，其培养目标同美国统治阶级的利益和诉求相契合。美国社会科课程的内容体现出了综合性的知识构成和主导性的价值生成，潜移默化地将资产阶级的思想观点转化为青少年的情感、认知、行为和态度，尽管表象上强调中立与无涉，但也难掩其西方文化价值主导的内核。从本质上看，社会科课程就是美国统治阶级传播资产阶级价值观念的工具。

马克思和恩格斯在《德意志意识形态》《共产党宣言》等著作中也明确指出，在阶级社会中，没有抽象的道德，也没有超越阶级的道德，道德始终是阶级的道德。而道德教育的内容也必然是历史的、变化的，绝不可能是终极的、最后的真理。[①] 马克思和恩格斯虽然没有使用过价值观教育一词，但在其著述中频繁提及政治教育、宗教教育等，认为“一切社会的历史都是阶级斗争的历史”，[②] 政治教育是阶级斗争的工具。在阶级社会中，价值观教育是统治阶级对社会共同体的教养方式，必然渗透着政治和阶级的旨趣，传递统治阶级的政治选择和价值期许。随着公共教育承载、传授价值观念的功能不断强化，学校价值观教育的政治之维也日益彰显。如国际教育成就评价协会组织的、马里兰大学朱迪斯·托尼－伯塔（Judith Turney-Purta）教授主持的公民教育大规模调研结果所示：“在所有国家的研究中，都表达了让党派之间政治争论远离教室的主张，但是，不管是教室内部还是教室外部对于价值观教育的阐释，经常会带有意识性的因素。”[③] 美国通过宣扬反对灌输、让学生进行自由价值选择的途径来标榜其学校公民教育的价

---

① 马克思恩格斯选集（第3卷），人民出版社1972年版，第134页。

② 马克思恩格斯选集（第1卷），人民出版社1995年版，第272页。

③ Cummings W. etc. (eds.), *The Revival of Values Education in Asia and the West* [M], Oxford:Pergamon Press, 1988, p.52.

值中立性。然而，一些学者对此进行了批判，如美国教育家范斯科德指出："对任何一级政府而言，教育都不会是超越政治之外的活动……美国社会存在着一条信念，即教育事业应是不问政治与超越党派的，然而仔细观察一下便可看出，这一要求不过是一种由于人们的短见和沉默而变得永恒的神话。"[①] 通过本书对美国社会科课程的目标体系、内容结构、方法进路的分析以及对相关教育改革政策的梳理可以看出，美国社会科课程无论在国家标准设定、教科书内容选择还是在具体的教学实践中，并未遵循其一度标榜的价值中立原则，价值观教育的内容建立在西方资本主义国家的意识形态和文化基础上，极力灌输资本主义的价值偏见和"西方中心""美国例外"的价值取向，时常以资产阶级立场审视别国制度，对其进行肆意评判，将这种带有明显的国家意识形态主导性的、主流的政治文化通过课程内容以及情景化、生活化、通俗化的教学手段内化为学生个人政治认知、政治情感、政治态度和政治信仰，以此影响和指导个人的政治实践。因而，通过对美国社会科课程的分析，我们需要透过"价值中立""价值无涉""普世价值"这些表象认清其背后隐藏的阶级性、社会性和历史性本质。

第二节　美国社会科课程价值观教育的局限性

正确认识和评价美国社会科课程中的价值观教育，需要基于马克思主义的基本立场对其进行理性审思。客观来看，美国社会科课程在传递资产阶级价值观念的过程中暴露出一定程度的局限性，这既体现在美国政治体制内在缺陷导致的社会科课程目标内容统一性的缺位，也表现为价值相对主义对价值观教育权威性的消解。

一、地方教育分权削弱价值观教育的统一性

价值观教育作为一种承载意识形态教化功能的特殊实践活动，其目的是构建共同的文化认同，这要求价值观教育的目标和内容全面反映统治阶级的意志，具体到美国就是公民对国家整体的情感认同和国家体制的政治

① ［美］理查德·D. 范斯科德:《美国教育基础——社会展望》［M］，科学教育出版社1984年版，第69–70页。

认同，这种认同具有统一性的要求。美国体制的突出特征是权力的高度分化，中央政府的作用严格受限，体现在教育领域就是领导体制上的地方分权制，各州设立教育委员会以节制本州的教育权力，这决定了各州在教育政策制定、教科书文本选定等方面存在显著差异。社会科课程承载着意识形态社会化的功能，课程目标的设定和课程内容的选择直接影响价值观教育的实际效果。从美国社会科课程的发展历程看，美国联邦政府始终致力于建立全国统一的社会科价值观教育目标，而地方教育分权制所带来的行政壁垒一直阻碍着这一目标的实现。

从美国社会科“国家—地方—行会”三位一体的价值观教育目标体系可以看出，美国十分重视利用国家标准引领社会科价值观教育的顶层设计，通过联邦宪法、教育法令和司法判例为其提供法律依据和政策支持，依托 NCSS 力图构建全国通用的社会科课程标准。客观来看，这些举措在实践中的确起到了凝聚共识的作用，例如 1994 年颁布的《追求卓越：社会科课程标准》就有 30 多个州予以采纳，2013 年颁布的《C3 框架》也得到了 22 个州的大力支持，但全国统一的标准始终未能得以建立，“一地一策”的状态一直持续至今。从美国社会科教科书文本的选定来看，采取教科书州选政策的仅有 22 个州，其余州采用教科书地方选用制度，这种情况导致了美国中小学社会科教科书文本呈现出多样性的特点。尽管美国社会科课程的教材遵循了基本的编写原则，又有美国教科书委员会等非营利性组织的监督，但作为一种商业行为，不同教科书的出版和发行代表的是多方权利主体的意志和利益，不同版本教科书所承载的思想观念、政治观点必然会有差别，这势必会削弱社会科课程价值观教育的统一性。

美国是联邦制国家，地方分权是历史的产物，也是美国政治体制的内在要求。分权与统一是天然的对立，地方教育分权决定了美国无法作为一个整体对社会科课程进行统一的规范和要求，这是美国政治体制在教育领域难以克服的内在缺陷。

二、价值相对主义挑战价值观教育的权威性

美国是典型的移民国家，多元文化根植于美国的国情之中，多种文化的交流与碰撞催生了价值相对主义，并使其在一段时间内成为美国价值观教育的主要理论基础，最具代表性的是价值澄清理论。虽然 20 世纪 80 年

代后期价值澄清理论逐渐式微，被倡导核心价值观的新品格教育所取代，但价值相对主义在美国依然具有相当广泛的受众。政治方面，主张指导思想多元化和自由化的民主社会主义思潮逐渐兴起；经济方面，倡导自由竞争的新自由主义经济思潮占据主导；文化方面，多元文化思潮泛起，人们日益强调价值的差异，呼唤平等对待每一种不同的价值观念。这些因素共同叠加，为价值相对主义提供了土壤。价值相对主义的出现本身是美国倡导所谓“普世价值”的必然结果，自由主义意识形态框架下的个人主义价值观在强调个人主观价值判断的同时，也否定了社会共同价值观的存在。而共同的价值观是连结社会群体的精神纽带，虽然多族裔之间的价值矛盾并非不可调和，但特定文化的排他行为不利于价值整合，从而会影响多元文化的和谐与团结。可以看出，美国联邦教育部门一直致力于将“共识”的凝聚置于“多元”之上，力图通过政策的干预建立起在多元文化背景下的共享价值体系，而这种努力一直受到来自价值相对主义的挑战。

价值相对主义反对承认共同价值观的存在，这势必会在一定程度上导致价值尺度的模糊、国家认同和社会共识的消解。美国教育界已经认识到了价值相对主义的危害，并通过品格教育等手段完成了由价值相对主义到倡导主流价值观的转向，但多元文化国情决定了美国社会需要鼓励多种价值观并存，反对同一性的共同主流价值取向，对特定价值观念的强调在美国语境下似乎带有“政治不正确”的意味。从内容上看，社会科教科书作为一种政治文本，承载的内容必然带有阶级属性，负载着统治阶级的利益取向。因此，社会科课程进行的明确价值观教育实践常被冠以“灌输”之名，社会科教材的编撰过程也尽力将承载价值观教育内容的部分披上“价值中立”的合法外衣，由于缺乏准确和明晰的价值目标引领，社会科课程价值观教育的权威性受到了挑战和冲击。

第三节　美国社会科课程价值观教育的反思与借鉴

综合前文对美国社会科课程的目标、内容和方法的系统分析，可以看出，中美两国虽然在意识形态、社会结构和政治制度等方面不尽相同，对价值观教育目标的设定、内容的选择存在较大差异，但作为价值观教育最重要的课程载体，美国社会科课程在教育目标引领、教育方法创新、课程结构安排以及师德师风建设等方面可以为我国思想政治教育提供有益的借鉴。

一、坚持社会主义核心价值观一元主导

美国具有作为移民国家的特殊国情，多元文化相互碰撞、彼此争锋激发了寻求价值共识的需要。在承认多元文化共存的基础上，美国运用了“民主”“自由”等其标榜的所谓“普世价值”引领各种思潮和文化，做到了“异中求和”，使其成为“美国人”的标签，在美国社会中建立了主导价值观。社会科课程价值观教育便是在这一基础上通过对特定价值观的强调和传授，在学校范围内完成了意识形态社会化的过程，使学生通过接触自由主义意识形态框架下以“民主”“自由”“法治”“正义”“尊重”“责任”等为代表的价值观念，实现了对美国民主制度的政治认同、公民角色的身份认同、国家整体的情感认同。值得注意的是，美国标榜的所谓“价值中立”和“价值无涉”实际上是十分虚伪的，美国社会推行的主导价值观主要是统治阶级和既得利益集团的诉求，在本质上是党同伐异的武器，具有强烈的排他性。

与美国不同，我国是统一的多民族国家，文化认同根植于中国人的血脉。我国是中国共产党领导下的社会主义国家，以马克思主义理论为指导，而社会主义核心价值观正是依托马克思主义的基本要求，在传承中国传统文化的基础上，迎合了全球化进程中产生的多种思想观念和价值取向凝结而来，既体现了中国特色社会主义的本质属性，又表现出社会主义在探索和发展过程中日臻完善的价值追求。随着全球化进程的加深，各类不良思潮在我国的舆论场域沉渣泛起，有越俎代庖之势。包容多种文化和思潮并存的前提是坚守国家的文化立场，这需要坚持社会主义核心价值观一元主导的地位。党的十九大报告指出：“坚持一致性和多样性统一，找到最大公约数，画出最大同心圆”[①]，强调培育和践行社会主义价值观是统一国民意志、增强民族凝聚力的思想基础和必要渠道。在基础教育阶段，我国一直重视社会主义核心价值观的培育，中小学的人文社会科学类教材均将社会

① 习近平：“决胜全面建成小康社会 夺取新时代中国特色社会主义伟大胜利——在中国共产党第十九次全国代表大会上的报告”［R］，人民出版社 2017 年版。

主义核心价值观作为突出的重点教学内容，各类学校也秉持着高度的责任感，捍卫社会主义核心价值观在学校场域的主导地位。

从实践中看，进入新时代以来，我国在经济发展建设中取得了举世瞩目的成就，在倡导“四个自信”的时代背景下，社会主义核心价值观的主导地位被不断巩固和加强，无论在高校还是中小学，甚至网络舆论阵地，青少年群体对社会主义核心价值观的认同程度都在不断加深。与此同时，社会主义核心价值观凝聚起的强大力量让中华民族在危难面前空前团结。例如，在应对新冠肺炎疫情期间，举国上下团结一致、同舟共济，发扬了“一方有难，八方支援”的精神，在“群防群控”的背景下全民配合疫情防控。究其原因，是社会主义核心价值观凝聚起了团结力量，全国民众在大灾大难面前对是非善恶具有高度一致的认识。在这场灾难中能够看出，社会主义核心价值观已经逐渐成为人民普遍遵循的价值标准，社会主义的制度自信也在实践中体现出了强大的凝聚力和生命力。

二、坚定思想政治教育课程的意识形态主导性

青少年的价值观教育是世界上所有国家、所有政党共同关注的话题，美国社会科课程中体现出的价值观教育的本质说明，思想政治教育并不只属于中国，也并不只属于马克思主义，世界各国开展的公民教育、道德教育、品格教育和价值观教育等实践事实上也承载着意识形态社会化的重要功能，其目的无不是对青少年公民进行政治教化和价值引导。通过前文的研究可以看出，美国社会科课程从目标体系、内容结构和方法进路中均体现出了政府对学校课程建设的重视，而学校课程也在价值中立的表象下实现着传递国家主流文化和价值观的重要使命。社会科课程承载着意识形态社会化的功能，目的是培养学生的国家认同、政治认同和文化认同，具有十分鲜明的意识形态导向。

从美国社会科课程价值观教育目标体系之中可以看出，坚定我国思想政治教育课程意识形态的主导性这一点需要得到足够的关注与重视。从历史发展来看，我国经历的历次教学改革与重要的教育文件出台无不强调对学校教育的价值目标引领。党的十九大报告将“坚持社会主义核心体系”作为新时代坚持和发展中国特色社会主义的基本方略之一，并多次着力强调“牢牢掌握意识形态主导权”，“以马克思主义为指导，建设具有强大凝

聚力和引领力的社会主义意识形态，使全体人民在理想信念、价值观念、道德观念上紧紧团结在一起。”[①] 因此，在新时代的中国，十九大报告与习近平新时代中国特色社会主义思想就是坚定我国中小学思想政治教育意识形态主导性的行动指南和理论纲领，要在实践中加强党对教育工作的全面领导，加强社会主义核心价值观的目标引领。社会主义核心价值观是与中国特色社会主义发展要求相契合，与中华优秀传统文化相承接的价值目标，体现了我国当前的主导意识形态和主流价值观传承，“三个倡导”从国家、社会、个人三方面为我国现阶段的价值观教育指明了方向，课堂是思想政治教育的主渠道，加强社会主义核心价值观的宏观引领对我国的学校教育意义重大。透视美国社会科国家标准《C3 框架》的各级目标，可以看出，美国学校教育标榜的所谓“价值中立”是极其虚伪的，课程标准中的价值维度在各级目标中反复被提及，对主流价值观的教育贯穿在 K–12 的全部阶段，体现了社会科价值观教育阶段性和连续性的统一。当前，在全社会学习社会主义核心价值观的背景下，如何将培育和践行社会主义核心价值观融入国民教育全过程是全社会关注的重大问题。中小学阶段，思想品德和思想政治教育课承载着价值观教育的目标，用社会主义核心价值观统领课标设计，将社会主义核心价值观的内容融入“知识与技能”“过程与方法”“情感、态度、价值观”三维目标体系，指导教材编撰，引领教学活动，是修订新课标最重要的原则，同时也为学校价值观教育提供了科学的思想引领和持久的精神动力。以上提出的三维目标体系中，“情感、态度、价值观”三个维度在最新公布的国家新课程标准中被置于中心地位，是优先设置和实施的课程目标，改变了过去强调学科概念和注重知识性内容的讲授，这意味着在处理具体知识与基本观念的关系时，应坚持用基本观点来统领知识点的原则，学科知识的选择和配置要服从并服务于基本观点的目标设置。尽管当前我国课程改革在课程标准中反映了对情感、态度、价值观等维度的关照，但长期以来的应试教育模式使得教育方式还主要以知识传授和单向灌输为主，对于学生精神世界和品格修养的关注还相当匮乏，课程实践的改革仍然具有很大的空间。

---

① 习近平：“决胜全面建成小康社会 夺取新时代中国特色社会主义伟大胜利——在中国共产党第十九次全国代表大会上的报告”［R］，人民出版社 2017 年版。

此外，我国还应不断完善教科书的撰写与管理制度，进一步加强思想品德、思想政治教育课程的意识形态主导性。美国政府利用多种途径影响、控制教材的撰写、发行和采用的过程，极大程度上体现了美国政府在社会科价值观教育中发挥的主导性作用。2017 年 1 月，教育部长陈宝生在全国教育工作会上指出，“教材体现国家意志，要改革完善教材管理体制，切实保证教材的正确政治方向和价值导向”，相关政策举措集中体现了党和政府对于学校教育意识形态主导权的高度关注。

三、加强大中小学思想政治教育课程体系的衔接性

课程的体系和结构对于教育功能的发挥至关重要。美国社会科课程是一门综合性学科，其课程结构呈现多样化发展状态，有以社会问题为中心的，有以学科综合为中心的，还有以学生的社会性发展为中心的。[①]学科的综合性和整体性支撑起了社会科教育的伞状结构，因而无论采取哪种课程结构，各分支学科的相互协调在最大程度上发挥了社会科课程价值观教育的功能，这对于优化我国思想政治教育课程结构，建立大中小衔接的思想政治教育课程体系具有一定的启示意义。

自 2005 年起，教育部先后颁布了《关于整体规划大中小学德育体系的意见》《国家中长期教育改革和发展规划纲要（2010–2020 年）》《关于全面深化课程改革落实立德树人根本任务的意见》，从顶层设计层面提出“构建大中小有限衔接的德育体系”。2014 年，《教育部关于全面深化课程改革 落实立德树人根本任务的意见》指出，“高校和中小学课程改革从总体上看，整体规划、协同推进不够，与立德树人的要求还存在一定差距……高校、中小学课程目标有机衔接不够，部分学科内容交叉重复，课程教材的系统性、适应性不强。”“应基本建成高校、中小学各学段上下贯通、有机衔接、相互协调、科学合理的课程教材体系。”“教材编写、修订要依据课程标准和教学大纲要求，加强各学段教材上下衔接、横向配合。要优化教材内容，将社会主义核心价值观的基本内容写入德育等相关学科教材中，渗透到其他学科教材中。”

① 李稚勇：“社会中心・学科中心・学生发展中心——论美国社会科课程结构的多样化发展”［J］，《外国中小学教育》2009 年第 3 期。第 12–20 页。

美国社会科课程价值观教育在目标和课程体系上具有学科间衔接、学段间衔接的突出特点，这对我国思想政治教育课程体系构建具有一定的参考意义。首先要优化课程结构，努力实现思想政治教育课程一体化。要充分挖掘各学科的价值观教育要素，联通各门学科，构筑以思政课程为主体的价值观教育体系。《C3 框架》建议将社会科的教学目标与学生读写能力的培养相结合，并在数学、英语、自然等学校通识科目中渗透价值观教育。同时，打通社会科各分支学科之间的壁垒，共同传递相同的知识和价值目标，通过反复强化加强青少年对知识及价值观的接受，加强其对问题的综合性理解与整体性把握。目前我国在中小学阶段，尽管已经开设《品德与生活》《品德与社会》《历史与社会》等综合类课程，但思想政治教育课仍旧承担着对学生进行价值引领的主要职责，对学生进行思想政治教育不能仅依赖于单一学科——思想品德或思想政治，实际上，在语文、历史、地理、艺术等人文社会学科中也蕴含着丰富的价值观教育资源，应倡导“学科德育”，尽可能地挖掘这些学科在价值观教育中的不同价值，加强与思想品德、思想政治课的协调、整合，通过不同学科教育反复强化学生对核心价值观的理解和认同，实现思想政治课程的横向贯通，共同发挥价值观教育的合力。我国要充分发挥好升学考试“指挥棒”的功能，积极推动文科综合考试等考试形式的改革，充分挖掘人文社会学科的思想政治教育要素，与此同时，要以学科整合带动和提高各学科教师的育人意识和育人功能，所有学科和教师都应当承担起价值观教育的责任，从而赋予各科教育以“灵魂”。这就要求从课程目标的设计着手，重视“情感、态度、价值观”维度的目标，为实现“全员德育”和“全科德育”奠定基础。其次，要优化课程结构，增强思想政治教育课程连贯性。《C3 框架》依据青少年发展的认知规律将 K–12 年级划分为四个阶段，每个阶段的课程内容和价值目标都在同一课程标准中统一呈现，以便不同年段的社会科教师对课程的目标有整体性把握，以此达到学段衔接的目的，实现社会科课标设计阶段性与整体性的有效统一。《C3 框架》在学段目标上的设计值得我国思考和借鉴，应在尊重学生认知发展规律的基础上，进一步完善和推进思想政治教育教材体系的学段衔接，建立起大中小阶段统筹规划的思想政治教育课程体系。国家积极推动义务教育统编教材的建设，已于 2019 年起在全国范围内使用了道德与法治、历史、语文的“部编版”统一教材，形成了贯通式的课程标准，这体现了我国教育主管部门对思想政治教育课程整体性的改革思路，教科书的编写承载着厚重的使命，对教科书的普遍关注，折射出社会对于教育内容科学性的高度期待。

四、注重思想政治教育课程教学的隐性维度

美国社会科课程价值观教育的核心目标是培养积极参与的公民，这一目标重视将价值认知转化为价值行为，通过体验式的公民参与课程、活动来提升青少年的价值判断、价值理解、价值选择，进而将其转化为价值行为。在全社会大力培育和践行社会主义核心价值观的今天，学校教育是最重要的一个方面，国家需要重视思想政治教育课程作为显性课程主渠道和主阵地的作用，又要合理利用隐性课程对青少年施加影响，积极开展课外活动，营造校园文化。显性维度与隐性维度相互结合、互为补充。

首先，要注重显性的灌输与隐性的渗透相结合。明确的价值观传授是学校教育的“主阵地”，显性的灌输最重要的特点是主体与客体以直接授课的方式实现价值观教育的目的，二者在教育的过程中一直是有意识的。作为价值观教育最重要的手段之一，显性的价值灌输是世界各国通用的教育手段，美国社会科相关课程就是这种灌输教育直接的体现之一。在对青少年系统开展价值观教育的过程中，美国社会科课程负载着明确的统治阶级意识形态倾向，传播的是资产阶级文化和价值观念，因此可以说，对青少年开展价值观灌输并不是社会主义中国独有的教育现象。与此同时，在坚持运用思想政治教育传统的灌输手段之外，应当充分吸收和运用价值观教育的隐性途径，充分运用校园文化和课外活动等非课堂教学载体开展隐性的价值观教育，引导青少年积极参与、切身体验，达到润物细无声的效果，以此提高教育的有效性。显性的价值观灌输与隐性的价值观教育引导相辅相成、有机结合，能够使价值观教育达到最佳效果。当前我国大中小学逐渐认识到了思想政治教育课程教学隐形维度的重要性，在实践中依托共青团、学生组织等平台，充分利用第二课堂等机制，充分挖掘课堂以外的思想政治教育要素，在青少年学生群体中广泛开展丰富多彩的实践活动，取得了一定的教育效果。

其次，要注重批判性思维和合作精神的培育。注重批判性思维和合作精神的培养是世界各国的通行做法，已经成为了世界范围内的教育共识，

美国既将其作为价值观教育的主要教学策略，同时将其定位为重要的教育目标。在开展社会科价值观教育的过程中，美国广泛应用主动探究、小组讨论、独立思考等形式，培育学生的理性思考和批判思维能力，以此引导学生树立参与意识、提升决策能力。被动灌输是长期以来我国思想政治教育相关课程运用的主要手段，偏重对学生知识内容记忆的考察，例如中小学在进行社会主义核心价值观的教学过程中，尤其重视要求学生背诵社会主义核心价值观的内容，对社会主义核心价值观的功能、意义等通过考试等方式确保学生掌握，尽管这一过程可以帮助学生被动掌握学习内容，但缺乏批判性思维的学习注定只能停留在记忆层面。反之，应当合理借鉴美国社会科价值观教育的做法，将批判性思维和合作意识融入教育教学目标之中，加强对学生思维能力的培养，诸如假设、推理、判断等能力，以此提升学生的批判反思能力。应拓宽渠道，通过案例学习、头脑风暴等学习形式赋能学生，充分挖掘学生的主体性，培养学生独立思考的能力。同时，美国社会科的教学过程鼓励学生进行互动与交流，在观点交换中共同解决学习遇到的问题。相互合作能够促进个体之间的相互理解、相互交流、相互依存，当前我国新课程改革也开始提倡这种合作学习的教育方式，然而在具体的实施过程中，还需要遵循一定的规律，这要求教师有意识地突破传统教学的内在模式和观念，不断地在教学方法上取得新的突破。

最后需要强调价值观教育的实践性原则，开发思想政治教育教学的社会资源。当前我国中小学思想政治教育课程亦鼓励学生联系生活实际，帮助学生成为负责任的公民、过有意义的生活。在开展价值观教育的过程中，应加强知识与实践相结合、理性思考与情感体验相结合、自主探究与价值引导相结合，达到“知、情、行”相统一，使社会主义核心价值观既能被学生主动吸收，转化为学生的思想认识，又能被学生躬行实践，外化为具体的行为方式，这一过程需要实践的参与。与此同时学校、社区和家庭等社会力量的参与对于价值观教育的实践至关重要。《C3 框架》颁布实施以来，美国各级教育单位根据自身实际制定了具体的实施计划和课程标准。政府、社区等行政单位也全力配合，为青少年的教育实践提供了资金支持与场所保障。我国应合理吸收借鉴美国的相关经验，充分统合社会的价值观教育资源，从学校的实际出发，充分发掘文化资源、区域资源、政策资源、社会实践资源等一切能够实现思想政治教育目标的各种社会要素，建立有效的互动和协调机制，构建全员育人格局。[1] 在我国，党和国家日益重视思想政治教育与学生生活的联系，注重强调思想政治教育的实践性原则，例如对实践特征明确的劳动教育进行强调。2020 年 3 月 20 日，中共中央发布了《国务院关于全面加强新时代大中小学劳动教育的意见》，明确应全面构建体现时代特征的劳动教育体系，广泛开展劳动教育实践活动，在此基础上多渠道拓展实践场所，吸引更广泛的社会力量参与对学生的思想政治教育。

五、构建我国思想政治教育教师专业伦理标准

本书中提到的美国社会科教师“专业品性”对于我国的师德建设具有一定的借鉴意义，尤其是对我国师德建设的目标站位、操作性和实效性方面提供了参考的依据。与此同时，美国教师专业标准中的“专业品性”在内涵与内容上目前仍存在一定的分歧，在对“专业品性”的评估和实施方面存在实际的困境，在借鉴的过程中应立足我国师德建设的实际需要，合理吸收、批判借鉴。

首先，追求更高层次的职业素养，提升师德建设的目标站位。《美国社会科教师国家标准》中规定的“专业品性”与伦理层面和道德意义上的师德规范在内涵上存在一定出入，是对于教师标准的高线要求，表达了对优秀教师的价值期许。它强调了教师在职业素养、专业知识和教学技能等多个方面的综合表现，这既涵盖了教师在教学活动中表现出的专业素养和专业自主性，也涵盖了教师独特的专业精神，以此确保课程和教学的有效性。师德规范总体上看是对于一名教师的底线道德限定，是作为一名教师必须具备的道德素养，遵守这些伦理规范还不足以成为一名“好教师”。“好教师”主动结合教师道德的理论标准与教育实践，将内在的态度、价值、信念等转化为日常工作中的行为与倾向，即具备所谓“专业品性”，能够在与学生的交往中展现出人格的魅力，真正体现出作为一名优秀教师应具备的德行。我国在一系列关于教师标准的文件中将教师专业标准的内容划分为“专业理念与师德”“专业知识”“专业能力”，其中“专业理念与师德”

① 李潇君，杨晓慧：“美国社会科课程标准的价值目标研究——基于《大学、职业和公民生活框架——社会科课程国家标准》的分析”［J］，《思想政治教育研究》2015 年第 2 期。第 26–29 页。

就其内容来看，更多的是对于教师底线红线的框定，属于师德规范的范畴，并未体现对“好教师”的价值期许，没有体现出更高层次的“专业品性”。近年来，为推动师德建设，教育部相继颁布了《关于建立健全中小学师德建设长效机制的意见》和《关于建立健全高校师德建设长效机制的意见》等相关文件，旨在解决当前师德建设面临的困境。对“专业品性”的内涵分析，启示我们在师德建设过程中应提出更高的目标站位，不仅要守住“红线”，还应让教师不断追求更高层次的专业素养和职业精神。

其次，制定特定教师群体的专业标准，提高师德建设的可操作性。全美教师教育认证委员会在《教师教育机构鉴定的专业标准》中提出所有教师要遵循的总体标准的同时，还依据不同教育学段和范畴，如早期儿童教育、小学教育、初等教育、特殊教育、超常教育、环境教育等，以及不同学科，包括英语、数学、科学、社会科、计算机科学、技术、体育、外语等，与各专业协会合作，制定了体现不同学段、不同学科教师特点的具体专业标准，《美国社会科教师国家培养标准》即为其中之一。为了更好地在实践中贯彻这一标准，NCSS 还特别配套了《社会科教师职初培训课程标准》和《教师教育机构社会科教师指导培训手册》两个方案，形成了较为完整的教师专业标准体系，提出了更为细化的优秀教师“专业品性”的上位要求，增强了在落实层面的可操作性。当前，我国根据不同学段制定了教师专业标准，但几乎没有针对某一学科教师的标准，学科性的教师专业标准通常由该学科的课程标准代替，而学科的课程标准主要强调课程的基本理念、设计思路、课程目标、内容标准等教学能力方面的要求，缺乏对教师“专业品性”的直接关注。针对通用教师标准对“专业品性”的规定相对泛化的问题，教育主管部门可以借鉴美国制定教师专业标准的做法和经验，制定体现学科特色的教师专业标准，进而整合学科课程标准、师德规范和通用教师标准中对“专业品性”的规定，提高师德建设的可操作性。

最后，建立多维度的评估机制，增强师德建设的实效性。有效的评估机制是保证教师质量的关键。对于教师职业道德的考核评估不应该只局限于评判教师是否遵循了师德规范所提出的最低标准，还应该在职业道德基础之上，对其在教学中的实际行为表现，即是否具备了适当的“专业品性”进行衡量。同时，教师的“专业品性”与知识、技能具有相互促进的内在联系。杜威认为，“品性”这一人类品质是可以通过教学进行培养的，是可以被习得和发展的。教师掌握知识和技能去满足学生的需求时，“专业品性”也随之得到深化。师德建设的过程中应建立起包括“专业品性”在内的多维度的评估体系，这在一定程度上能够促进教师的不断反思和终身学习，对“品性”的发展和教师质量的提高起到积极的推动作用。《美国社会科教师国家培养标准》是教师专业标准，同时也是评估标准，其中包含了专门的评估准则和要素，地方和各类学校颁布的教师标准中也制定了符合自身实际的教师教育评价措施和评估体系，对于教师的评估贯穿于教师的整个职业生涯。我国在师德建设的过程中，不仅需要将相关教师标准和师德规范作为队伍建设、教师管理、教师培养培训、教师自身发展的依据，还应将其作为考评的依据，同时建立起多维度的评估体系，增强师德建设的实效性。①

总而言之，对美国社会科课程价值观教育的研究也需要我们从国家意识形态安全的角度审视和思考美国价值观教育的特征与实质。当前世界正处于“百年未有之大变局”，守成大国与新兴大国的经济角力背后是没有硝烟的“价值之争”。时至今日，美国仍以其强大经济和军事实力保障在全世界范围内的价值主导，推行其所谓的“普世价值”，以期达到“控制世界”的目的，社会科课程内容与教育实践明确负载了其国家意识形态的本质特征。与此同时，我们要充分认识到不同国家价值观教育要确立的核心目标是有所差异的，但实现价值观教育目标的方式手段则具有可通约性。对美国社会科课程价值观教育的可借鉴性的研究为我们审视美国价值观教育的实质及探索构建我国社会主义核心价值观融入学校课程体系提供了相关启示。然而，在借鉴和汲取美国社会科课程价值观教育有益经验的同时，还必须充分认识和把握价值观教育与政治制度、文化传统、发展阶段以及国情状况的关系，把握价值观教育的内容与形式的关系、价值观教育的经验与问题的关系。必须坚持以辩证唯物主义和历史唯物主义为指导；必须坚持主体性立场，以我为主、为我所用；必须坚持借鉴与批判的辩证统一。

---

① 李潇君：“美国社会科教师‘专业品性’论析及其对我国师德建设的启示”［J］,《思想理论教育》2015 年第 6 期。第 64–67 页。

附录

美国联邦各州社会科课程标准一览表

	州	社会科课程标准名称	时 间
1	阿拉巴马州	*Alabama Course of Studying Social Studies*	2010
2	阿拉斯加州	*Alaska Content and Performance Standards*	2006
3	亚利桑那州	*Arizona Social Studies Standards*	2005
4	阿肯色州	*Social Studies Curriculum Framework (K-8)*	2007
5	加利福尼亚州	*History-Social Science Framework for California Public Schools*	2016
6	科罗拉多州	*Colorado Academic Standards: Social Studies*	2009
7	康涅狄格州	*Connecticut's Social Studies Framework*	2011
8	特拉华州	*Introduction to the 1995 Social Studies Curriculum*	1995
9	哥伦比亚特区	*DC Social Studies Standards*	2011
10	佛罗里达州	*NGSSS: Social Studies Standards*	2008
11	佐治亚州	*Georgia Performance Standards for Social Studies*	2016
12	夏威夷州	*Hawaii Content and Performance Standards for Social Studies*	2005
13	爱达荷州	*Social Studies Content Standards*	2005
14	伊利诺伊州	*Illinois Social Science Standards*	2016
15	印第安纳州	*Indiana's Academic Standards: Social Studies*	2011
16	艾奥瓦州	*Iowa Core K-12 Social Studies*	2008
17	堪萨斯州	*History, Government and Social Studies (HGSS)*	2008
18	肯塔基州	*Combined Curriculum Document: Social Studies*	2012
19	路易斯安那州	*2012 Louisiana Comprehensive Curriculum: Social Studies*	2012

续表

	州	社会科课程标准名称	时间
20	缅因州	*Standards: Social Studies*	2007
21	马里兰州	*MD Social Studies Standards*	2000
22	马萨诸塞州	*Massachusetts History and Social Science Curriculum Framework*	2003
23	密歇根州	*Social Studies Content Expectations*	2007
24	明尼苏达州	*Minnesota K-12 Academic Standards in Social Studies*	2011
25	密西西比州	*2011 Mississippi Social Studies Framework*	2011
26	密苏里州	*Social Studies Grade and Course Level Expectations*	2008
27	蒙大拿州	*Montana Standards for Social Studies*	2000
28	内布拉斯加州	*Nebraska Social Studies Standards*	2011
29	内达华州	*Nevada Social Studies Standards*	2008
30	新罕布什尔州	*K-12 Social Studies NH Curriculum Framework*	2006
31	新泽西州	*Core Curriculum Content Standards for Social Studies*	2009
32	新墨西哥州	*Social Studies Content Standards*	1997
33	纽约州	*Learning Standards for Social Studies*	1996
34	北卡罗莱纳州	*Essential Standard for Social Studies*	2011
35	北达科他州	*Content and Achievement Standards: Social Studies*	2007
36	俄亥俄州	*Ohio's 2010 Academic Content Standards for Social Studies*	2011
37	俄克拉荷马州	*Oklahoma C3 Standards for the Social Studies*	2011
38	俄勒冈州	*Oregon Social Science Academic Content Standards*	2011
39	宾夕法尼亚州	*Academic Standards for Civics and Government*	2012
40	罗德岛州	*The Rhode Island Grand Span Expectations for Social Studies*	2008
41	南卡罗来纳州	*South Carolina Social Studies Academic Standards*	2011
42	南达科塔州	*South Dakota Social Studies Standard*	2006
43	田纳西州	*The Social Studies Curriculum Standard*	2014
44	德克萨斯州	*Texas Essential Knowledge and Skills for Social Studies*	2010
45	犹他州	*Utah Core Standards: Social Studies*	2008
46	佛蒙特州	*History and Social Science Grade Expectations*	2004

续表

	州	社会科课程标准名称	时 间
47	弗吉尼亚州	*History and Social Standards of Learning*	2008
48	华盛顿州	*Washington State K-12 Social Studies Learning Standards*	2013
49	西弗吉尼亚州	*The Next Generation Content Standards and Objectives for Social Studies in West Virginia*	2011
50	威斯康星州	*Wisconsin Model Academic standards for Social Studies*	1998
51	怀俄明州	*Wyoming Social Studies Content and Performance Standards*	2013

参考文献

经典文献

[1] 马克思恩格斯选集（第1、4卷）[C]. 北京：人民出版社，1995.

[2] 马克思恩格斯文集（第1、2、3、4、5、8、9、10卷）[C]. 北京：人民出版社，2009.

[3] 马克思、恩格斯、列宁论意识形态 [C]. 北京：人民出版社，2009.

[4] 列宁选集（第3、4卷）[C]. 北京：人民出版社，1995.

[5] 列宁专题文集 [C]. 北京：人民出版社，2009.

[6] 毛泽东选集（第1–4卷）[C]. 北京：人民出版社，1991.

[7] 毛泽东文集（第3、5、6、7卷）[C]. 北京：人民出版社，1998.

[8] 邓小平文选（第1–3卷）[C]. 北京：人民出版社，1994.

[9] 江泽民文选（第1–3卷）[C]. 北京：人民出版社，1994.

[10] 江泽民论社会主义精神文明建设 [C]. 北京：中央文献出版社，1999.

[11] 毛泽东邓小平江泽民论世界观人生观价值观 [C]. 北京：人民出版社，1997.

[12] 习近平谈治国理政 [C]. 北京：外文出版社，2014.

[13] 习近平. 决胜全面建成小康社会 夺取新时代中国特色社会主义伟大胜利—在中国共产党第十九次全国代表大会上的报告 [R]. 北京：人民出版社，2017.

英文译著

[14] [美] 阿尔伯特 · 班杜拉著. 陈欣银，李伯黍译. 社会学习理论 [M].

北京：中国人民大学出版社，2015.
［15］［英］阿克顿著．侯健、范亚峰译．自由与权力［M］．南京：译林出版社，2011.
［16］［美］艾伦·布鲁姆著．战旭英译．美国精神的封闭［M］．南京：凤凰出版传媒集团，2011.
［17］［美］布鲁斯·乔伊斯．荆建华，宋富钢，花清亮译．教学模式［M］．北京：中国轻工业出版社，2009.
［18］［古希腊］柏拉图著．郭斌和译．理想国［M］．北京：商务印书馆，1986.
［19］［美］查尔斯·A. 比尔德，玛丽·R. 比尔德译．许亚芬等译．美国文明的兴起（上卷）［M］．北京：商务印书馆，1991.
［20］［英］C·W. 沃特森著．叶兴艺译．多元文化主义［M］．长春：吉林人民出版社，2005.
［21］［美］米基·英伯，泰尔·范·吉尔著．李晓燕等译．美国教育法（第3版）［M］．北京：教育科学出版社，2011.
［22］［美］约翰·杜威著．傅统先，邱椿译．人的问题［M］．上海：上海人民出版社，1988.
［23］［美］约翰·杜威著．赵翔麟，王承绪译．杜威教育论著选［M］．上海：华东师范大学出版社，1981.
［24］［德］黑格尔著．范扬译．法哲学原理［M］．北京：商务印书馆，1961.
［25］［荷］斯宾诺莎著．贺麟译．神学政治论［M］．北京：商务印书馆，1963.
［26］［美］卡尔·罗杰斯著．石孟磊译．论人的成长［M］．北京：世界图书出版公司，2015.
［27］［英］卡莱尔著．张峰译．卡莱尔演讲集［M］．上海：上海三联书店，1988.
［28］［美］克利福德·格尔茨著．韩丽译．文化的解释［M］．上海：上海人民出版社，2005.
［29］［德］伊曼努尔·康德著．沈叔平译．法的形而上学原理［M］．北京：商务印书馆，1991.

[30][德]伊曼努尔·康德著．苗力田译．道德形而上学原理[M]．上海：上海人民出版社，2005.

[31][美]罗伯特·帕特南著．刘波等译．独自打保龄球：美国社区的衰落与复兴[M]．北京：北京大学出版社，2011.

[32][美]罗伯特·纳什著．李菲译．德行的探寻：关于品德教育的道德对话[M]．北京：教育科学出版社，2007.

[33][美]理查德·D. 范斯科德．美国教育基础—社会展望[M]．北京：科学教育出版社，1984.

[34][英]约翰·洛克著．瞿菊农，叶启芳译．政府论（下）[M]．北京：商务印书馆，1997.

[35][法]卢梭著．李常山译．论人类不平等的起源和基础[M]．杭州：浙江文艺出版社，2015.

[36][英]罗素著．钟建闳译．西方哲学史[M]．长春：吉林大学出版社，2005.

[37][法]孟德斯鸠著．罗大冈译．波斯人信札[M]．北京：人民文学出版社，2015.

[38][法]迈克尔·W. 阿普尔著．黄忠敬译．意识形态与课程[M]．上海：华东师范大学出版社，2001.

[39][美]迈克尔·W. 阿普尔等著．侯定凯译．教科书政治学[M]．上海：华东师范大学出版社，2005.

[40][美]迈克尔·W. 阿普尔等著．黄忠敬等译．国家与知识政治[M]．上海：华东师范大学出版社，2007.

[41][德]马克思·韦伯著．彭强，黄晓京译．新教伦理与资本主义精神[M]．西安：陕西师范大学出版社，2002.

[42][美]梅拉·莱文森著．李潇君，李艳译．不让一个公民掉队[M]．北京：人民出版社，2016.

[43][美]米基·英伯，泰尔·范·吉尔著．李晓燕等译．美国教育法（第3版）[M]．北京：教育科学出版社，2011.

[44][美]乔尔·斯普林著．张弛，张斌贤译．美国教育[M]．合肥：安徽教育出版社，2010.

[45][英]托马斯·霍布斯著．有应星译．论公民[M]．北京：中国政法

大学出版社，2003.

［46］［英］霍布斯著．黎思复，黎廷弼译．利维坦［M］．北京：商务印书馆，1985.

［47］［美］塞缪尔·亨廷顿著．张弛，程克雄译．我们是谁？美国国家特性面临挑战［M］．北京：新华出版社，2005.

［48］［英］莎士比亚著．孙大雨译．莎士比亚四大悲剧［M］．上海：上海译文出版社，2006.

［49］［法］托克维尔著．董果良译．论美国的民主（上卷）［M］．北京：商务印书馆，1997.

［50］［美］托马斯·里克纳著．刘冰等译．美式课堂：品质教育学校方略［M］．海口：海南出版社，2001.

［51］［美］托马斯·帕特森著．顾肃，吕建高译．美国政治文化［M］．南京：江苏人民出版社，2002.

［52］［美］韦恩·厄本，杰宁斯·瓦格纳著．周晟，谢爱磊译．美国教育：一部历史档案（第三版）［M］．北京：中国人民大学出版社，2009.

［53］［美］麦金泰尔著．万俊人等译．谁之正义？何种合理性？［M］．北京：当代中国出版社，1996.

［54］［美］迈克尔·沃尔泽著．褚松燕译．正义诸领域［M］．南京：译林出版社，2002.

［55］［美］诺姆·乔姆斯基著．徐海铭，季海宏译．新自由主义和全球秩序［M］．南京：江苏人民出版社，2000.

［56］［美］威廉·F．派纳等著．张华等译．理解课程［M］．北京：教育科学出版社，2003.

［57］［美］威廉·戴蒙主编．刘晨，康秀云译．品格教育新纪元［M］．北京：人民教育出版社，2015.

［58］［美］沃尔特·C. 帕克著．谢竹艳译．美国小学社会与公民教育（第12版）［M］．南京：江苏教育出版社，2006.

［59］［英］休谟著．关文运译．人性论［M］．北京：商务印书馆，1980.

［60］［美］伊丽莎白·基斯，J. 彼得·尤本主编．孙纪瑶，段妍译．反思当代大学的德育使命［M］．北京：人民出版社，2017.

［61］［美］约翰·杜威著．王承绪译．民主主义与教育［M］．北京：人民

教育出版社，2001.
[62] [美] 约翰・杜威著 . 赵祥麟等译 . 学校与社会・明日之学校 [M] . 北京：人民教育出版社，2016.
[63] [美] 约翰・杜威著 . 傅统先，邱椿译 . 人的问题 [M] . 上海：上海人民出版社，2006.
[64] [美] 约翰・罗尔斯著 . 何怀宏译 . 正义论 [M] . 北京：中国社会科学出版社，1988.
[65] [美] 约翰・罗宾逊，菲利普・沙弗著 . 杨中芳译 . 性格与社会心理测量 [M] . 香港：远流出版事业股份有限公司，1998.
[66] [美] 约翰・麦克利兰著 . 彭淮栋译 . 西方政治思想史 [M] . 海口：海南出版社，2003.

中文学术著作

[67] 陈奔 . 美国个人主义的历史变迁 [M] . 厦门：厦门大学出版社，2012.
[68] 陈伯璋 . 意识形态与教育 [M] . 台北：师大书苑有限公司，1988.
[69] 岑国桢，顾海根，李伯黍 . 品德心理研究新进展 [M] . 上海：学林出版社，1999.
[70] 陈立思 . 比较思想政治教育 [M] . 北京：中国人民大学出版社，2011.
[71] 高峰 . 美国政治社会化研究 [M] . 北京：首都师范大学出版社，2004.
[72] 顾明远主编 . 教育大词典（第一卷）[M] . 上海：上海教育出版社，1990.
[73] 何秉孟 . 新自由主义评析 [M] . 北京：社会科学文献出版社，2004.
[74] 贺国庆，何振海 . 战后美国教育史 [M] . 上海：上海交通大学出版社，2014.
[75] 黄希庭 . 当代中国青年价值观与教育 [M] . 成都：四川教育出版社，1994.
[76] 黄忠敬 . 知识・权力・控制：基础教育课程文化研究 [M] . 上海：复旦大学出版社，2003.

[77] 吕达，周满生主编．当代外国教育改革著名文献（美国卷，第一、二、三、四册）[M]．北京：人民教育出版社，2004.
[78] 刘济良．价值观教育 [M]．北京：教育科学出版社，2007.
[79] 李德顺．价值论：一种主体性的研究（第 3 版）[M]．北京：中国人民大学出版社，2013.
[80] 李德顺，马俊峰．价值论原理 [M]．西安：陕西人民出版社，2002.
[81] 李晓岗．“9・11”后美国的单边主义与世界 [M]．天津：天津人民出版社，2007.
[82] 李忠军．意识形态安全与大学生政治价值观研究 [M]．长春：东北师范大学出版社，2008.
[83] 乐国安．社会心理学（第 3 版）[M]．北京：中国人民大学出版社，2009.
[84] 罗国杰．马克思主义价值观研究 [M]．北京：人民出版社，2013.
[85] 吕元礼．新加坡为什么能（下卷）[M]．南昌：江西人民出版社，2007.
[86] 马文琴．美国学校公民教育的转向 [M]．杭州：浙江教育出版社，2015.
[87] 美国国家研究理事会．美国国家科学教育标准 [M]．北京：科学技术文献出版社，1999.
[88] 石鸥．美国中小学课程与教学 [M]．长沙：湖南师范大学出版社，2010.
[89] 石芳．多元文化背景下的核心价值观教育 [M]．北京：人民出版社，2014.
[90] 石红．心理剧与心理情景剧实务手册 [M]．北京：北京师范大学出版社，2006.
[91] 施良方．课程理论—课程的基础、原理与问题 [M]．北京：教育科学出版社，1996.
[92] 莎士比亚．莎士比亚四大悲剧 [M]．上海：上海译文出版社，2006.
[93] 檀传宝．当代东西方德育发展要览 [M]．北京：人民教育出版社，2013.
[94] 滕大春．美国教育史 [M]．北京：人民教育出版社，1994.

［95］史振鼎．公民教育之问题与对策［M］．台北：台湾翰林同业有限公司，1985.
［96］唐爱民．当代西方教育思潮［M］．济南：山东人民出版社，2010.
［97］唐克军．比较公民教育［M］．北京：中国社会科学出版社，2008.
［98］唐克军，蔡迎旗．美国学校公民教育［M］．北京：中国社会科学出版社，2012.
［99］田海舰，邹卫．社会主义核心价值观论纲［M］．北京：人民出版社，2009.
［100］王恩铭，王卓．战后美国保守主义［M］．上海：上海外语教育出版社，2018.
［101］王葎．价值观教育的合法性［M］．北京：北京师范大学出版社，2009.
［102］王希．原则与妥协：美国宪法的精神与实践（修订本）［M］．北京：北京大学出版社，2005.
［103］王英杰．美国教育［M］．长春：吉林教育出版社，2000.
［104］吴康宁．教育社会学［M］．北京：人民教育出版社，1998.
［105］吴亚林．价值与教育［M］．北京：北京师范大学出版社，2009.
［106］吴永军．课程社会学［M］．南京：南京师范大学出版社，1999.
［107］徐大同．现代西方政治思潮［M］．北京：高等教育出版社，2006.
［108］许桂清．美国道德教育理念研究［M］．北京：中国社会科学出版社，2008.
［109］严书宇．寻求理解之路—社会科课程研究［M］．上海：上海教育出版社，2016.
［110］袁贵仁．价值观教育的理论与实践—价值观若干问题的思考［M］．北京：北京大学出版社，2006.
［111］俞可平．社群主义［M］．北京：中国社会科学出版社，2005.
［112］杨晓慧．当代大学生成长规律研究［M］．北京：人民出版社，2010.
［113］杨晓慧．社会主义核心价值体系融入大学生思想政治教育全过程的基本问题研究［M］．北京：人民出版社，2011.
［114］张华，钟启泉．课程与教学论［M］．上海：上海教育出版社，2001.
［115］郑金洲．教学方法应用指导［M］．上海：华东师范大学出版社，

2006.
［116］竹立家 . 道德价值论［M］. 北京：中国人民大学出版社，1998.
［117］郑富兴 . 现代性视角下的美国新品格教育［M］. 北京：人民出版社，2006.
［118］波普诺 . 社会学（第十版）［M］. 北京：中国人民大学出版社，1999.
［119］朱小蔓 . 当代德育新理论丛书［M］. 北京：人民教育出版社，2003.
［120］朱晓宏 . 复归与重构—当代美国道德教育理论与实践的变革［M］. 济南：山东教育出版社，2010.

中文期刊论文

［121］艾琼 . 中美社会科课程标准的比较［J］. 当代教育论坛（下半月刊），2009（11）：62–64.
［122］艾政文 . 中美学校核心价值观教育比较研究［J］. 河北师范大学学报（教育科学版），2010，12（12）：28–31.
［123］柏路 . 新时期美国高校道德教育的校园文化途径研究［J］. 东北师大学报（哲学社会科学版），2014（2）：141–145.
［124］毕志国 . 价值和价值观：主客体的深层关系及规定［J］. 学习与探索，2000（04）：52–57.
［125］陈丽华 . 书评：社会学习领域课程标准的想象及启示—评介《美国社会领域课程标准》及《C3 美国社会领域州课程标准架构》［J］. 教育研究集刊，2019（2）：117–135.
［126］陈立思 . 关于美国思想政治教育的几个问题［J］. 中国青年政治学院学报，1997（01）：35–41.
［127］陈理宣 . 学校价值观教育的途径、方法和策略［J］. 中国成人教育，2009（3）：13–14.
［128］陈其 . 美国历史学科中的素质教育［J］. 历史教学，1990（08）：25–30.
［129］陈新民 . 美国加利福尼亚州历史—社会科学课程评介［J］. 浙江教育学院学报，2005（5）：28–33.
［130］陈新民 . 美国社会科课程中的史地综合［J］. 比较教育研究，2012，

34（3）：77–81.
［131］陈新民．文学作品在美国中小学社会科教学中的运用［J］．外国中小学教育，2010（10）：60–65.
［132］柴西琴．对探究教学的认识和思考［J］．课程．教材．教法，2001（8）.
［133］丁尧清．美国标准化运动中的社会科课程改革［J］．外国教育研究，2002（9）：31–35.
［134］丹尼斯·劳顿．吴棠译．课程设置的两大类理论［J］. 外国教育资料，1982（4）：20–23.
［135］段妍．社会主义核心价值观中“公正”真谛及其实现路径［J］．思想理论教育导刊，2016（4）：83–87.
［136］段妍．社会主义核心价值观中“自由”真谛及其实现路径［J］．理论探讨，2016（2）：15–18.
［137］范国睿，何珊云．危机时代的教育变革—奥巴马政府的教育政策述评［J］．教育研究，2011（2）：98–103.
［138］范树成．美国核心价值观教育探析［J］．外国教育研究，2008（7）：23–28.
［139］冯刚．不断探索思想政治教育学科建设与发展的科学路径［J］．思想理论教育导刊，2014（4）：16–18.
［140］冯刚，郭鹏飞．对意识形态本质的一种解读—以价值观念为中心［J］．思想理论教育导刊，2013（6）：56–59.
［141］丰继平．信息驱动与学校发展：美国教育改革运动中的绩效责任制［J］．外国中小学教 2003（10）：4–8.
［142］高地．MOOC 热的冷思考—国际上对 MOOCs 课程教学六大问题的审思［J］．远程教育杂志，2014，32（2）：39–47.
［143］高地．比较思想政治教育学科理论体系建构的前提性思考［J］．社会科学战线，2014（6）：224–227.（3）：104–108.
［144］高地．西方学者中国思想政治教育研究述评［J］．马克思主义研究，2016（10）：145–152.
［145］高峰．解读美国新品格教育之“新”［J］．中国德育，2016（4）：24–27.

[146] 高峰.西方国家核心价值观培育路径及启示[J].社会主义核心价值观研究，2016，2（6）：62–70.

[147] 葛春.美国公立学校价值观教育的特点及启示[J].外国中小学教育，2009（2）：15–18，51.

[148] 郭凤志.价值、价值观念、价值观概念辨析[J].东北师大学报，2003（06）：41–46.

[149] 顾明远.八十年代国外教育发展的展望[J].外国教育动态，1982（5）：59–63.

[150] 高峡.社会科和公民素养教育—从美国和日本社会科的建立谈起[J].全球教育展望，2002，31（09）：14.

[151] 高星，丁振国.美国殖民地时期学校道德教育发展综述[J].理论月刊，2014（03）：186–188.

[152] 顾肃.当代西方政治哲学中的社会公正理论[J].河北学刊，2007（6）：38–44.

[153] 韩芳，李维喆.澳大利亚社会科公民教育内涵—以西澳大利亚州《社会与环境科课程框架》为例[J].外国教育研究，2007（11）：32–35.

[154] 韩芳.澳大利亚社会科课程与公民教育的嬗变[J].当代教育科学，2012（15）：29–32.

[155] 韩丽颖.当代大学生核心价值观的凝练[J].思想教育研究，2012（11）：71–74.

[156] 韩丽颖.立德树人：生成逻辑·精神实质·实践进路[J].东北师大学报（哲学社会科学版），2016（6）：201–208.

[157] 韩雪.90年代美国社会科课程的发展态势[J].比较教育研究，2001（8）：29–34.

[158] 韩雪.美国社会科课程的历史嬗变[J].首都师范大学学报（社会科学版），2002（6）：112–117.

[159] 韩吟.我国台湾地区社会科课程设计对内地公民教育课程改革的启示[J].当代教育科学，2009（22）：42–44.

[160] 郝永林.美国教育政策制定中的公共价值取向分析—从“不让一个孩子掉队”到“力争上游计划”[J].教育理论与实践，2013（25）：

16.
［161］黄东升．品德教育的课程设计理念初探［J］．基础教育研究，2011（17）：8–10.
［162］黄建君．中美中小学社会科政治学内容的比较研究［J］．全球教育展望，2008（3）：85–90.
［163］黄逸恒，单文经．澳门公立中葡学校社会科课程的现况分析［J］．全球教育展望，2008（2）：60–65.
［164］黄志成．欧洲的比较教育学会与人物［J］．外国教育资料，1982（2）：24.
［165］黄兆群．熔炉理论与美国的民族同化［J］．山东师大学报（社会科学版），1990（02）：24–30.
［166］姜俊和，孙启林．当代美国中小学教科书编选的合法性分析［J］．外国教育研究，2012（12）：51.
［167］蒋菲，高地．社会主义核心价值体系融入国民教育全过程的衔接问题探析［J］．思想政治教育研究，2014（4）：47–50.
［168］金昕．美国公民教育的品牌效应、培育路径及启示［J］．东北师大学报（哲学社会科学版），2013（2）：185–189.
［169］金昕，王丹彤．高校师德制度建设的问题与出路［J］．思想理论教育导刊，2016（03）：143–146.
［170］教育部邓小平理论研究中心调研组．关于价值观问题的调研报告［J］．高校理论战线，2002（01）：18–27.
［171］卡明斯，钟启泉．从课程看道德及宗教教育—价值教育的国际比较（之一）［J］．外国教育资料，1997（2）：5–12.
［172］卡明斯，钟启泉．价值教育的案例研究—价值教育的国际比较（之二）［J］．外国教育资料，1997（3）：18，43–50.
［173］卡明斯，钟启泉．价值教育的政策—价值教育的国际比较（之三）［J］．外国教育资料，1997（2）：31–35，80.
［174］康秀云．比较思想政治教育研究的基本概念辨析［J］．社会科学战线，2014（6）：214–218.
［175］康秀云．美国培育积极公民的志愿服务路径研究［J］．外国教育研究，2012，39（7）：113–121.

［176］雷蕾，叶·弗·布蕾兹卡琳娜．当代俄罗斯青年政治价值观教育的逻辑起点及对策研究［J］．外国中小学教育，2016（12）：18–23，17.
［177］李荟芹，周仕德．美国基础教育社会科课程对“全球教育”的关注及启示［J］．外国中小学教育，2010（12）：49–53.
［178］刘兰，郭永馨．从“为了生活的地理”到“实践地理”—美国国家地理课程标准修订对我国的启示［J］．现代基础教育研究，2018，29（01）：109–115.
［179］路石．从小培养良好品德—美国的“长颈鹿”计划及道德教育活动简介［J］．天津教育，2002（02）：37–38.
［180］李茜．美国社会科教科书中的多元文化教育视角—以美国哈特·米福林版小学社会科教科书为例［J］．遵义师范学院学报，2008（2）：57–60.
［181］李欣怡，任成孝，高鑫．国外学生核心价值观教育研究及其当代启示—基于马克思主义核心价值观的思考［J］．教育理论与实践，2015，35（13）：42–45.
［182］蓝维，夏飞．价值观教育的确立与发展—价值观教育30年的历史回顾［J］．中国德育，2008，3（12）：18–21.
［183］李潇君．课外活动：美国高校道德教育的重要载体［J］．东北师大学报（哲学社会科学版），2014（2）：146–150.
［184］李潇君，杨晓慧．美国社会科课程标准的价值目标研究—基于《大学、职业和公民生活框架—社会科课程国家标准》的分析［J］．思想政治教育研究，2015（2）：26–29.
［185］李潇君．美国社会科教师“专业品性”论析及其对我国师德建设的启示［J］．思想理论教育，2015（6）：64–67.
［186］李潇君．美国社会科课程中的价值观教育［J］．思想教育研究，2015（6）：58–61.
［187］李学书，谢利民．美国社会科教材中合作能力的培养及启示—以HM版“我们的学校”单元为中心的剖析［J］．外国中小学教育，2008（1）：28–31，15.
［188］李艳．比较思想政治教育研究的问题、规定及范式［J］．社会科学战

线，2014（6）：219–223.
［189］李艳．思想政治教育话语权的内在规定［J］．马克思主义研究，2016（3）：143–150.
［190］李艳．文化自觉：高校思想政治教育的研究定位［J］．思想政治教育研究，2014（3）：94–99.
［191］李妤．美国社会科课程发展及其教师培训［J］．河南职业技术师范学院学报（职业教育版），2007（1）：74–76.
［192］李稚勇．社会中心·学科中心·学生发展中心—论美国社会科课程结构的多样化发展［J］．外国中小学教育，2009（3）：12–20.
［193］李忠军．大学生社会主义核心价值体系教育的接受机制探析［J］．东北师大学报（哲学社会科学版），2009（5）：11–15.
［194］李忠军．论社会主义核心价值观、中国精神与社会主义意识形态［J］．社会科学战线，2014（3）：31–39.
［195］李忠军．新时期大学生政治价值观教育方法论转换的若干思考［J］．思想教育研究，2010（7）：26–30.
［196］刘志．服务性学习：美国高校创业教育教学策略的新探索［J］．教育发展研究，2015（3）：79–84.
［197］莫尼卡·泰勒．价值观教育与教育中的价值观（下）［J］．教育研究，2003，024（007）：58–66.
［198］南京师大“课程的社会学研究”课题组．课程的社会学研究简论［J］．教育研究，1997（9）：26–30，49.
［199］庞立生．历史唯物主义与精神生活的现代性处境［J］．哲学研究，2012（2）：3–8，128.
［200］浦卫忠．美国精神与青少年教育［J］．中国青年政治学院学报，1999（1）：16–21.
［201］钱扑，辛敏芳．中美社会科教材比较研究—以美国《学校与家庭》和中国《品德与社会》为例［J］．全球教育展望，2009，38（6）：82–86.
［202］邱勇．试论历史教育在美国社会科课程中的核心地位［J］．外国中小学教育，2007（10）：57–61.
［203］曲波．比较思想政治教育学科性质探析［J］．东北师大学报（哲学社

会科学版），2014（2）：130–134.
［204］任京民．当代美国社会科教师角色论析［J］．教育科学研究，2009（1）：72–75.
［205］任京民．论美国社会科课程标准之变革［J］．首都师范大学学报（社会科学版），2010（5）：75–78.
［206］任京民．美国社会科课堂提问评析［J］．外国中小学教育，2009（8）：52–55，65.
［207］任志锋．论美国思想政治教育之“名”［J］．教学与研究，2018（04）：89–94.
［208］任志锋．当前我国意识形态领域的失衡现象及对策研究［J］．教学与研究，2015（1）：70–75.
［209］任志锋．权威与自治：美国学校道德教育的价值取向及其发展［J］．教学与研究，2019（12）：68–76.
［210］上官莉娜．比较思想政治教育：现状、挑战与发展［J］．思想理论教育．2013（8）：10–15.
［211］上官莉娜．多元文化、世俗性与价值观教育—法国中小学复设“世俗道德教育”课程解析［J］．比较教育研究．2016（02）：101–105.
［212］佘双好．思想政治教育的科学研究现状、特点及发展趋势探析［J］．思想政治教育研究，2009（10）：83–89.
［213］沈晓敏．从教科书看美日社会科教育的共同特点—兼论我国人文社会课程的问题［J］．全球教育展望，2002，31（9）：17–19.
［214］沈晓敏．日本高中课程的多样化特征［J］．外国中小学教育，2012（12）：51–55.
［215］沈晓敏．日本中小学评价指南评析［J］．课程・教材・教法，2009，29（5）：85–90.
［216］沈晓敏．战后日本中小学社会科教学大纲的演变［J］．外国教育资料，1995（6）：60–67.
［217］沈壮海．改革开放以来思想政治教育研究的学术版图［J］．思想理论教育导刊，2008（11）：13–20.
［218］石海兵．论价值观的基本特性及其教育要求［J］．学术论坛，2008（10）：43–47.

［219］石鸥，李卉君．美国现行中小学教科书制度探究—以加利福尼亚州为例［J］．湖南师范大学教育科学学报，2011（6）：5-9，56.
［220］孙伟国，王立仁．政治社会化取向的美国公民教育［J］．外国教育研究，2007（3）：33-37.
［221］檀传宝．第三次浪潮：美国品德教育运动述评［J］．北京大学教育评论，2003（2）：33-37.
［222］唐克军．美国高校道德与公民教育面临的问题及其应对［J］．思想理论教育，2008（23）：38-41.
［223］唐志龙．价值观教育是思想政治工作的重要环节［J］．理论探讨，2004（1）：77-79.
［224］田玉敏．美国中小学核心价值观教育及其启示［J］．中国青年研究，2008（11）：109-112.
［225］王风才．文化霸权与意识形态国家机器—葛兰西与阿尔都塞意识形态理论辨析［J］．马克思主义与现实，2007（03）.
［226］吴坚．哈佛大学与复旦大学通识教育课程设置比较研究［J］．高教探索，2016（02）：28-33.
［227］汪培．战后日本社会科课程的沿革［J］．黄冈师范学院学报，2008（2）：126-129.
［228］王凯．专业品性：美国教师教育标准的新元素［J］．教育研究与实验，2011（03）：76-80.
［229］王世光．社会科课程标准中的探究观念［J］．课程·教材·教法，2012，32（7）：42-48.
［230］王向红，康长运．影响美国教科书选用因素浅析［J］．外国教育研究，2005（11）：58-61.
［231］王学俭．当代中国价值观建构应当处理好的四个关系［J］．人民论坛，2019（S1）：136-138.
［232］王永红．二战以来美国社会科的改革与发展［J］．课程·教材·教法，2003（6）：76-78.
［233］王占仁，常飒飒．美国高校创业教育“成熟性”、“合法性”及“发展趋势”的论争与启示［J］．比较教育研究，2016，38（1）：7-13.
［234］王占仁．英国高校职业生涯教育之启示—以英国里丁大学为个案

[J].教育研究，2012，33（7）：134–138.
［235］王占仁.英国高校学生会组织的特点与启示—以英国雷丁大学为个案的考察［J］.高校辅导员学刊，2016，8（2）：64–67.
［236］吴瑞祥.美国社会科教科书评述［J］.全球教育展望，2002，31（12）：35–38.
［237］辛志勇，金盛华.西方学校价值观教育方法的发展及其启示［J］.比较教育研究，2002（4）：27–32.
［238］于海静.美国公民教育的历史沿革、现状与发展趋势［J］.外国教育研究，2004（03）：10–13.
［239］闫龙.美国新修订的小学教师专业标准的特点及启示［J］.教育导刊，2011（10）：42–44.
［240］杨柳新.大学的价值观教育与文化认同［J］.北京大学教育评论，2008（04）：107–124+190.
［241］杨威.好公民抑或好人？—当代西方学校价值观教育的路径与困境［J］.外国教育研究，2016（6）：106.
［242］杨晓慧.关于加强比较思想政治教育学科建设的几个问题［J］.社会科学战线，2014（6）：208–213.
［243］杨晓慧.对深化思想政治教育学科建设的几点思考［J］.思想政治教育研究，2014，30（1）：12–16.
［244］杨晓慧.探寻中国马克思主义理论教育的文化语境［J］.马克思主义研究，2015（6）：130–135，160.
［245］杨晓慧.比较思想政治教育研究的学科理性、本质定位及系统建设［J］.思想理论教育导刊.2014（10）：101–105.
［246］杨晓慧.找准破解思想政治理论课实效性难题的关键着力点［J］.思想理论教育导刊，2017（1）：23–26.
［247］杨晓慧.中美大学生生活方式教育比较［J］.外国教育研究，2006（197）：45–50.
［248］姚冬琳，李国.美国社会科教科书的多样化分析及其对我国的启示—基于美国哈特·米福林版、培生版、麦格劳·希尔版的分析［J］.外国中小学教育，2011（12）：27–31，39.
［249］姚冬琳.以探究为中心的学习与教学—美国C3框架述论［J］.现代

中小学教育，2016，32（10）：103–108.
［250］周海霞．试析德国核心价值观体系与价值观教育［J］．比较教育研究，2017（39）：86.
［251］张建云．马克思“价值”范畴的深层解读［J］．马克思主义研究，2016（09）：43–51.
［252］张澍军．德育的社会化与社会化的德育［J］．思想教育研究，2003（8）：7–8.
［253］张澍军．论德育的人文精神与人的个性发展［J］．思想教育研究，2006（1）：11–13.
［254］张耀灿．思想政治教育学科专业创建 30 年的回顾和展望［J］．思想理论教育，2014（1）：26–33.
［255］张耀灿．思想政治教育学科建设存在的若干问题［J］．思想理论教育，2015（5）：48–52.
［256］赵亚夫，李建红．美国学校社会科教育的诞生与发展（1916–1983）［J］．首都师范大学学报（社会科学版），1999（1）：91–97.
［257］赵亚夫．韩国社会科课程中的国史教育［J］．全球教育展望，2003，32（10）：52–56.
［258］赵亚夫．历史・文化・理解—从国际理解的视角看学校历史教育的新问题［J］．中国教育学刊，2008（9）：41–44，60.
［259］张泽强．道路自信、理论自信、制度自信的基本内涵浅析［J］．中共贵州省委党校学报，2013（2）：18–20.
［260］郑菲遐，张斌贤．哈罗德・拉格与美国社会科课程的重构［J］．教育科学研究，2013（12）：30–35.
［261］周仕德．美国基础教育社会科中的多元文化教育及其启示—基于《美国国家社会科课程标准》的分析［J］．外国中小学教育，2010（3）：18–21.
［262］朱志勇．我国内地与台湾初中语文教科书中社会角色的呈现［J］．比较教育研究，1998（5）：40–44.

中文学位论文

［263］蔡春．德性与品格教育论［D］:［博士学位论文］．上海：复旦大学，

2010.

[264] 杜海坤. 美国公民教育课程模式研究[D]:[博士学位论文]. 武汉: 中国地质大学, 2014.

[265] 傅建明. 我国小学语文教科书价值取向研究[D]:[博士学位论文]. 上海: 华东师范大学, 2002.

[266] 付轶男. 美国现代化进程中的公民教育与道德教育关系[D]:[博士学位论文]. 长春: 东北师范大学, 2010.

[267] 何良. 美国少数族裔的国家认同研究[D]:[博士学位论文]. 北京: 北京外国语大学, 2015.

[268] 金李花. 哈罗德·拉格的社会科教科书研究[D]:[硕士学位论文]. 上海: 上海师范大学, 2010.

[269] 康夏飞. 二战以来美国公民教育演变与发展[D]:[硕士学位论文]. 兰州: 西北师范大学, 2011.

[270] 孔锴. 美国公民教育模式研究[D]:[博士学位论文]. 长春: 东北师范大学, 2008.

[271] 刘宏福. 美国"加州公立学校历史—社会课程标准(K-12)"研究[D]:[硕士学位论文]. 上海: 上海师范大学, 2013.

[272] 聂迎娉. 美国中小学公民学课程标准研究[D]:[博士学位论文]. 武汉: 中国地质大学, 2014.

[273] 孙捷. 美国基础教育社会科国家课程标准探析[D]:[硕士学位论文]. 广州: 华南师范大学, 2003.

[274] 王连义. 公民教育的政治取向研究[D]:[硕士学位论文]. 长春: 东北师范大学, 2006.

[275] 谢狂飞. 美国品格教育研究[D]:[博士学位论文]. 上海: 复旦大学, 2012.

[276] 徐娜. 中美小学社会科教科书比较研究[D]:[硕士学位论文]. 上海: 上海师范大学, 2010.

[277] 杨飞云. 美国学校价值观教育研究[D]:[博士学位论文]. 郑州: 河南大学, 2012.

中英文报纸

[278] 李忠军．核心价值体系教育中的几个统筹［N］．光明日报，2010-12-16（12）．

[279] 庞立生．精神生活的现代处境及其文化自觉［N］．光明日报，2015-10-12（007）．

[280] 习近平．青年要自觉践行社会主义核心价值观［N］．人民日报，2014-05-05（002）．

[281] 习近平．在实现中国梦的生动实践中放飞青春梦想［N］．人民日报，2013-5-5（007）．

[282] 习近平．让青春在实现中国梦的征程上焕发光彩——以习近平同志为总书记的党中央关心青年和青年工作纪实［N］．人民日报，2015-07-24.

[283] 杨晓慧．树立高校意识形态工作的文化自觉［N］．光明日报，2016-06-28（014）．

[284] 袁贵仁．坚持立德树人 加强社会主义核心价值观教育［N］．人民日报，2014-05.

[285] 中共中央办公厅．关于培育和践行社会主义核心价值观的意见［N］．人民日报，2013-12-24（001）．

[286] Barack Hussein Obama. Inaugural Address of Barack Obama［N］, Washington，2009-1-20.

英文学术著作

[287] Amy Gutmann. Democratic Education [M]. Princeton: Princeton University Press, 1987.

[288] Antonio Gramsci. Selections from the Prison Notebooks [M]. London: Lawrence & Wishart, 1971.

[289] Bruce E. Larson. Instructional Strategies for Middle and High School Social Studies: Methods, Assessment and Classroom Management (2nd edition) [M]. New York: Routledge, 2017.

[290] Berne, R. The measurement of equity in school finance: Conceptual,

Methodological and Empirical dimensions [M]. Maryland: The Johns Hopkins University Press, 1982.

[291] California State Board of Education. History-Social Science Framework for California Public schools, Kindergarten through Grade Twelve [M]. Sacramento: California State Department of Education, 2016.

[292] Carolyn Weber. Surprised by Oxford: A Memoir [M]. Thomas Nelson, 2013.

[293] Character Education Partnership. Eleven Principles of Effective Character Education [M]. National Professional Resources, 1998.

[294] Cummings W. etc. (eds.) . The Revival of Values Education in Asia and the West [M]. Oxford: Pergamon Press, 1988, 52.

[295] Dale L. Brubaker. Creative Leadership in Elementary Schools [M]. Kendall/Hunt Pub. Co, 1976.

[296] Diana Hess. Controversy in the Classroom: The Democratic Power of Discussion [M]. New York: Routledge, 2009.

[297] Donna M. Gollink& Phillip. C. Chinn. Multicultural Education in a Pluralistic Society (9th edition) [M]. Pearson, 2012.

[298] E. Wayne Ross. The Social Studies Curriculum (4th edition) [M]. Albany: State University of New York Press, 2014.

[299] E. Wayne Ross. The Social Studies Curriculum: Purposes, Problems, And Possibilities (3rd edition) [M]. State University of New York Press, 2006.

[300] Edgar B. Wesley, Stanley P. Wronski. Teaching Social Studies in High School [M]. Boston: Heath, 1958.

[301] George Lakoff. Thinking Points: Communicating Our American Values and Vision [M]. New York: Tides Center/Rockbridge Institute, 2006.

[302] H. G. Marker. Mehlinger. Social Studies. In: P. Jackson (ed.) Handbook of Research on Curriculum [C]. New York: Macmillan, 1992.

[303] J. Bruner. The Culture of Education [M]. Cambridge, MA: Harvard University Press, 1996.

[304] J. Mark Halstead, Liberal Values and Liberal Education. In: Halstead, J. M. and Taylor, M. J. (eds.) Values in Education and Education in Values [C].

Lewes: Falmer Press. 1996.

[305] J. Mark Halstead, Monica J. Taylor. Values in Education and Education in Values [M]. London: Routledge, 1995.

[306] Jack Zevin. Social Studies for the Twenty-first Century (3rd edition) [M]. New York: Routledge, 2007.

[307] James W. Loewen. Lies My Teacher Told Me: Everything Your American History Textbook Got Wrong [M]. New York: The New Press, 2007.

[308] Jerome Bruner. The Process of Education [M]. Cambridge: Harvard University Press, 1960.

[309] John Dewey. Democracy and Education [M]. New York: Macmillan, 1916.

[310] John Dewey. A Common Faith [M].New Haven: Yale University Press, 1934.

[311] June R. Chapin. Elementary Social Studies: A Practical Guide (6th edition) [M]. Pearson Education, 2006.

[312] Judith Torney-Purta etc. Citizenship and Education in Twenty-eight Countries: Civic Knowledge and Engagement at Age Fourteen [M]. Amsterdam: International Association for the Evaluation of Educational Achievement, 2001.

[313] Kerry J. kennedy. Citizenship Education and the Modern State [M]. The Falmer Press, 1997.

[314] Larry C. Holt, Marcella Kysilka, Instructional Patterns /M]. Sage Publications, 2005.

[315] Lawrence A. Cremin. American Education: The National Experience [M]. New York: Harper and Row, 1980.

[316] Lawrence Kohlberg. Child Psychology and Childhood Education: A Cognitive Developmental View [M]. Longman Group United Kingdom, 1987.

[317] Lawrence Kohlberg. The Philosophy of Moral Development: Moral Stages and the Idea of Justice (Essays on Moral Development, Volume 1) [M]. New York: Harper & Row, 1981.

［318］L. H. Tharp. Until Victory: Horace Mann and Peabody [M]. Boston: Little Brown and company, 1953.

［319］Linda J. Gibbs, Edward J. Earley. Using Children's Literature to Develop Core Values [M]. Phi Delta Kappa Intl Inc, 1994.

［320］Louis E. Raths. Values and Teaching: Working with Values in the Classroom (2nd edition) [M]. Merrill Pub Co, 1978.

［321］Margaret McNamara. Halloween Fun (Robin Hill School) [M]. Simon Spotlight, 2008.

［322］Meira Levinson. The Third C: College, Career and Citizenship. In: David Campbell et al ed. Making Civics Count: Citizenship for a New Generation [C]. Cambridge: Harvard Education Press, 2012.

［323］Michael J Berson, Barbara C. Cruz, James A. Duplass, and J. Howard Johnston. Social Studies on the Internet [M]. Upper Saddle River, 2007.

［324］Michael J. Berson. Social Studies: The United States: Making a New Nation [M]. Harcourt, 2007.

［325］Michael W. Apple, Lois Weis (eds) . Ideology and Practice in Schooling [M]. Philadelphia: Temple University Press, 1983.

［326］Morison, Samuel E. New Englands first fruits [M]. London: The Founding of Harvard College, 1643.

［327］Monica Taylor (compiled) . Values Education in Europe: A Comparative Overview of a Survey of 26 Countries in 1993 [M].The Consortium of Institutes for Development and Research in Education in Europe, Dundee/UNESCO, New York, 1994.

［328］Nel Noddings, Laurie Brooks. Teaching Controversial Issues: The Case for Critical Thinking and Moral Commitment in the Classroom [M]. New York: Teachers Colleage Press, 2017.

［329］Ochoa-Becker, Anna S. Democratic Education for Social Studies: An Issues-Centered Decision Making Curriculum (PB) (International Social Studies Forum) (2nd edition) [M]. Greenwich: Information Age Publishing, 2006.

［330］Peter Levine. The Future of Democracy: Developing the Next Generation

of American Citizens [M]. Medford: Tufts University Press, 2007.
[331] Ranald W. Evans. The Social Studies Wars: What we should Teach the Children? [M]. New York: Teachers College Press, 2004.
[332] Richard G. Niemi, Jane Junn. Civic Education: What Makes Students Learn? [M]. New Haven: Yale University Press, 1998.
[333] Robert J. Marzano, John S. Kendall. A Comprehensive Guide to Designing Standards-based Districts, Schools, and Classrooms [M]. Mid-continent Regional Educational Laboratory, 1996.
[334] Ronald W. Evans. The Social Studies Wars: What Should We Teach the Children? [M]. New York: Teachers College, 2004.
[335] Ruth Elson. Guardians of Tradition: American Schoolbooks of the 19th Century [M]. Lincoln: University of Nebraska Press, 1964.
[336] Sam Wineburg, Daisy Martin, Chauncey Monte-Sano. Reading Like a Historian: Teaching Literacy in Middle and High School History Classrooms (2nd edition) [M]. New York: Teachers College Press, 2012.
[337] Tanya Lee. The Good, the Bad, and the Barbie: A Doll's History and Her Impact on Us by Stone [M]. Viking Books for Young Readers, 2010.
[338] Terrie Epstein. Interpreting National History Race Identity and Pedagogy in Classrooms and Communities [M]. New York: Routledge, 2009: 61.
[339] Theodore Sizer. Horace's Hope: What Works for the American High School [M]. Boston: Houton Mifflin, 1996.
[340] Thomas Lickona. Educating for Character: How Our Schools Can Teach Respect and Responsibility [M]. Bantam: Bantam Trade, 1992.
[341] Thomas Lickona. What is Good Character? And How can We Develop it in Our Children? [M]. Poynter Center, Indiana University, 1991.
[342] Thomas N. Turner, William B. Russell III, Stewart Waters. Essentials of Elementary Social Studies (4th edition) [M]. Routledge, 2012.
[343] Walter C. Parker. Social Studies Education eC21 in Walter C. Parker ed. Social Studies Today: Research and Practice [M]. New York: Routledge, 2010.
[344] William C. Bagley, Thomas Alexander. The Teacher of the Social Studies

[M]. New York: Scribner's, 1937.

英文期刊文献

[345] Adam Woelders. Using Film to Conduct Historical Inquiry with Middle School Students [J]. The History Teacher, 2007, Vol. 40 (3): 363-395.

[346] Avery, Patricia & Levy, Sara & Simmons, Annette. (2013) . Deliberating Controversial Public Issues As Part of Civic Education 1 [J]. The Social Studies. 104. 105-114.

[347] Chenarani Kiarash. An Introduction to Service Learning Pedagogy [J]. Online Submission, 2017.

[348] Christopher C, Morphew, Matthew Hartley. Mission Statements: A Thematic of Rhetoric Across Institutional Type [J]. The Journal of Higher Education, Vol. 77, No. 3.

[349] Cogan, J. J. Social studies: Past, Present, Future [J]. Social Education. 33 (4) . 1976: 293-295.

[350] David Kerr. Citizenship Education: An International Comparison across Sixteen Countries [J]. International Journal of Social Education, 2002, 17 (1): 1-15.

[351] David Snedden. Teaching of History in Secondary Schools [J]. History Teacher's Magazine, 1914 (5): 277-282.

[352] Diana Hess. How do Teachers' Political Views Influence Teaching about Controversial Issues? [J]. Social Education, 2005 (69): 47-48.

[353] Engle, S. H. Decision-making: The heart of social studies instruction [J]. Social Education, Vol. 24 (7): 301-304.

[354] Engle S. H, Ochoa A. Education for democratic citizenship: Decision making in the social studies [J]. New York Teachers College Press, 1988.

[355] Frederick Risinger, Jesus Garcia. National Assessment and the Social Studies [J]. The Clearing House, 1995 (68): 4.

[356] Frederick Risinger. Teaching Social Issues Using the Internet [J]. Social Education, 2000, Vol. 64 (7): 455.

[357] Hertzberg H. W. Social studies reform, 1880-1980 [J]. Boulder, CO:

Social Science Education Consortium, 1981.

[358] Houser, Neil O. Inquiry Island: Social Responsibility and Ecological Sustainability in the Twenty-first Century [J]. The Social Studies, 2005, 96 (3): 127-132.

[359] Iglesias R, Aceituno D, Toledo, "María Isabel. Student Teachers' Understandings and Practices for Teaching 'Controversial Issues'in the High School History Curriculum" [J]. Procedia-Social and Behavioral Sciences, 2017, 237: 452-457.

[360] Jean Anyon. Ideology and United States History Textbooks [J]. Harvard Educational Review, 1979, vol. 49: 361-386.

[361] Kathe Jervis, Joseph McDonald. Standards: The Philosophical Monster in the Classroom [J]. The Phi Delta Kappan, 1996, 77 (8): 563-569.

[362] Kathy Swan. The Importance of the C3 Framework [J]. Social Education, 2013, 77 (4): 222-224.

[363] Kluehohu. C, Pooringa YH, et al. Values and Value Orientation in Theory of Action [J]. In Berry JW, 1951.

[364] Lumpkin, Angela. Teachers as Role Models Teaching Character and Moral Virtues [J]. Journal of Physical Education, Recreation & Dance, 2008, 79 (2): 45-50.

[365] Massialas, Byron."The inevitability of issue-centered discourse" [J]. The Social Studies, 80 (5): 73-75.

[366] Meira Levinson, Peter Levine. Taking Informed Action to Engage Students in Civic Life [J]. Social Education, 2013, 77 (6): 339-341.

[367] Meira Levinson. Action Civics in the Classroom [J]. Social Education, 2014, 78 (2): 68-70.

[368] Miachel W. Apple. Making Curriculum Problematic [J]. The Review of Education, 1976, 2 (1): 52-68.

[369] Pang V O, Park C. Issues-Centered Approaches to Multicultural Education in the Middle Grades [J]. Social Studies, 1992, 83 (3): 108-112.

[370] Rector-Aranda A, Raider-Roth M. 'I finally felt like I had power': student

agency and voice in an online and classroom-based role-play simulation [J]. Research in Learning Technology, 2015, 23 (1): 25569.

[371] Schwab J. Teaching Science as Enquiry [J]. Science, 1970, 170 (3965): 1394-1394.

[372] Smith S N. Teaching for civic participation with negotiation role plays [J]. Social Education, 2004, 68: 4.

[373] Susan J. Lenski, Gayle Y. Thieman. What Work Samples Reveal about Secondary Pre-Service Social Studies Teachers' Use of Literacy Strategies [J]. Teacher Education Quarterly, 2013, Vol. 40 (1): 63-79.

英文学位论文

[374] Brian J. Girard. Pedagogical Relationship in Secondary Social Science Classrooms [D]. Michigan University Ann Arbor, 2010.

[375] Jeffrey R. Niemi. An Examination of Cooperative Learning Models and Achievement in Middle and Secondary Level Social Studies [D]. Walden University, 2009.

[376] Kimberlee Anne Sharp, An Historical Analysis of the Presentation of Controversial Issues in Journals published by the National Council for the Social Studies (NCSS): 1973–2003 [D]. The University of Tennessee, Knoxville, 2006.

[377] Stuart Beall Phillips. High School Social Studies Teachers' Beliefs and Education for Democratic Citizenship [D]. Kansas City University, 2010.

[378] Teresa A. Kruger. Teaching Controversial Issues in Secondary Social Studies: A Phenomenological Multi-case Study [D]. Northern Illinois University, 2012.

英文政策文件

[379] Carnegie Corporation of New York and the Center for Information and Research on Civic Learning and Engagement (CIRCLE) . The Civic Mission of the Schools [R]. Available on line at, www. Civic youth. org/new-circle-fact-sheet-describes-state-laws-standards-and-requirements-

for-k-12-civics/.

[380] Learn and Serve America's National Service-Learning Clearinghouse. Policy: K-12 Service Learning, from www. Service learning. org.

[381] National Action Civics Collaborative. Action Civics: A Declaration for Rejuvenating Our Democratic Traditions [R]. from www. Center for action civics. org.

[382] National Commission on Excellence in Education. A Nation at Risk: The Imperative for Educational Reform [R]. 1983.

[383] National Council for the Social Studies (NCSS) . The College, Career, and Civic Life (C3) Framework for Social Studies State Standards: Guidance for Enhancing the Rigor of K-12 Civics, Economics, Geography, and History [R]. Solver Spring: MD: NCSS. 2013.

[384] National Curriculum Standards for Social Studies (NCSS) . A Framework for Teaching, Learning, and Assessment [R]. Maryland: NCSS. 2010.

[385] Report of the Advisory Panel on the Scholastic Aptitude Test Score Decline. On Further Examination [R]. New York: College Entrance Examination Board, 1977.

[386] The Center for Information and Research on Civic Learning and Engagement (CIRCLE) . Civic Learning through Action: The Case for Generation Citizen [R]. Available online at www. Civic mission of schools. org.

[387] U. S. Bureau of Education. The Social Studies in Secondary Education [R]. 1916.

美国课程标准

[388] California State Board of Education. History-Social Science Framework for California Public Schools, Kindergarten through Grade 12 [S]. Sacramento: California State Department of Education, 2005.

[389] Developed by National Council for the Social studies (NCSS), Expectation of Excellence, Curriculum Standards for Social Studies [S]. 1998.

[390] Illinois State Board of Education. Illinois Social Science Standards [S]. 2015, www.isbe. net/Pages/Social-Science.

[391] Massachusetts Board of Elementary and Secondary Education. Massachusetts History and Social Science Curriculum Framework [S]. 2018. www. doe. mass.edu/frameworks/hss/2018-12.pdf.

[392] Michigan Department of Education. Michigan K-12 Standards Social Studies Studies [S]. 2018. www.Michigan.gov/documents/mde/Final_Social_Studies_Standards_Document_655968_7.pdf.

[393] National Board for professional Teaching Standards. Social Studies-History Standards for Teachers of Students Ages7-18+ [S]. 2016.

[394] National Council for Accreditation of Teacher Education. Professional Standards for the Accreditation of Teacher Preparation Institutions [S]. 2008.

[395] National Center for History in the Schools. National Standards for History [S]. Los Angles: CA, 1996.

[396] National Council for the Social Studies (NCSS), The College, Career, and Civic Life (C3) Framework for Social Studies State Standards: Guidance for Enhancing the Rigor of K-12 Civics, Economics, Geography, and History [S]. Silver Spring: MD: NCSS, 2013.

[397] National Council for the Social Studies (NCSS), National Curriculum Standards for Social Studies: A Framework for Teaching, Learning and Assessment [S]. Silver Spring: MD: NCSS, 2010.

[398] National Council for the Social Studies (NCSS), National Standards for the preparation of Social Studies Teachers [S]. 2017.

[399] National Council for the Social Studies (NCSS), National Standards for Social Studies Teachers [S]. 2002.

[400] National Education Association. Code of Ethics of the Education Profession [S]. Available online at, www.nea.org/home/30442.htm.

[401] Texas State Board of Education. Texas Essential Knowledge and Skills [S]. 2011, http: //ritter.tea.state.tx.us/rules/tac/chapter113/ch113a.html, http: //ritter.tea.state.tx.us/rules/tac/chapter113/ch113b.html

[402] U.S. Department of Education Strategic Plan 2002-2007 [S]. ED466025, ERIC, 2002.

美国社会科课程教科书

[403] Alexander K, Concepts of Equity [Z]. University of Illinois Press, 1982.
[404] Arthur O'Sullivan, Steven M. Sheffrin. Economics [Z]. New Jersey: Prentice Hall, 2013.
[405] Andrew Cayton, Elisabeth Israel Perry, Linda Reed, Allan M. Winkler, American: Pathways to the Present [Z]. Person Education, 2005.
[406] Elisabeth G. Ellis, Anthony Esler. World History [Z]. New Jersey: Prentice Hall, 2011.
[407] Emma J. etc. United States History [Z]. New Jersey: Prentice Hall, 2013.
[408] Harry Brighouse, On Education [Z]. Routledge, 2006.
[409] James E. Davis, Phyllis Fernlund. Civics: Government and Economics in Action [Z]. New Jersey: Prentice Hall, 2009.
[410] James W. Davidson. America: History of Our Nation [Z]. Boston: Prentice Hall, 2014.
[411] Michael J. Berson (ed.), About My World [Z]. Harcourt, 2003.
[412] Michael J. Berson (ed.), States and Regions [Z]. Harcourt, 2003.
[413] Michael J. Berson (ed.), Our Community [Z]. Harcourt, 2003.
[414] Michael J. Berson (ed.), People and Community [Z]. Harcourt, 2003.
[415] Richard C. Remy, John J. Patrick, et al., Civics Today: Citizenship, Economics, and You [Z]. The McGraw-Hill Companies, 2003.
[416] Thomas J. Baerwald, Celeste Fraser. World Geography: Building a Global Perspective [Z]. Boston: Prentice Hall, 2009.

图书在版编目(CIP)数据

美国社会科课程中的价值观教育研究 / 李潇君著
. — 北京 : 商务印书馆, 2021
ISBN 978-7-100-20112-4

Ⅰ. ①美… Ⅱ. ①李… Ⅲ. ①学校教育—思想政治教育—研究—美国 Ⅳ. ①G41

中国版本图书馆CIP数据核字(2021)第133124号

中外价值观教育前沿论丛
顾 问 杨晓慧
总主编 高 地
美国社会科课程中的价值观教育研究
李潇君 著

商 务 印 书 馆 出 版
（北京王府井大街36号 邮政编码100710）
商 务 印 书 馆 发 行
艺堂印刷（天津）有限公司印刷
ISBN 978-7-100-20112-4

2021年8月第1版　开本 710×1000 1/16
2021年8月第1次印刷　印张 17
定价：85.00元